本教材由国务院侨务办公室立项，彭磷基外招生人才培养改革基金资助，项目编号为51031511，并由暨南大学“211工程”建设项目“传媒产业与新闻传播研究”经费资助出版。

暨南新闻传播学术系列
ACADEMIC SERIES ON JOURNALISM AND COMMUNICATION OF JINAN UNIVERSITY

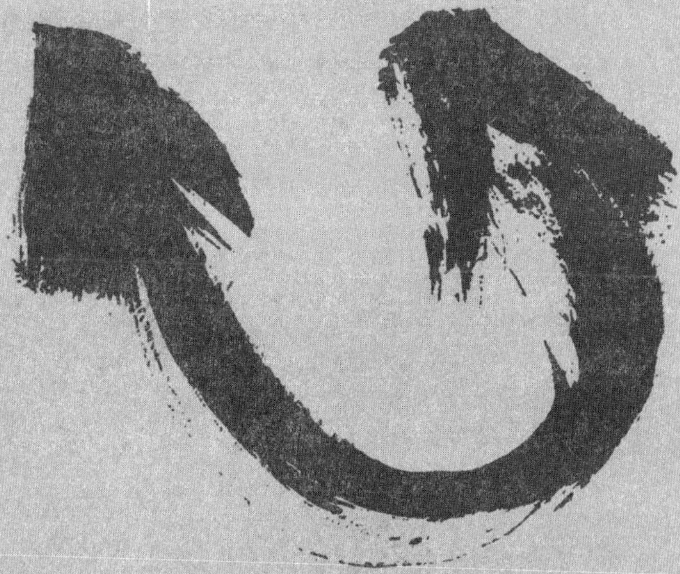

媒介重构
公共传播的民主化运动

Remaking Media
The Struggle to Democratize Public Communication

罗伯特·A.海科特　威廉姆·K.凯偌尔　著
Robert A. Hackett　　William K. Carroll

李异平　李　波　译

暨南大学出版社
JINAN UNIVERSITY PRESS

中国·广州

图书在版编目（CIP）数据

媒介重构：公共传播的民主化运动/［加］海科特（Hackett，R. A.），［加］凯偌尔（Carroll，W. K.）著；李异平，李波译．—广州：暨南大学出版社，2011.6
ISBN 978－7－81135－865－0

Ⅰ．①媒…　Ⅱ．①海…②凯…③李…④李…　Ⅲ．①大众传播—传播媒介—民主运动—研究—西方国家　Ⅳ．①G206

中国版本图书馆 CIP 数据核字（2011）第 097884 号

出版发行：暨南大学出版社

地　址：中国广州暨南大学
电　话：总编室（8620）85221601
营销部（8620）85225284　85228291　85228292（邮购）
传　真：（8620）85221583（办公室）　85223774（营销部）
邮　编：510630
网　址：http：//www.jnupress.com　http：//press.jnu.edu.cn

排　版：暨南大学出版社照排中心
印　刷：佛山市浩文彩色印刷有限公司

开　本：787mm×1092mm　1/16
印　张：15.25
字　数：320 千
版　次：2011 年 6 月第 1 版
印　次：2011 年 6 月第 1 次
印　数：1—2000 册

定　价：36.00 元

（暨大版图书如有印装质量问题，请与出版社总编室联系调换）

内容简介

兴起于当今西方世界的媒介民主公共运动方兴未艾，它的政治意义何在?

20世纪90年代在西方兴起的萨帕特主义以及独立媒体运动引发了学界和政治界对批判性传播的关注。这股学术浪潮的主要关注点在另类媒体*和社会运动的“媒介策略”之上，如“通过媒介推进民主化进程”。本书乘这股学术浪潮之势，分析媒介自身的民主化问题，并将媒介作为对其他社会运动产生关键性影响的特殊领域，对新闻报道机制的改革问题进行探讨。

本书假设大众传播领域中存在着巨大的“民主赤字”，是“民主赤字”推动了全球化中心地带（北大西洋地区）的公共传播改革。本书的聚焦点是激进主义运动如何对资本主义国家的媒介内容、媒介业界、媒介结构和媒介政策提出挑战并促使其改革。

本书的创新之处是捕捉到了在文化与政治激烈交锋的边缘刚刚兴起的社会运动，它根植于三种传统学术性理论，即民主政治理论、媒介批判研究和社会学之社会运动理论，这些理论成为我们诠释媒介民主公共运动的理论依据。通过对这些理论的深入思考和综合分析，我们为读者提供了对当代西方传播民主化运动独特而又新颖的思想见地。

罗伯特·A. 海科特：加拿大西蒙弗雷泽大学传播学教授

威廉姆·K. 凯偌尔：加拿大维多利亚大学社会学教授

---

* 此处的“另类”指有别于主流媒介的“另一类”。英语原文是 alternative media——译者注。

总　序

在中国新闻传播教育发展史上，暨南大学新闻传播教育已走过 60 多年坎坷不平而又不断奋进的历程。

1946 年，暨南大学新闻学系在上海创立。1949 年，因暨南大学停办而并入复旦大学新闻系。1958 年，暨南大学在广州重建，中文系于 1960 年开办新闻学专业。1970 年，暨南大学在"文化大革命"中被迫停办，新闻学专业随中文系并入华南师范大学。1978 年，复校后的暨南大学重建新闻学系。从此，暨南大学新闻传播教育走上不断发展的道路。

改革开放以来，暨南大学新闻学系逐渐扩大办学规模：1984 年开设国际新闻与传播双学位专业（后改为国际新闻本科专业），1994 年创办广告学本科专业，2001 年创办广播电视新闻学本科专业。2001 年，在原新闻学系的基础上组建新闻与传播学院，下设新闻学系、广播电视学系、广告学系。与此同时，暨南大学新闻与传播学院努力提高办学层次：早在 1986 年即成为我国第三批新闻学硕士点之一，2001 年又获准设立传播学硕士点；2003 年，新闻学同时成为广东省高校名牌专业和国务院侨务办公室重点学科；2006 年成功申报新闻学博士点，成为华南地区首家设立新闻传播学类博士点的院系，建成本—硕—博一体化的完整人才培养体系。

继 2006 年成功申报新闻学博士点之后，暨南大学新闻与传播学院在 2007 年又取得了一系列可喜成绩：①获准设立新闻传播学博士后科研流动站；②与中文系联合组建的海外华文文学与华语传媒研究中心获准为广东省重点人文社会科学研究基地；③新闻学获准为广东省重点学科；④新闻学专业获准为教育部首批特色专业建设点；⑤获准增设播音与主持艺术专业。所有这一切，都令人感到气象一新。

之所以能够取得上述各项成绩，一个重要原因是暨南大学新闻与传播学院多年来十分重视学科建设。特别是 2006 年暨南大学百年华诞、暨南大学新闻传播教育六秩荣庆之后，学院明确提出了要从教学型学院逐渐转变为研究型学院的发展战略，确立了学科建设的核心与龙头地位，完善了学科建设的激励机制，加大了学科建设的支持力度，全院教师以饱满的热情参与到以学科建设为中心的教学与科研工作之中。

在当代中国学术事业蓬勃发展的历史进程中，一个单位的学科建设要有所建树，必须发挥优势，强化特色，开拓创新。为此，凝练学科方向至关重要。经过多次讨论，暨南大学新闻与传播学院已明确了六个重点建设的学科方向，即新闻传播理论与媒介批评、中外新闻传播历史、新媒体与新闻传播业务、传媒产业与传媒经营管理、海外华文传媒与华文传播、广告公关与营销传播。除此之外，学院还将培育新的学科生长点，努力把暨南大学新闻与传播学院建设成为“华南学术重镇，媒体精英摇篮”。

学科建设是一个系统工程，涉及诸多方面的工作。譬如，建设高水平的师资队伍，开展高层次的科学研究，进行高质量的学位点建设，推动深层次的教学改革，都是学科建设的重要内涵。其中，科学研究上层次、上水平尤其重要，因为高水平的师资队伍主要是在科学研究的过程中锻炼成长起来的，高质量的学位点建设必须以高层次、高水平的科研工作与科研成果作为支撑，深层次的教学改革也必然以科学研究的进步作为根基与动力。因此，大力推进上层次、上水平的科学研究，便成为摆在暨南大学新闻与传播学院面前的历史使命。

在推进科学研究的过程中，一方面要加强领导，组织团队，争取项目，协同攻关，力求重大突破；另一方面要充分发挥学者个人的主观能动性，高度重视学者的自主研究。人文社会科学的发展史表明，许多重要的成果不一定出自“规划项目”，而往往出自学者的自主研究。鉴于此，暨南大学新闻与传播学院大力提倡多样化的研究，不仅鼓励积极申报国家级、省部级研究课题，而且支持学院教师进行富有学术价值的自主研究。

为了相对集中地展示暨南大学新闻与传播学院教师的各种研究成果，学院决定推出“暨南新闻传播学术系列”，陆续出版学院教师在新闻传播领域的学术论著。开放、多元、丰富的研究主题，将统一在“暨南新闻传播学术系列”的开拓与创新之中。

2008 年，是暨南大学在广州重建 50 周年与复校 30 周年，也是暨南大学新闻学系重建 30 周年。在这个时刻推出“暨南新闻传播学术系列”，应当说具有令人充满想象与期待的意义与价值。我们相信，“暨南新闻传播学术系列”不仅是暨南大学新闻与传播学院致力于学科建设的重要成果，而且是学院在新的起点上迈向更加辉煌未来的重要见证！

暨南大学新闻与传播学院常务副院长 董天策

2008 年 3 月

序

罗伯特·W. 麦克切斯尼

波·海科特（Bob Hackett）和比尔·凯偌尔（Bill Carroll）的这本著作以以下两个重要的学术研究为依据。

首先，社会学家们提出了“关键时机”这个概念来解释社会变革和历史进程。尽管历史每天都在前进，人类是在新继承的环境的严重影响下创造了自己的历史。而社会变革却倾向于发生在人类活动密集的、浓缩的一段历史时期内，这些时期被称为“关键时刻”。正是在这些历史时期中，社会所面临的选择要远远大于其他历史时刻。历史转折点更倾向于发生在深刻的社会危机中，因为在危机中现存秩序会受到高密度的检视和批判。因此，在20世纪30年代的美国，所有的社会政策都被激烈地讨论后才得以通过，这在十年之前或者一二十年之后都是难以想象的。

其次，近几年来，媒介学者揭穿了商业性媒介及其理论家们“自唱自弹”的论调，即所谓的追求利润的媒介系统是民主社会甚至资本主义社会的“自然”系统。越来越多的学者正在让人们明白，媒介系统的运作主要还是依靠大量的政府政策和补贴，甚至在资本主义最发达的美国也是如此。即使有人期望建立一个存在竞争的“自由市场”媒介系统，它仍然需要政府实施广泛的决策将其纳入市场的游戏中。相应地，近期对这个问题的极大重视促使人们对全球各国以及跨国经营的媒介政策制定过程进行了思考。这个问题曾经被严重地忽略，但现在人们已经明白，要想了解媒介系统为什么以自己的方式运作，就必须了解媒介政策。

以美国为例，现存的由利润驱动、高度集中、超商业化、由企业控制的媒介系统，并不是自由市场的结果，也不是国家缔造者们所希望的，而是极端腐败的决策的结果。这些决策所提供的利润丰厚的津贴、垄断许可证以及其他规则都代表着强大的企业游说团体的利益。这些政策以公众的名义制定，却既没有告知公众，又没有获得公众的同意。事实上，直至近日，仍然没有多少美国人知道媒介系统是政策的结果，当然他们对来自新闻媒介的问题也就一无所知了。

把以上这两项研究结合起来，我们便可以看到目前时期潜在的革命性质。现在，媒介政策不仅在美国，而且在世界范围内都处于“关键时刻”。它是三个因素交叉作用的结果。第一，现存的媒介系统正处于深刻的危机中。由于企业一味地追求利润且在政策制定过程中存在腐败，新闻业和娱乐节目的水准都远低于民主社会的要求。公众对媒介深感忧虑，对所谓“自然系统”之说也越来越难以接受。第二，广大范围内的社会经济系统也处于危机状况。全球性的不平等和贫困、战争和军国主义、生态危机、危及公共健康的灾难事件以及经济创伤都标志着，在这个时代中，最根本的政治抉择将会决定人类未来的发展道路。紧迫的政治环境急需人们公开讨论如何解决社会重大问题的政治环境。第三，传播领域的技术发展急剧地扩大了媒介系统的传播能力，同时又削弱了现存的媒介结构。

总而言之，以上因素解释了过去十年中全球媒介公共运动激增的原因。成千上万的人以前从没考虑过有关媒介的事情，但他们现在却致力于建设媒介和改变媒介政策，使媒介系统更为开放。以下观点越来越成为人们的共识，即任何促进社会民主的努力都必须包括改革媒介系统的运动，否则将事倍功半。

《媒介重构》一书不仅证明了我们所处的历史时刻，同时，对我们时代的政治而言也意义非凡。此书没有流行话语的堆砌，但它以严肃的历史学为基础，对媒介公共运动及其成功前景进行了缜密的政治学分析，很值得我们一读。

致 谢

数百人对本书作出了直接的贡献。许多非正式的谈话与系统的采访都一样对本书产生了影响。我们首先对未提及的帮助过我们的人表示歉意，我们要感谢许多记者、学者和活动家（包括一些不愿透露身份的），感谢他们慷慨地为我们花了许多时间，并让我们分享他们的观点。他们大多数是陈述个人见解，而并不一定代表他们所属的机构。

我们感谢英国的新闻与广播自由运动组织、世界基督教传播协会、全国记者联盟和其他在英国的组织；感谢以下这些人：包括斯图尔特·艾兰、辛西亚·卡特、帕蒂·考尔特、詹姆斯·凯然、卡辛·达比、安迪·埃根、毛利斯·弗兰科、鲍勃·弗兰克林、蒂姆·格波希尔、乔纳森·哈蒂、希恩·霍克、保罗·豪利伦、米瑞姆·霍恩格林、克利斯丁·乔蒂、迈克·乔森、阿润·昆达纳尼、菲利普·李、托尼·列农、凯希·洛、格里·莫里斯、让迪·雷勒、汤姆·奥马里、西蒙·帕拉尼尼、唐·瑞丁、克利夫·萨利、达米恩·唐比尼、普拉蒂普·托马斯、希恩·汤尼、安娜·特莉、巴利·怀特和格兰维尔·威廉。笔者还感谢巴利·怀特和詹姆斯·凯然在我们拜访伦敦时给予的热情款待以及乔纳森·哈蒂、迈克·杰姆森和格兰维尔·威廉对本书第六章的草稿所提出的宝贵意见。同时，在国际学术层次，我们与人民传播宪章的主导者西斯·赫姆林克以及国际记者联盟的总秘书艾丹·怀特进行了对话。

我们感谢美国纽约的公正与准确报道组织（FAIR）的杰夫·科汉、皮特·哈特、珍妮·杰克逊、吉姆·劳利克斯和斯蒂夫·仁多；圣弗朗西斯科媒介联盟的拉里·本思凯、安德鲁·巴法、丹尼尔·本·霍林、本·克拉克、吉姆·笛特莱恩、劳拉·弗瑞瑟、范·琼斯、林达·菊、杰弗·伯尔斯丁、杰瑞·罗伯茨、特蕾西·罗森伯格、弗里德·斯考特以及过去和现在媒介联盟的员工。还有其他在圣弗朗西斯科海湾地区的响应者，有媒介独立机构、项目审查委员会、独立报业协会、媒介民主法律研究组织、公共准确性机构、公共媒介中心、伯克利媒介研究组、伯克利自由广播、圣弗朗西斯科自由广播、反诽谤同性恋联盟，以及其他民主化传播的支持者，包括约翰·安娜、伯纳迪特·巴克·普鲁默、罗伯特·布雷、劳里·多夫曼、斯蒂芬·丹尼弗、理查德·爱默生、皮特·弗兰克、西特·甘格德哈伦、赫伯特·乔·甘希、唐·哈曾、德罗希·基德、亨利·克罗尔、豪利·敏奇、彼特·菲利普斯、费南多·奎特罗、凡·罗蒙、唐·罗斯伯格、杰里米·史密斯、诺曼·所罗门和大卫·朱潘，同时感谢莫西尔·克罗尔和菲利普斯先生的款待。另外，我们还同杰夫·切斯特、阿里·沙蒂克特、乔治·格伯纳、乔纳森·劳森、马克·罗埃德、波·麦克切斯尼、凯瑟琳·蒙哥马利、鲍勃·尼尔、格雷·鲁吉尔罗、丹尼·斯科特、南希·斯诺、杰瑞·司达、马可尼·辛巴·尼克松和加里·恩托宁交谈。他们通过一系列团体，包括新闻自由组织、文化环境运动组织、实际运用计划、社区媒介联盟、促进独立公共广播的市民组织、媒介频道、传播政策上的公民权利论坛、数字民主中心以及其他团体得到的深度见解使我们受益匪浅。

在我们国家，我们也与很多记者进行了交流，不仅包括与记者大卫·比尔斯、金·博兰、克里斯蒂娜·蒙哥马利、弗兰西斯·鲁瑟尔、迈克尔·瓦尔皮和迈克·沃尔西进行对话，同时还有来自加拿大娱乐暴力干预组织、传播、能源和造纸工人联盟、加拿大新闻与广播自由运动（CPBF）、加拿大广播之友协会，以及联邦新民主党的人们，他们是罗斯·蒂森、戈尔·勒姆、温笛·李尔、安·莫里森、马克·雷博伊、大卫·罗宾逊和阿芒德·罗伊。

我们还感谢在第二次媒介与民主大会（纽约，1997）、“回收媒介”会议（Reclaiming the Media，西雅图，2002）、媒介教育行动联盟（阿尔布开克，2002）规范持不同政见者（渥太华，2002）、由杰出的全国新闻自由组织召开的媒介改革会议（麦迪森，2003；圣路易斯，2005）及其他类似会议——它们都是正在形成的媒介运动的见证，而我们支持那些公开表达的深刻见解。笔者也感谢在温哥华媒介民主日的协调委员会中同事们的鼓励，尤其是与布兰特·切希亚姆和蒂姆·沃科的面谈，以及参加西蒙弗雷泽大学媒介民主化研讨会的学生们，研讨会每年举办一次，此为第四届。

在温哥华，我们采访了马丽·安·艾布丝、莫根·亚丹姆、阿里西亚·巴塞罗、乔·巴勒特、大卫·白波、伊万·布利克、彼德·库姆伯、利比·戴维丝、香农·道波、艾尔斯·丁、牧瑞·朵彬、朱莉丝·费舍、杰米·福勒、夏里·格里顿、彪·古斯·莫里克、唐纳德·古斯丁、赫斯切尔·哈定、肯·赫伯特、艾兰·杰森、珍·卡娃娜、丹·科顿、瑟·科伦、拉里·库亨、凯乐·拉森、刘易斯·勒克莱、吉姆·利朴科维茨、詹姆斯·迈金农、艾米拉·媚尔丝、乔夫·麦格、凯文·米斯、佩德罗·莫娜、斯科特·尼尔森、诺姆·德·扑拉姆、斯图尔特·泼恩孜、马可·普罗西尼、安德里·瑞默、彼得·罗斯、塔拉·司格、南笛达·夏马、思德·西尼亚德、吉利亚·思科特、戴夫·斯金勒、凯瑟琳·斯图尔德、司迪夫·斯图尔德、珍·斯沃森、夏娜·西尔维丝特、西迪·潭、苏尼拉·索巴尼、比尔·铁勒曼、欧林·退丝、德里·尤桑丝、司各特·尤瑟曼、里查德·沃德、约·沃诺克与爱德华·约，等等。

珍尼特·莱顿和珍尼特·露将数以百计的访谈及会议录音记录了下来，西蒙弗雷泽大学传播学院的同学也做了辅助工作。我们还感谢以下人员六年以来的研究工作和协助工作：麦根·亚丹、夏得蓝·比顿、帕布罗·波丝、西罗·布维特、亚力山得娜·古米利、安吉拉·冈瑟、米亚·迈克唐纳、诺娃·穆丝、克里夫·里查德、香农·罗斯、亚丹·夏哈伯和泰·斯维。傅拉丹·潘缇克、马特·鲍尔、凯特·拉夫特和杰克·司图尔特在录入和分析采访数据方面做了非常细致的工作。若波·扑瑞对第七、八章的文字进行了专业方面的修改。我们也从亚瑟—马丁·阿吉纳和司各特·尤瑟曼对几家主要组织所做的研究报告中吸取了精华，他们还协助我们在温哥华组织了十几次访谈。学院风格上的职员，特别是行政助理露西·莫克维尔德为我们提供了不可或缺的行政支持。米歇尔·海丝、帕特·霍华德和罗杰·霍华德为我们提供了工作空间。

在维多利亚大学，拉里·波仁丝、克里丝·赫尔和布莱克·司比尔以“英雄主义的气概”为我们整理了在温哥华的浩如烟海的访谈资料。

我们对加拿大社科与人文研究理事会给予的财政支持表示衷心的感谢，他们授予我们三项小型的研究补助（由西蒙弗雷泽大学管理）对我们研究项目的启动和结项十分有益，特别值得一提的是，2000 年春季，有两位作者获得了该研究理事会为“民主媒介改革社会运动”提供的三年期补助。在本书手稿完成的最后阶段，夏娃得娜·比顿在时间紧急的情况下非常冷静地为我们赢得了西蒙弗雷泽大学的出版基金。我们对 Routledge 出版社的丛书编辑詹姆斯·凯然的大力支持以及艾莲·伊文的耐心告诫表示感谢。

我们还感谢多伦多大学出版社、开放大学出版社、迈克格罗—西尔教育出版社和 Rowman & Littlefield 出版社允许我们使用海科特之前出版的著作中的部分章节（Hackett，2001，第二章；Hackett，2005，第四章，Hackett & Zhao，2005，第四、五章）。感谢世界基督教传播协会的朋友为我们提供了第四章所讨论的《人民传播宪章》。如果没有以上朋友的大力协助，我们根本无法完成本书漫长的著书旅程。无须明言，本书两位作者为书中所出现的错误和缺陷承担共同的责任。我们从一开始就共同合作，从对方的学科背景中受益匪浅。我们的分工是：由海科特完成第一、二、四、五、六章，并负责整理全书的结构；凯偌尔负责第九、十、十一章与大部分表格；第三、七、八章经过深度合作写成。我们的合作还在持续着，对于本书中提出的观点持相同立场。

最后，我们对妻子与孩子们的感谢无以言表：安格利卡、卡瑞娜、默兰·海科特、安娜·朴勒德·迈勒丝及维丝雷·凯偌尔忍辱负重，对家里有个作家所带来的非理性的负担表示了（不同程度的）忍让。我们谨将此书献给我们各自孩子的未来，在这个被媒介浸染的世界，他们将很快成为相对自主，发挥一定作用的人；感谢我们的父母：乔斯、阿穆布柔丝·海科特、马丽·珍和约翰·米拉·凯偌尔。

罗伯特·A. 海科特　西蒙弗雷泽大学

威廉姆·K. 凯偌尔　维多利亚大学

2005. 10

目录……

Remaking Media

第一章

导论：超越媒介民主赤字*

Remaking Media

---

* 原文为 democratic deficit，被传播学界用来专指媒介在国家民主发展方面所形成的障碍作用，故直译为“民主赤字”。本章后文中对此有详细的解释——译者注。

人类总是在不断地修正历史的轨道，使自己远离生态毁灭、资源耗竭、帝国主义和军国主义、原教旨主义的恐怖活动、专制政府、国策失败、狭隘的民族主义、不平等趋势以及根深蒂固的性别及种族偏见——简言之，就是远离野蛮，走向公正和可持续发展的未来。这种斗争在很多领域持续地进行着，其主要战场在北大西洋全球资本主义中心地带的美国、英国和加拿大的政治文化领域[①]。我们并非将全世界的弊病都归咎于这些国家，也不应该对过去的学术研究狂傲自大和今天在政治修辞方面将这些政府等同于"国际社会"，甚至声称唯有这些国家才是历史研究的主题，认为它们那个角落的社会发展趋势就代表着全球的发展[②]。相反，我们应该认识到，即使是其他地区（欧洲、中国、印度）偶尔也会争夺强权地位，处于北大西洋的民主制资本主义国家——英国和美国，其政治活动及国家政策对全球的未来仍然起到积极或消极的关键性作用。从联合国到世界贸易组织（WTO），从更广泛的视角来看，经济全球化、2003 年对伊拉克的军事干涉以及好莱坞造梦机器的"帝国主义商品"则强化了这种影响（Forsyth，2004）。

如果世界的未来与北大西洋地区文化、意识形态和政治的形成、衍生及冲突相连，那么后者也必定与公共传播、大众及电子媒介，特别是作为公共领域把关人的大型集团企业所操纵的权力交织在一起。所谓的公共领域即是形成公共舆论的社会生活的"概念王国"。这是一个靠二手经验生活的世界，媒介通过聚合社会的符号性权力（Couldry，2003），加上它们拥有为巨大的受众群界定社会现实的能力，可以使未来的某些事情更可能发生，而使另外一些事情的发生成为不可能。媒介在扩大传播范围方面有着无限的潜力，它们是在促进跨文化对话和公民参与，还是在培养人们的恐惧感、贪婪和冷漠？世界是充满了仁慈、和平、民主执政还是充满了暴力、暴政和环境恶化？

英美媒介在某些方面被尊称为民主的典范。它们的职业精神和编辑政策模式被出口到部分南半球国家和苏联集团的后专制主义国家和那些正在进行民主化的"转型社会"。然而在英美国家本土，当人们按照国家官方文件所描述的民主进行对照（如加拿大的广电法和美国的《宪法第一修正案》），或者在日常生活中谈到媒介，特别是谈到新闻学的"客观性原则"时，人们对主流媒介的结构和运作就会感到越来越失望（Hackett & Zhao，1998）。

说实话，在过去的 20 年里，英美学者和市民活动家编写了一本关于媒介企业巨头、政府和管理机构的"权力与背叛"的卷宗。人们本来是期待着这些机构能够站在公众的立场来管理媒介的，但媒介不仅没能够为实现以下民主价值观，如增强人们的参与意识、发动公共活动、报道多元观点、使人们能够作出真正的决策（Hackett & Zhao，1998：226），反而媒介自身都正在成为威胁民主持续发展的障碍。这是为什么呢？我们从无数的批评观点中，列出以下八个论题：

一、批判学派的主题：媒介的民主赤字

1. 公共领域缺失

正如加拿大教授詹姆斯·温特（James Winter，1997）所说，媒介不仅不能为公民接近有关公民信息（这是“民主氧气”）提供常设的渠道，甚至也无法帮助建立一个民主的公共领域。社会理论学家哈贝马斯（Jurgen Habermas，1989）提出的公共领域理论，并不一定是指物理的空间，而是指社会和机构之间的互动以及人们聚集在一起的概念。在这样的地方：

> 人们可以进行公开而透彻的讨论，他们的根据是通过论证和理性的论争，而不是通过华丽的辞藻，更不是利用压制或扭曲信息的手段来使人信服。一个被扭曲的公共领域受控于狭隘的利益观，只会混淆事实和掩盖不公正，使持不同意见者声音窒息，给潜在的抗争声音设置不可逾越的障碍。其结果是加剧了社会紧张关系和不平等以及由此产生的种种后果（Ó Siochrú，2005）。

“公共领域”不是空想的“天上掉下的馅饼”，实际中的媒介系统有时近似于或者至少可以模拟着代表性的公共领域。英国、加拿大和西欧的公共服务广电业在其发展最高峰的时期，通过传播公众信息和为受众提供广泛的观点而吸引过众多受众。一张直率、多元的地方报纸或者因特网上的一个电子邮件论坛（垃圾、色情、弹出广告和游动广告除外）都可以起到特殊的或小型公共领域的作用。在资本主义社会，媒介首先是企业，无法保证主流媒介能够代表多元利益并提供民主对话的空间。但无论英美媒介在民主方面存在着什么样的缺陷，它们都具有全球意义，因为目前的发展趋势是跨国多媒体合并；过去互不相干的媒体在进行技术上的兼容；媒介产业全球市场高速发展；商业化不断扩张和强势发展；公共广电业相对衰落；广告业在不断扩大其合并范围，企业需要建立跨国传播网络从而刺激了传播技术的发展；企业在急剧合并，等等（Herman & McChesney，1997；Hackett，2000：62～63）。

对于公共领域具有特殊意义的是人们对新闻业的风气进行了持续不断的批评。自20世纪90年代以来，合并浪潮产生了越来越多的由“唯利是图”的跨国企业所掌控的媒介。企业帝国有着繁密、深长的触角，媒介成为它们的一部分之后，利益冲突和组织内部的自律便成为长期的问题。比如，当美国国家广播公司网络被能源巨头和武器承包商通用电器买下来后，它还能积极地报道核能问题吗？相反，交叉推广的营销策略必然会影响编辑部的决策。举例来说，曾经备受推崇的《洛杉矶时报》在1999年利用版面为斯坦泊中心（Staples Center）推销，在其推销中并没有说明自己与这个体育综合公司的经济关系。

还有，媒介急功近利的投资者（不同于过去的家族企业）合并之后，常常因合

并而背负着沉重的债务，因而总是急于寻求获得最大回报的捷径（Bagdikian，1997：201～202；Hallin，2002：222）。这种结构上的强制性正好解释了为什么电视台逃避真正的、有思想的和与政治相关的争议性报道，却一窝蜂似的涌向小报化和信息娱乐化，只为观众提供廉价而搞笑的内容，甚至还有可耻的东西（如谈话节目的“真实招供”，以形似雕像的参赛者吞食马的“内脏”）。

在新闻编辑室里同时也弥漫着统一口径报道的习气，公共服务精神萎缩了。在企业所谓“全盘报纸化”策略的鼓动下，管理层鼓励记者不要把自己看做追求公共真理的独立专业人员，而要把自己看做公司小组的成员、优先满足企业目标和消费者的供应商（Underwood，1993）。持不同意见的人也学会了随大流或者转到其他行业，媒介的集中仿佛给人们泼了一盆凉水。1997 年《多伦多星报》的专栏作家戴尔敦·坎普（Dalton Camp）说，在坎若德·布莱克（Conrad Black）收购了索瑟姆（Southam）连锁报纸后，加拿大的“连锁”报纸“降低了就业机会，限制了本行业的人员流动”；连锁报纸的所有权使得“不同意见的人更少了，问题也少了，但‘垃圾食品’更多了”，“加拿大印刷媒介明显缺乏多元化的观点”（Hackett & Gruneau. et al.，2000：64）。

北美著名媒介批判学者罗伯特·麦克切斯尼（Robert McChesney，1997）指出，这种趋势无助于公民参政，也无助于建立参与性的公共领域，反而将导致自私自利、消费主义的“去政治化”文化的产生。

自由主义理论认为，新闻系统负有告知公民的责任，但以上发展趋势预示着什么呢？要知道梨子的味道，就得亲口尝尝。解答这个问题的一个有效方法就是思考新闻中缺少了什么。在美国，新闻监察工程（Project Censored）每年都会列出被媒介企业忽略的重要新闻和比较有价值的新闻。2003 年被忽略的新闻排在最前列的是美国侵略伊拉克背后的议题；美国国内实行的安全措施对公民自由造成的威胁；五角大楼为了进行反攻而刺激恐怖主义活动的计划；布什政府为了削弱工会和工人保护而偷偷进行的竞争活动；垄断对因特网越来越严重的控制等（Phillips & Project Censored，2004）。这些研究表明，美国媒介缺乏调查性新闻，对企业和政府权力没有起到“看门狗”的作用③。

2. 权力的集中

第二个批判论题涉及媒介产业的政治、经济部门所产生的公民及符号权力*的集中。可以肯定的是，有种离心力在作怪，即受众的小众化和分众化；企业也分化成各类可塑性生产商、供应商和投资商的网络。有理论研究者认为，这是资本主义阶段新的“后福特”时期的特征（Mosco，1996：109）。然而，“合并”已经成为今天的格言——一方面，数字技术将原本分散的媒介产业合并在一起。另一方面，国际、国内的

---

* 符号权力指通过语言和符号为人们界定现实以及为他人授予名望的能力——译者注。

媒介巨头还在不断地扩张与合并。获得普利策奖的记者、学者本·柏格迪坎（Ben Bagdikian，1997）从20世纪80年代开始研究“媒介垄断”，据他估计，大约有50个公司主宰着美国媒介刊物，但他那时就预计，到现在*这个数字将减少到六个。1990年发生了大规模的合并浪潮，历史证实了他的预言。等到这本书出版时，关于媒介集中的具体数字已过时，但并不会影响我们的结果（McChesney，2004：176～183）。关键在于一小群公司持续主宰着构成公共传播渠道的媒介产业，这些公司在国际上普遍实行传播的“营销”策略，不是跨国就是跨行业扩张。加拿大自由主义学派的媒介学者甚至也说，大集团公司的全球联盟“在人类历史上前所未有，一群旗舰型集团公司控制着几乎世界上所有的媒介”（Taras，2001：24）。无论我们大部分研究资料是否过期、研究样本的时间是否太短，最终，媒介业主和大股东依然会“通过制定政策、雇佣与解雇以及奖惩制度影响着媒介的专业精神、发展方向和发展目标”（Curran，2002：149）。

尽管资本主义全球化出现了新的缺陷，但第一个现代大众媒介——日报的产业合并已经进行了近一个世纪，这一点非常明显。大型的媒介公司可以轻易得到资金、管理经验、经济规模、发行网络和广告收入。此外，进入行业成本高也可保护现有的媒介公司，有效防止新的竞争。于是，媒介集中被理解成符合经济逻辑的现象，它在传统的政策与媒介话语中被简单化了，被认为仅仅是个企业现象。

然而，媒介集中却蕴涵着深刻的政治意义。媒介业者对政治问题进入公共论坛及其讨论方式的决定权之大超过了正常范围；他们的企业及企业利益占据有利位置，这是不公平的。媒介业者虽然不一定利用这种权利达到某种具体的政治目的，但是当利害攸关时（比如政府针对媒介而制定政策时），谁也无法制止他们。媒介控制者们都非常精明，例如，全球媒介大亨默多克就大张旗鼓地利用他旗下的福克斯新闻频道，一味推崇有利于企业的强硬右翼和武力政策。政治学研究表明，1992年英国大选时，默多克利用其小报《太阳报》推动选举优势从劳工党转向有利于支持企业发展的保守党（Hackett & Zhao，1998：179）。更具戏剧化的是，西尔维奥·贝鲁斯科尼（Silvio Berlusconi）利用自己对大部分意大利媒介的控制占据着该国最高层次的政治职务。

媒介企业除了为自己的权利考虑以外，其自身的既定利益也决定了它们对其他权力中心很难起到“看门狗”的作用。加拿大社会学家沃乐斯·克勒门特（Wallace Clement，1975）几十年以前就说过，相互交叉的管理层、相互分享的环境和世界观、在结构上对企业广告的依赖等等因素使“媒介精英”成为广义“企业精英”中的一部分，它们本身就是北大西洋社会无可争辩的权力主控集团。新闻界攻击的传统目标是政府，在普遍的政府—企业共生的时代，这种声音已经减弱了。但媒介最沉默的时

* 该书原书于2006年出版。

候，还是在关系到媒介自身利益的时候，尤其是传播政策将要进行对企业有利的关键性改革的时候。比如1996年美国的传播法案，它的重要意义在于使美国传播政策更直接听从于被少数几个媒介寡头公司所主宰的市场，允许更多的媒介合并实质上就是将当时价值700亿美元的数字化播送频谱送给享有主控地位的商业性广电运营商。传播法案是当代美国"最重要的一个立法事件"，而除了经济与贸易新闻之外，媒介报道几乎不存在了。

3. 不平等

按照坎若德·布莱克和默多克等新闻大亨的人格模式，以上权力集中现象是不难理解的。但媒介业者的性格缺点对媒介的运作产生不了大的影响，重要的是总体的文化和经济机制，如信息的商品化和商业性媒介对广告收入的依赖性④。与坎若德干涉社论的拙劣手法相比，这些机制以更加微妙的方式侵犯平等的民主原则。例如，在盎格鲁美国式的民主国家里，官方和法律对妇女和有色人种没有设置任何障碍，但是他们在媒体的就业率很低，并且受到媒介文本的歪曲。比如，新闻报道过度强调罪犯和享受福利者为非裔美国人，受害者则是白人（McChesney，2004：87，107~108）。艾兰（Allan，2004：143~170）经过研究发现，英国新闻媒体也有同样的偏见和将"白人"正常化、将其他人种语言边缘化的现象。即使是在加拿大这样与英美国家有异的"宁静王国"里，最近几十年来虽然避免了国内的反种族歧视运动，但其媒体仍然陷入了种族等级分明的语言和意识之中（Henrey & Tator，2002）。在一个交互相连的世界里，文化越来越趋向于多元化，媒介边缘化或者妖魔化某种语言和宗教信仰（加拿大媒介对待伊斯兰文化的态度就是如此，Karim，2004）是构成民主赤字的一个关键因素。

人们经常提到的"数字鸿沟"对社会各阶级不平等的报道，大部分因素与媒介相关。在唯利是图的商业化趋势下，使用媒介信息及其服务能够提高人民参与政治和经济事务的程度，但这种权利只限于有经济能力的人。犹如私营化的医疗业产生了多层次的保健系统，商业化的媒介也扩大了"信息富人"与"信息穷人"之间的差距。即使是由广告支撑的"自由"媒介也是偏向于富有阶层的文化利益和政治利益，因为他们才是广告商最想覆盖的目标。广告有效地强加给媒介一个以社会等级为基础的审查机制。举例来说，在英国，社会民主党的报纸《每日先驱报》虽然发行量大于经济上蒸蒸日上的保守党派的全国性日报，但因为"它的读者既不是全国性的，也没富裕到能吸引广告商"，最终在1964年关闭（Curran，2002：102）。《每日先驱报》的命运正好说明，民主的逻辑是一人一票，资本主义的逻辑——市场则是一美元（一英镑）一票。

4. 同质化

媒介民主的第四个不足之处是同质化：公共话语中的多元化元素越来越少。北美普通的媒介消费者有着成千上万的网址和几十个电视频道，他们的呼吁有多大的意义？僧格·B. 斯普瑞斯廷（Singer B. Springsteen）对这个问题的回答很直接：57 个频道等于什么也没有。商业电台或电视的节目繁多不能等同于观点、审美观、价值观和政策的多元化。多元化仅限于那些能赢利的节目——很多节目不在此列（Baker，2002）。另类网站的“爆炸”没有改变群众性社会运动和企业巨头之间传播权的平衡关系，后者正在形成对因特网和传统媒介的主宰。

同质化以几种方式渗入各个层次。跨媒体企业帝国通过资源的合理化配置来削减成本、增加利润。比如，长期以来，连锁报纸将全国性政治报道或书评都集中到姊妹报，地方作者的利益因此受损。在过去分散的媒介产业里技术和所有权都已集中，风险成倍地增加。以同样成本制作的内容可以重新“策划”，以不同形式循环使用，如电影成了运动队、商品、电视剧和主题公园。它们的品牌识别、经济规模、进入发行网络的优先权和跨媒体的营销资源能够使媒介集团企业打压、指定或者排除潜在的竞争者——更重要的是将它们自己营利的节目模式设定为常态的节目标准。在更广泛的基础上，跨国媒体从自身经济和政治利益出发，系统地向人们推销它们自以为是的消费主义“单一文化”以及自由市场的原教旨主义政策，使得这种原本根本无法持续的生活方式和世界观得以占领主流意识形态（Ó Siochrú，2005a：208）。

5. 弱化了的社区

民主赤字的第五种表现是媒介削弱了地方性的、全国性的乃至全球性的社区意识和健康的政治文化意识。这个问题有其多面性。一是媒介与地方社区的联系正在减弱——媒介的“沃尔玛化”。例如，由于美国广播电台的连锁和所有权的集中，地方节目已接近绝迹的边缘，取而代之的是集成的、辛迪加式的、由电脑合成的“地方风味”的插播资料，就如麦当劳快餐地方色彩的菜单一样。清晰频道（Clear Channel）属下的 1 200 个美国广播电台是削弱社区战略的先锋。2002 年北达科他州米诺特事件体现了这个战略的结果。该地有一辆火车发生事故，导致有毒气体泄漏，当地官员们立马与清晰频道的六家地方广播电台联系，请它们发出警报。结果发现这些广播电台根本没有职员，它们仅仅是在转播圣·安托利昂中心发来的卫星资料（McKibben，2003：49）。

与此相关的问题是，由于广告商寻求更精确和更具体的目标市场，导致媒介受众出现“分众化”倾向。在如今的美国，我们很容易看到城市中长期存在的自由“绿区”与乡村里信仰宗教的保守“红区”之间的隔阂和文化冲突。有的理论学家将这种明显加大的文化差异和对抗归咎于美国社会、归咎于当代营销的“分片”策略和媒介系统为特殊人口群体而设置的特别刊物以及由此造成的媒介“分众化”（Turow，1997）。

“邪恶社会综合征”是媒介削弱社区的另一种方式。迈克尔·默尔（Michael Moore）在他的纪实片《克伦拜的保龄球》中说，好莱坞的电影和商业电视台的新闻节目通过对暴力罪行进行夸张的描述，培养了人们的恐惧感，进而造就了美国的暴力文化。有学术研究证实了这两者之间的联系。乔治·格伯纳（George Gerbner，2002）在其毕生的研究中得出媒介节目渐渐地培养了人们的世界观的结论。看电视多的人比看电视少的人更可能认为这是一个充满危险的世界，更可能过高地估计犯罪记录，更喜欢用专制的方式去解决社会问题。人们普遍担忧的还有，年轻人越是持续不断地接触媒介暴力和蓄意伤害行为，就越容易麻木，这对他们的社会化将产生很大的影响。人们很少注意到，阻止模式化的媒介暴力，不是靠受众，而主要是由“动作片”的翻译难度和进入外语出口市场的难度来决定的，也就是说，看商业化需要（Gerbner，1999：8～9）。

商业化的媒介在无休止地推广消费主义，无论是播放广告或是与“生活方式”相关的内容，也同样在削弱社区意识。美国环境学者比尔·迈克科本（Bill McKibben，1999：45～46）甚至认为：

> 电视里用机关枪把对方扫倒还不是最让人感到恐怖的，可怕的是电视里的人必须得立即满足自己内心的每一个欲望……这种文化将成为暴烈的文化，与电视表演的形象无关。这不是由电视造成的……而是由主持人和主宰我们的价值观体系的偶像造成的（1999：45～46）。

最后一点，国际层面的社区情况怎样呢？长期以来，主流媒体遇到国际紧张局势时就站在自己国家政府一边，有时还可能煽动民族主义甚至煽动战争，全球化进程无助于解决这种趋向。在专制主义国家，国有媒介在国际争端中站在自己政府的一边还可以理解。那么，崇尚政治独立的英美国家媒介是怎样的呢？非官方的压力，如经济上对国内受众的依赖性、日常工作中对官方消息来源的依赖等都能使媒介在危急时刻产生有效的自律。当然也有例外的时候，英国的公共服务性广播电台 BBC 在专业主义精神和独立性方面获得了良好的声誉。2003 年，拥有巨大发行量的小报《每日镜报》靠着公共舆论撑腰，坚决反对美国和英国侵略伊拉克。不过，仇外、种族歧视和好战是英国小报一贯的做法。美国媒介集团公司，特别是默多克掌管的福克斯旗下的电视台在 2002—2003 年就曾为战争摇旗呐喊。它们拼命夸大布什政府所谓萨达姆·侯赛因拥有大规模杀伤性武器的不实之词，并且突出报道萨达姆在 1980 年针对库尔德人的残暴行为，而对美国政府曾经支持过萨达姆政权却只字不提（Rampton & Stauber，2003）。因此，在全球化时代，主流媒介要建设一个全球的公民社会还有很长的路要走，其中亟待解决的是民主赤字的问题。

6. 媒介企业对知识的封锁

批判学派的第六个论题阐明了传播结构改革中存在的关键性问题：媒介企业及其政府联盟企图大幅度扩大“知识产权”的外延，欲将公共常识转化为由企业控制的私人商品范畴。最近成立的信息社会传播权运动（CRIS）发布了一篇阐释性论文，它对知识产权的解释是：

它出现在产业化的社会，起到协调、控制知识流通的作用，平衡各类群体在发明和使用具有经济价值的思想时所产生的权利冲突。知识产权的前提是关注思想或点子的发明者和作者因自己的发明而拥有获得经济回报的权利，在道义上其作品有不被歪曲的权利。

然而，思想并非简单地产生于个人和集团公司。大部分的思想是基于传统，建立在合作、集体智慧和对社会组织及社会理解的基础上的……由此，社会大众具有使用新思想为公共利益造福的社会权利——尤其是当这些思想是社会福利和物质世界发展的关键因素时。

CRIS 的论文还指出，在最近的几十年里，以上社会道德、经济和社会权利之间的平衡关系正在向三个方向倾斜：

集团公司成为受版权保护产品的关键所有者；版权的广度、深度和保护期已经巨幅扩张，不仅包括了知识作品，也包含了植物和生命形式；版权拥有者在国内和国际上可以行使一整套可怕的规则来保护自己的权利（CRIS，2002：6～7）。

7. 政策缺少透明度

第七个批判的论题是美国和英国在传播政策制定过程中的程序精英化，尤其是公众被排除在外，他们毫不知情，更不用说能参与文化产业的管理并对其施加影响了。在理论上，政府立法机构（如反托拉斯法和广电法）与美国联邦通信委员会（FCC）这样的管理机构都应该保护公众在媒介产业中的利益。历史上，广电业也一直沿用公众利益委托权原则，即将广电业的频谱作为稀缺性公共资源。电信业承运者如电话系统享受着公共服务的“自然垄断权”。但在现实中，批评家都认为，政府与大型媒介集团公司之间的共生关系削弱了公共利益，已形成管理上的腐败；通俗点说，就是政客们需要进行正面宣传，媒介公司需要得到管理和立法上的照顾，双方都不需要媒介去关注由此种政策所产生的后果。守密和暗箱操作是现今的规则，上文提到的 1996 年的电信法案很明显地放弃了公共资源权利（McChesney & Nichols，2002：29）。相反，英国和加拿大对公共事业的投入范围比较大，它们至少还有公众对媒介产业运作进行质询的传统，议会也会时不时地对传播政策进行缜密的监察。尽管如此，以上三个国家的媒介集团公司和电信业的游说团对传播政策和传播管理的影响程度还是超过了正常比例。

8. 对传播权利的侵蚀

最后，民主赤字的第八个方面是媒介对隐私权和言论自由权的侵蚀，尤其表现在电脑空间。欧·思偶西茹（Ó Siochrú，2005a：209）研究发现，自“9·11”以来，“政府和企业增加了监视、审查和直接压制行为”，这些行为“正在困扰美国的法律框架”且被复制到了其他的地方，使得政府及其秘密机构得以全方位地监视各种传播途径。批评家们担心，设定新的目标和执法程序将会导致原本就已经是重点治理的法律更为严峻。所以说，“9·11”袭击为美国和欧洲政府控制电子空间提供了借口（Ó Siouchrú & Girard，2003：5）。2004 年秋季，联邦调查局（FBI）查封了欧洲独立媒介中心使用的服务器，这个事件加深了公众的这种担忧。

二、正确认识民主赤字

以上讨论的头六个主题蕴涵着资本主义的经济逻辑，尤指英美两国流行的“摒弃管制”的新自由主义理论。后三个主题直指国家强制性的作用。新自由主义将“市场”作为自由的王国，国家则是高压政治的黑色地带。然而，国家的强制行为与资本主义并非各不相干，更不会成为相互对立的势力。柏林墙倒掉已有 15 年，我们可以看到后共产主义的全球社会秩序向资本主义方向发展的趋势大于民主的方向。苏联风格的“封闭”社会几乎消失了，实行集权的市场体制的国家，如中国，正在兴旺发展。在经济上比较开放，在民主改革和不同政见方面开放度不够，资本主义却很兴隆（Zhao，2005）。值得论证的是，新自由主义政体产生了不平等，又使“强势政府”成为必要，这种政府有着强大的警力和武装力量，以应付有可能随之而来的社会紧张关系（Gamble，1988）。“9·11”之后，美国国内的公民自由受到侵害、海外军事基地的扩张和对国外进行“强势攻占”的军事事件等都不仅仅只是对恐怖主义威胁的回应。“对恐怖宣战”还有其他的政治目的，包括牵制要求建立全球公平秩序的激进运动、控制全球石油与其他战略资源的供应和流通等。

因此，民主赤字源自于北大西洋社会秩序的根本层面。本书第四章提出，“民主赤字”是从政治和规范性的思考角度来界定的一个概念，这个概念隐含着对媒介激进性的批判，本身就受到激烈的批评——因为它太保守了！根据韦伯斯特网上字典，这个词组指那些“有一定程度的民主，但还不够民主的组织”。但对有的批评家来说，主流媒介甚至还算不上是民主组织，“赤字”不是它字面上的意思，即仅指短暂的、可改变的缺点，而是指它在结构上对精英分子舆论的有利保证。这是爱德华·赫曼和诺姆·乔姆斯基（Edward Herman & Noam Chomsky，1988）著名的媒介“宣传模式”的逻辑推理。

其他批评家认为，将民主这个概念作为一种规范性的基准也有问题，连乔治·W. 布什都将自己当作民主的开路先锋。有个媒介活动家提醒我们说，美国的民主对于成千上万的有色人种和土著居民来说意味着征地、奴隶制和种族灭绝。成千上万的美国有色人种活动家挑战媒介和制度方面的领域，他们认为应该将自己的斗争界定为寻求“正义”而非“民主”。

此外，民主理论通常将民族国家视为当然的模式。这个世界一方面是个绝对没有民主得超乎于国家之上的管理机制；另一方面，由几百万没有国家的难民和散居在国外的移民们及“外来工”等组成的世界里，民族国家作为政治权力和公民身份掌控者的合法性越来越受到质疑。从历史的角度来看，政治民主“得视民族国家体制内部的强者与弱者之间的关系和民族国家内阶级和种族之间的妥协程度而定”（Zhao & Hackett，2005：23）。英国和美国历史上之所以出现了民主，部分原因是它们的财富来自于两国在世界上的优势地位（这是深层次的不民主）。

再者，英美媒介网络的触角伸向全球（这是帝国主义历史和现代新殖民主义的遗产?）意味着它们国家的民主赤字不再仅仅是本国内部的问题。联合国教科文组织的迈克布莱德（MacBride）报告在二十几年前就指出，以西方为基础的跨国集团公司主宰的跨国图像生产和发行、传播技术和网络都引起了全球信息秩序的不平等。从它们影响的范围来看，民主赤字从不同的方面渗透到了人们的生活中，影响对象包括从支持公共服务性的广电业、希望能够欣赏不插播广告的歌剧的美国中产阶级白人到因为缺少信息和缺少性保健自主权而死于艾滋病的非洲妇女。被民主排除在外的人和被压制的人层层相叠——原因包括性别、贫穷、种族、国家和语言，这些问题得不到解决，世界人民就无法从整体上行使自治权。

我们已经认识到以上问题的重要性，第四、五章将专门讨论这些问题。但本书的大部分将重点讨论其他问题，如北大西洋公共传播媒介的民主改革和转型、它们与国家的关系、经济与市民社会等问题，虽然是小问题，但它们却是构成全球形势的关键因素。只要我们注意到民主的争议性和可转化性、扩展民主的深刻含义以及使用“民主”这个词可能带来新的等级歧视和排他主义，我们就可以将“民主赤字”当作一个基准。

三、挑战民主赤字

本书不再讨论大量文献已经研究过的民主赤字的各类问题。相反，本书将讨论公民抵抗民主赤字的各类活动。以上分析显示研究媒介民主化的范围宽广，必须发起对资本（尤其是集团公司的所有权和媒介及信息的商业化）和国家（尤其是针对传播的新自由主义政策）的挑战。换句话说，这项任务异常艰难，令人望而生畏。

不过，本书探索那些有助于实现改革目标和乐观前景的潜在资源。民主制的建设不可能一劳永逸，也不是精英们送给我们的礼物，它需要处于底层和边缘的人们的持续努力。通过社会运动可以将人民的声音和社会问题纳入公共领域，增强公众的自治权和民主决策的范围，社会运动是激活民主的一把钥匙（Angus，2001）。现在，公众通过移动媒体（如网络和电子传播途径）发送图像和画面，它折射了大众拥有足以完成以上任务的能力。新闻媒介和因特网一方面为组织和动员公众和散布批评性观点大开方便之门；另一方面，西方公共传播机构不断整合，以切合全球资本的发展逻辑和运转方式——它的症状正是媒介的合并、集中和商品化，给社会运动的发展制造了新的问题和障碍。20 世纪 60 年代，美国的电视网络热心报道民权运动，使之迅速进入全国性的政治议题之中。相比之下，现在的主流媒体对那些反对核心集团公司和西方国家利益的公共运动越来越封闭。

对大多数社会运动来说，不能以简单的工具论看待媒介，媒介的缺陷已经使之无法成为传播信息的中立性渠道了。有观点认为，社会运动必须能够接近公共领域，接近那些正在寻求途径解决北大西洋政治体制中越来越关注“民主赤字”的人们，这种状况在北大西洋政治体制中越来越严重，这个过程急需媒介的参与和干预。在美国，右派精英在发动运动时，几十年来都非常重视媒介的战略作用；精英利用“意识形态的总动员”抵制“自由”媒介，成功地改变了公共话语的论题（Dreier，1982）。而进步运动却非常迟钝，没有形成自己的媒介策略。但有明显迹象表明，媒介自身也面临着民主化的问题。在美国，20 世纪 90 年代就出现了促进媒介民主化和人性化的全国性联盟组织——文化环境运动、电信政策协商会以及两个全国性的媒介与民主协会。这些组织虽然不成熟抑或中途夭折了，但为后来成立的媒介改革组织（如新闻自由组织）奠定了重要的基础。20 世纪 90 年代末，运用地下广播对抗联邦传播委员会等策略，低电力收音机调频频道的合法化运动风起云涌（Ruggiero，1999）。2000 年的一场运动本来具有很好的立法前景，但共和党（在最高法院的帮助下）席卷了国会和总统职务。另类媒体*和自助性媒体在网上兴盛起来，最著名的是 1999 年在西雅图为了抗议世界贸易组织而成立的独立媒体（IndyMedia）在世界各地如雨后春笋般地涌现出来。媒介批判教育也因为 2002 年媒介教育执行委员会的成立而空前活跃。最鼓舞人心的是，2003 年联邦通信委员会提议放宽对媒介所有权最高限定的控制后，引发了市民们在政治领域里前所未有的抗议浪潮，成千上万的人签名请求国会反对媒介的大合并。

在加拿大，媒介民主公共运动（DMA）比较低调，但新闻业的合并加上 20 世纪 90 年代政府减少公共广播电台而促使更大范围的人士加入到各种协会（如媒介工会组织）之中。在英国，进步的媒介民主公共运动在 20 世纪 80 年代发展到高潮，当时，武装起来的工会组织与右翼激进的撒切尔政府及其日报的同盟者进行着一场战斗。这些斗争最后产生了西方国家中最持久的媒介改革组织——新闻与广播自由运动（CPBF），该组织与现任的新工党政府制定的倾向于新自由主义的传播政策进行了持续的斗争。

在以上三个国家，非政府组织（NGO）不断涌现，它们主要关注传播和信息权利及组织战略。总部设在英国的世界基督教传播协会也是非政府组织之一，该组织正

---

* 原文为 alternative media，意指不同于主流媒介的媒体，后文中的另类政策、另类记者中心都有此意——译者注。

动员建立一个国际性的“全球媒介统辖部”（Ó Siouchrú，2005a）。非政府组织建立信息社会传播权这样的联盟，在概念上将自身打造成全球性市民协会的代表，对WTO，特别对“信息社会世界峰会（WSIS）”等精英论坛中的传播问题进行干预。

这些工作不是被动的，而是为“纠正”民主赤字，迫使媒介按照自由主义理论发挥作用。媒介公共运动暗含着重新定义民主概念本身，将一些新的权利包括进去，如传播权。如果从更广和更深的视角进行重新定义，它不仅是指选举和个人自由，还包括了大众的参与和社会公平。因此，媒介改革运动既是防御型的，又是进攻型的。这种新生的运动在改革型的民主政治领域中占有重要的位置，它追求的永远是民主所能达到的新境界。

与此同时，媒介民主公共运动除了与学术界和政策专家联系外，它的动力主要来自民主赤字对人民的生活所产生的影响，而不是来自民主的抽象原则。总部设在奥克兰的媒介青年协会的成员迈尔吉亚·思瑞尔（Malkia Cyril）将媒介的隐性报道和歪曲性报道说成是关系到“生存还是死亡”的问题，媒介将黑人青年描述成犯罪分子，使之妖魔化，从而让那些向手无寸铁的非洲裔美国人开枪的警察轻易就逃脱了惩罚。另外，集团公司实施的“基础设施停建项目”拒绝给非赢利地区，比如美国原居民地或者低收入社区等提供电信业服务，明显地限制了人民传播和接收信息的权利（Dichter，2005：14）。即使集团公司的组织目标并非如此，但解决这些问题正是民主化进程中的核心问题。

北大西洋的学者现在开始注意到，他们很多年来忽略了研究反对派别的传播活动。不少人开始研究另类媒体，虽然有些迟却大受欢迎（Downing et al.，2001；Atton，2002；Couldy & Curran，2003a）。我们在第三章提到的“新型社会运动”在20世纪80年代就被学术界认定为研究主题，有些集体组织起来的行动并非仅仅寻求另类媒体或是自主性空间，而是直接挑战和改革霸权性的公共传播体制以及它与政治管理机构之间的关系，以此来改变社会运动挑战西方现有权力结构的平台，算起来学术界对此类公共行为关注很少。

本书将以下问题纳入讨论范围：以上公共行动是否算是社会运动？它们的政治特征和生存环境及成功几率如何？我们既要讨论实际的操作问题，又要讨论其政治影响。

（1）社会运动应采取什么样的行动策略和文化意识形态纲领？它们如何应对各种机遇和机会、障碍和抵制行为？它们的政治、文化环境构成因素是什么？媒介公共运动的历史地位及其在意识形态领域的地位如何？它仅仅只是反对霸权性的条约，还是制定了在根本上有别于现存的民主和传播的概念，或者民主运动是否既包含了改革者也容纳了反霸权者？

（2）此类民主运动是否与三十年前的环保运动一样，是一种新型社会运动的构成因子？或者它是否注定要成为已有的各类社会运动的桥梁？

我们对以上问题进行讨论并非为了寻求最后答案，只希望通过提出这些问题，引发更多的学术性研究和政治性的实践活动。

四、本书结构及研究范围

就方法论而言，本书综合使用了实证研究法，主要是采访媒介活动家，对各种组织和运动进行案例分析，并选择性地回顾了一些二手文献。本书以美洲为背景，同时包括几个重要的组织——英国新闻与广播自由运动与加拿大温哥华的社会运动和媒介公共运动，也涉及跨国媒介公共运动［如著名的世界基督教传播协会（WACC）和《人民传播宪章》运动］，在此基础之上进行观察比较。我们的采访始于1998年，终于2004年，地点为美国、英国和加拿大，对象为150名左右的媒介活动家。其中，约54名被访者来自温哥华，他们多是媒介活动家以及其他社会运动的活动家，各类社会运动的活动家常因其所从事的政治工作而与温哥华媒介权力发生频繁的争斗。除上述被访者外，我们重点选择了传播领域中特别重要的社会运动组织和那些媒介公共运动已有悠久历史同时发生频率也很高的三个城市——圣弗朗西斯科、纽约、伦敦。

对被访者的提问，包括了他们的个人背景、政治前景、他们所在组织的历史、政治活动、组织结构和战略计划、他们对媒体的看法和体会，还有他们对媒介民主化和其他运动之间关系的诠释等。我们还参加了新闻公共运动方面的演说及会议，获得了其讲稿和会议笔记，同时对运动的文件作了分析，包括各类组织发布的时事通讯和期刊以及一些重要的宣言。我们还编写了新闻与广播自由运动、圣弗朗西斯科媒介联盟和纽约公正与准确报道组织三个关键性组织的简史。

在理论方面，我们无奈地采取了折中的做法。我们选择性地引用了媒介批判理论、社会运动理论和某些民主规范理论。为了给读者一个满意的答案，我们搜遍了上述每个领域中与我们的研究主题有关的所有概念和模式，甚至重拾了学术界一些束之高阁、不再流行的古典著作里的思想［如1962年斯梅尔瑟（Smelser）有关社会运动的实用技巧］。尽管如此，整本书仍聚焦于上面所提到的问题，以下值得注意的关键概念被重复使用：媒介民主赤字；通过媒介进行的民主化和媒介自身民主化的区别；对媒介和民主方面的观点进行讨论（如市场自由、公共领域的自由、激进式民主）；皮埃尔·布尔迪厄（Pierre Bourdieu）对媒介（和新闻业）作为一个制度场域的诠释；安东尼·葛兰西（Antonio Gramsci）的霸权及反霸权概念；哈贝马斯对制度逻辑和当代社会现实世界间区别的诠释；当然，还有哈贝马斯对公共领域的不可替代的界定（虽然是理想化的，历史地来看，也是难以实现的），它已经被当作一个规范性的标尺，即使它曾因南希·弗瑞泽（Nancy Fraser）对亚公共领域及反群体的关注而修正过。

虽然本书涉及范围很广，但毫无疑问，我们并非试图给读者展示媒介民主化的全景图。从广义上来说，这一广阔的领域不仅包括发达资本主义民主国家的媒介改革运动，还包括渗透于日常生活中的文化权力的论争，媒体对像萨帕特（Zapatistas）一样的暴力组织的巧妙干预，南半球新殖民地区的其他文化运动形式，来自有色族群、女性及劳工阶层等社会亚群体的抵抗活动。当代媒介激进主义运动领域飞速发展（尤其是美国），增添了媒介民主化的多样性，但显然任何一本书所能提供的只能是从某些高度拍下来的模糊的“快照”，只能聚焦于某个主题，其片面性着实不可避免。正如上面所提到的，本书以全球资本主义中心地带——北大西洋地区为主，重点研究通过公共传播手段，即媒介议程设置（现在也包括部分通过网络进行的）反对符号性权力集中的运动。1986 年，斯图尔特·霍尔（Stuart Hall）将公共传播称为“报道的机器”。媒介控制和媒介实践长期以来令人担忧，随之又出现了对电信业的接近权和规范知识产权和网络权等问题。媒介控制和媒介运作使人们感到迫切需要向公共领域的不透明度和歪曲报道发起挑战，继而推动草根阶层的媒介公共运动。正像一位非洲裔美国组织者告诉我们的，这全与内容有关。此外，当我们的采访以及个案研究抽取不同形式的媒介公共运动样本时，我们尤其重视那些直接且有意识地挑战媒介民主赤字的样本，如前文提到过的，这些媒介运动从激进民主观出发，其目的是组建联盟，改变已经在国家和主流媒体公司中被制度化了的“游戏规则”。这样的媒介改革并非媒介民主化的唯一相关形式，如此狭窄的视野会因此导致联邦通信委员会这样的霸权组织为我们限定公共新闻运动的领域。前文说过，这个领域包含了广泛的文化和政治元素。我们的采访对象也认为，媒介改革并没有考虑到亚文化群体。当然，与其面面俱到地拓宽视角，不如专注于媒介改革，将之作为民主化策略，专门研究其改革前景和问题。我们对旗舰型的社会运动组织内外部做了大面积的采访，为分析媒体改革的局限性，探讨媒介改革与其他社会运动，包括代表着边缘或亚文化群体的组织之间的关系准备了大量的资料。第九、十章中关于温哥华媒介公共运动的个案研究，深入地描述了媒介改革运动的全景图以及它与社会网络结构和广泛的组织生态时间的关系，这种组织生态不仅包括独立媒体制作人，也包括诸如有组织的劳工运动等相关组织。最后，本书引发了近期学术界对自治论和建构另类媒体的重点研究。

本书的政治性和规范性观点的制高点何在？在其他学者大张旗鼓地鼓吹学科客观性之时，我们仍坚持有根有据地分析，但我们不希望因此被自己的政治和社会地位——进步的、白种、男性、加拿大学院派所束缚。我们分享受访的绝大部分活动家积极投入，结成联盟并开展运动，以改革占主流地位的媒介和政治领域的新闻报道机制。这种做法将我们与那些认为政府和占统治地位的媒体根深蒂固、无法改变的人置于不同的阵营中，他们认为唯一的选择是去构建另一个与之平行的、独立的机制，以作他选。或者相反地，我们也不同于那些夸大和吹捧受众有能力忽略、重新解释或者质疑主流媒体中嵌入的“阅读偏爱”。这种观点在主流媒体中根深蒂固，已经到了认为没有必要再进行制度改革的程度——文化研究中此类迹象也很明显（如 Fiske，1987）。我们相信（正如第二章中简单分析的那样），媒介固有的民主赤字事关重大，它对社会和政治生活产生了深刻影响，而且它不可能通过现有的政治和市场逻辑来自我纠正：这项任务需要共同的、持续的集体行动。

然而，我们也欣喜地认识到媒介民主化理论中多元观点的合理性。但我们认为，伴随着任何社会运动，媒介民主化会无意识地制造社会不公或新的社会问题。这也是亚文化和自由主义理论的激进批判论调应该受到重视的一个重要原因——媒介改革以自由主义理论——公民权、公共领域，甚至民主作为其理论框架的。

本书章节安排如下：

第二章，通过两种分析来解释为何民主赤字如此事关重大。方法是思考贯穿媒体的权力——占支配地位的组织、逻辑思维和制度影响媒体的方式；同时考虑媒体自身的权力，它们对其他社会机构和社会进程的影响。皮埃尔·布尔迪厄将媒体和新闻学定义为“场域”的概念不仅有助于界定和超越这种差别，而且有助于去描绘机构之间的关系和政治策略。

第三章“挖掘”社会运动理论，深入研究社会运动作为促进社会和传播民主化的使者之作用。自 1968 年以来，新的社会运动已经将政治的概念扩展至文化领域，同时这些运动自身也变得更加关注权力和知识之间的关联，并指向媒介领域。但是，令人奇怪的是，到目前为止，还没有哪个运动，也没有哪个理论去研究什么样的运动有可能实现媒介领域自身民主化的目标。相反地，媒介领域已被想当然地认为是政治环境的一部分，被作为工具使用。而社会学理论中的不同学派却为此类社会运动的性质、任务及其贡献提供了富有见地的研究。第二章以这些概念和分析为基础，提供了媒介民主运动的一个二维的分类学理论。

考虑到媒介民主化策略的多元性，我们将在第四章探索当代媒介民主运动在意识形态范畴中的位置。我们将媒介民主运动置于北大西洋市场自由主义理论关于民主与媒介的叙述之中，如市场自由主义、公共领域的自由主义以及激进式民主等。所提出的问题包括媒介公共运动是否共享连贯性的道德标准和政治前景，使之成为有效的社会运动。在这一点上，我们与那种认为集体性的改革运动最需要的只是围绕同一行动、同一情感或同一审美而建成的网络，而不仅仅是几次连贯性活动。第四章以《人民传播宪章》作为文献准则，探求萌芽期的媒介民主运动应该具有什么样的政治抱负和将面临什么样的政治压力。

第五章和第六章阐述当代北大西洋媒介公共运动的历史性与政治性。我们概括了近代全球历史上发生的几次媒介民主化浪潮，并在其中介绍了美国和英国两个非常著名的媒介改革组织——圣弗朗西斯科媒体同盟和英国新闻与广播自由运动组织的历史概况。

第七章和第八章转入当前时期。基于对大量媒介活动家的采访，我们粗略概括了媒介民主运动面临的障碍、挑战和对手以及所需要的资源、机会和策略。如果说这两章探求的是成功的条件，那么第九章和第十章探讨的是媒介民主化运动的特色和政治特性。在这两章中，我们对温哥华这个充满着自我意识的国际性城市进行采访，借以分析和了解媒介方面的公共运动与其他运动之间的关系。将媒介公共运动置于一个广阔的领域之中，就能够估量一个清晰的媒介民主运动是否已经出现，或者媒介民主运动是否还仅仅是其他运动的附属品或补充物。我们所考虑的是媒介民主运动怎样才能起到反霸权的作用。最后，第十一章指出了媒介民主运动作为一种刚出现的政治形式的特异性，它与当代各类运动的配合以及整个民主媒介体系的前景等问题。

注 释

①英裔美国人聚居区作为“相对完整的‘心脏地区’”，其重要性在于它为资本主义的霸权领导和经济或军事领先提供了资源，见万·德·彼吉之论述（Van der pijl，1998：92～97）。在万·德·彼吉的叙述中，“心脏”地区已经扩大到将全球资本主义的其他地区囊括在内，但是它的中心（以及全球性商业媒体的中心）仍然是北大西洋。我们对中心区域的关注并不意味着其他地方的公共传播民主化运动、还有那些试图扭转中心与边缘地区之间非民主的深层次传播关系的斗争不具有战略上或理论上的重要性。

②正如约翰·道宁（John Downing，1996）提醒我们的那样，美国和英国“在文化、经济和政治历史上有着显著的相似主题，这使它们不同于全球其他绝大多数国家”，包括它们的帝国地位和富裕程度。此外，无论国际互联网和电视频道的增多会怎样侵蚀任何单一媒体的主流地位，英美媒介都保持着与规范的民主政体相对稳定的关系以及持久的受众注意力。很明显，这些条件在全球并不流行。

③有一项相关研究课题发现，20 世纪 90 年代的加拿大报纸中存在着相类似的盲点（Hackett et al.，2000：165～217）。

④广告对民主赤字的贡献需要特别考虑，因为从经济角度来考虑，商业媒体并不是主要靠受众养活，而是靠广告商，他们付钱以获得接近目标受众的机会。广而言之，由富裕的消费者决定什么样的媒介和内容会兴旺，什么样的会消亡，其影响力超过了正常比例（Hackett，2001）。贝戈迪肯（Bagdikian，1997）以及许多其他学者提到了广告对报业史上的垄断所作出的结构性贡献，因为广告商都偏爱能最有效满足他们市场需求的报纸。贝克（Baker，1994：69～60）论述了广告对新闻业的四种消极影响，包括对政治的淡漠以及对广告商产品和利益尽可能小的批评报道。

第二章

权力与媒介场域：危如累卵？

Remaking Media

媒介民主赤字和为消除民主赤字而进行的斗争为何事关重大？我们究竟面临着什么样的险境？

在本章，我们将媒介和权力视为“多棱镜式”概念，这些概念可以从不同的角度去观察，每个角度都揭示了崭新的视点（Dahlgren，1995：25）。然后，我们转而思考媒介机构和其他权力中心的关系以及媒介自身的社会权力问题。用布尔迪厄的观点来说，我们建议把媒介作为一个制度性“场域”来思考，虽然它在不同国家背景下显示出截然不同的形式。最后，本章将简述媒介民主化工程作为一种概念的研究意义。

一、媒介与权力

为了描述这一巨大的研究领域，我们需要刷新一下概念。“媒介”和“权力”都不是简单明了的术语。字面上，“媒介”可以是传递信息或意义的任何工具或渠道。约翰·唐宁（John Downing et al.，2001）在对激进媒介全方位的历史性概述中指出，涂鸦、街头戏剧、舞蹈、笑话、歌曲、海报、壁画、服饰以及被褥都被用来构造亚文化群体的公共领域和增强反霸权的信息。贝纳特（Bennett，2003：18）也提出过类似的看法：

> 核心问题是，今天我们所说的“媒介”到底是指什么？随着大众传播渠道和受众的分众化以及新式数字传播形式的激增，很难对散乱的媒介领域划分出明显的界限。因为各种媒介是相互联系的，所以信息在跨技术、跨社会和跨地理边界之间的流动变得更加容易。

面对如此错综复杂和多元化的局面，我们应该怎样避免研究的滞后呢？解决方法就是避免被技术形式所迷惑，超越技术形式去关注少数几个占据着媒介顶端的主流机构及其全球化的逻辑思维。我们将聚焦那些以挑战主流公共传播媒介民主赤字为导向的激进主义运动，尤其是与政治话语的形成、政治话语的争论和流通最直接相关的新闻业。

固然，大众媒介是个多面体，它同时是技术、产业、组织和文化活动。大众传媒既生产意义也生产利润，因此我们需要用政治经济和文化研究工具来充分衡量我们所面临的危机：这两者控制着公共传播的机制，也掌控着社会意义的编码与实践，产生了文化与政治效应。正如库尔德里（Couldry，2003：41）所说：

> 这就是为什么在考虑到媒介权力在何种场所可能遭到抵制时，我们不仅必须注意经济和组织资源的分布，争取媒体对现实进行特别的报道，还要注意那些为理解社会现实而提供的另类总体性报道框架的部门。另类的报道框架能够有效地挑战媒介在社会生活中处于中心位置这一信念。

库尔德里对另类模式的研究把他引向另类媒介不难。但我们却选择突出那些挑战媒介的报道框架、媒介制度和政策框架中权力集中的社会运动中被忽略的问题。

权力和媒介一样，也是一个多面的概念。权力有积极的、增值性强的一面，即个体和集体都有着开发潜力和达到目标的能力。在过去的一个世纪里，技术极大地增强了人类的两个能力：破坏和传播。数字技术支持下的个人传播授权被商业营销者大大增强了，这不是幻觉。个人传播能力的增强，其积极的一面是为所有类型的媒介公共新闻运动创造了新的途径，消极的一面是封闭了权力的负面影响，即凌驾于他人之上或侵犯他人的权力，从而形成了媒介民主的关键环境。通常，权力近似于一个零和的理论。浪费的消费主义与环境保护主义相对，工人工资与企业利益相对，繁衍需要或同性恋权利与宗教保守主义相对。以上事例表明，如果一方成为社会约束规则，就得以牺牲另一方作为代价。

权力的这种“负面效应”有三个维度［Hall，1982：64～65；在 Lukes（1974）之后提出］。在明显相互抵制的事物中（如学生质疑教授的评分），第一个维度指 A 组有能力为达到 X 目的而说服或打败 B 组。第二个维度产生在“与决策无关”的情境中，即当现有的制度将决策制定权限定在不损害权势阶层的问题上时（如教授从来不在办公室而没有投诉的程序）。第三个维度涉及意识形态领域，权力规范了弱势群体的观念和欲望，使他们无法超越历史和政治，对现存的社会关系习以为常，而从没想到对现有的关系提出挑战（如学生不会质疑不公正的评分，因为他们接受了教授绝对可靠的观点）。当然，意识形态融入了“霸权”概念中更多的内容。霸权是一种过程（充满了争斗和斡旋，却从来不会预先确定），统治阶级由此赢得了弱势群体对其社会、文化领袖地位的认同，并“通过这些手段（而不是直接的高压政治）来维持其对国家经济、政治和文化发展方向上的统治地位”（Ó Sullivan et al.，1994：133）。

媒介与权力的三个维度都有关系。媒介能够对行为过程发表评论，但更为重要的是媒介有助于设定公众讨论和政治决策的议程，也有助于促成整个意识形态环境朝着“使媒介片面的世界报道赢得普遍性的认同并树立其合法性，同时为媒介想当然地构建‘现实’奠定理论基础”（Hall，1982：65）。

本章将绕过有关这种强制性的议程设置和意识形态讨论在北大西洋社会的分布情况，而首先讨论自由主义多元论的传统理论，该理论偏重于研究权力的扩散与制衡；其次将讨论 20 世纪 70 年代盛极一时的新马克思主义的激进批判范式，该理论强调结构性的不平等，尤其是劳资双方的利益冲突；此外，本章也涉及 20 世纪 80 年代批评范式中出现的修正主义学派，该学派质疑马克思主义的阶级冲突模式，断言将出现多元化的主控形式（不过问题很多），而且认定权力及社会关系将可能分散（Hall，1982；Curran，2002）。以上各理论范式在广义上隐含着媒介与权力的深刻意义。本章随着库尔德里和凯然（Curran，2003：3～4）的思路，分别论述透过媒介行使的权力与媒介自身的权力之间的区别。对比通过媒介建立的民主与媒介民主化，前者指与其他社会领域紧密相连的权力如何通过媒介运作和内容得以实施；后者则指媒介组织对其他社会领域的影响，以下部分将分别进行讨论。

二、透过媒介行使的权力（power through the media）

媒介机构，尤其是具有显著政治意义的新闻业如何处置与政治和经济权力的关系？媒介是从属的、独立的，还是与统治精英相对立的？

不久之前，答案似乎直接明了。有一种标准的观点扎根于民间传说和新闻业对其自身的理解之中，认为新闻业是对抗权力滥用者的“看门狗”，是纠错者，是狂妄者的清醒剂，是积极性社会变革的推动者，它既安抚受害者，也折腾那些贪图安逸的人（Hackett，2001：197）。[①]这种关于媒介与权力关系的观点一度很流行，得到主流的自由主义多元论学派的广泛支持。该学派将媒介描绘成自主性的机构，在其社会环境中权力分散、被利益纷争又有交叉利益的集团所分享。各利益集团之间的竞争被一个建立在社会基本价值观之上的压倒性舆论所控制和操纵。在这种视角下，媒介就能大体上发挥积极的社会作用和政治功能，并通过市场机制、国家确立的法律体系和新闻从业者对自身职业道德的认识，在整体上对大众和社会负责（Hackett，1991：53；Hall，1982；Curran，2002）。

这种带有玫瑰色彩的想法在英美自由主义关于报纸的传统理论里占据着中心位置，如从18世纪报纸发挥了削弱贵族阶级和殖民主义特权的作用到1973年“水门事件”媒体揭露尼克松总统任期时的堕落行为，等等。然而，从20世纪六七十年代起，新闻界“看门狗”的形象被其他犬类形象所替代。有的批评家甚至认为新闻媒介变成了疯狗，因为它们愚蠢地攻击当权者，尤其是政府部门，还集中主要精力报道丑闻、名人和娱乐新闻，从而忽略了严肃的公共新闻。在学术界，政治学家如拉里·萨巴托（Larry Sabato，1991）也曾经评论过“攻击性新闻业”有“一味迎合的疯狂劲”。20世纪70年代好莱坞的电影《群英》里“水门事件”的记者鲍勃·伍德沃得（Bob Woodward）和卡尔·伯恩斯坦（Carl Bernstein）、《中国综合征》里面公然反抗险恶的核能公司的简·方达等英雄记者都已经被卑鄙小人替代了。20世纪90年代中期，荧屏中的记者无视伦理道德准则，沉迷于浮华与煽情事件，甚至（在《天生杀人狂》和《献身》中）犯下谋杀罪，以追求职业晋升或心理刺激（Hackett & Zhao，1998：163）。“疯狂”媒介行为的例子还包括对前任总统克林顿与白宫实习生莱温斯基事件的追逐报道，美国广播谈话节目和电视评论家不屈不挠、玩世不恭地把注意力集中在政治家的弱点、怪癖和战略行动上，而英国小报几乎任何一期都会刊登关于英国皇室和国家核心领导人物的传闻及一些“脚上沾了泥土”之类的小新闻。

但正是媒介屈从于经济和政治方面的权势人物的巴儿狗形象大大地推动了媒介改革运动。媒介超越了批评范式，使国家和企业一些不公正的、压制性的政策及其特权合法化，与此同时将持异议者和普通公民排挤在公共论坛之外。在赫曼和乔姆斯基（Herman & Chomsky，1988）著名的宣传模式中，五层“过滤器”把美国媒介困在巴儿狗的角色当中，以确保媒介亚文化群体对精英统治的屈从，如高度集中的媒介所有权、对广告收入的依赖、对精英分子新闻资源的依赖、右翼机构的强力批评以及冷战时期反共产主义的“国家宗教”，还有最近的自由市场原教旨主义，等等。

乍一看，巴儿狗和疯狗这样两种比喻似乎是相互矛盾的。但事实却未必如此。如果媒体有选择性地“狂吠”，那么他们会对某些人进行进攻，对另一些人则充当巴儿狗。至少在美国可以看到，空中频道被儒锡·林保和比尔·瑞利（Rush Limbaugh & Bill O'Reilly）这些右翼政客所掌控，媒体声称的对权力的监控其指向目标比例失调，他们并不针对私企部门，而是针对政府部门和被选举而来的公职人员；甚至忽略了右翼分子，而对那些被认为是“自由主义者”的人针锋相对（真恐怖!）（Franken，2003；Alterman，2003）。在这种情况下，媒介的影响力在很大程度上与“巴儿狗”理论一致：与此相对应的左翼或进步“另类”却被边缘化；媒介强化了公众对政治的冷漠、消极被动或玩世不恭的情绪；忽视了企业不可靠的权力和经济上的不平等现象，甚至使这些现象潜移默化地合理化，其代价是无法为民主选举产生的政府机构起到促进经济发展的作用。

非常明显，以上的每一个比喻都过分强调了社会、政治结构与媒体之间的特殊联系。两位美国学者帕梅拉·苏梅克和史蒂芬·瑞斯（Shoemaker & Reese，1996）提供了一个更为全面的框架体系来分析影响媒介产品的因素，从而得出媒介与权力的关系。根据表2-1的概括，他们的模式确定了这种影响的五个层次，从最直接而普通的日常工作中的层次开始，到较深层次的结构上的决定因素（Hackett，2004：145）。

表2-1　透过媒介的权力：影响力的层次

影响层次	媒介实现多元化的机遇 进步性社会变革	来自“保守势力”的压力
记者	对社会问题持“自由主义”的观点；新闻价值观：丑闻、人情味、奇闻（如绿色和平）；平衡、公正等职业道德	对经济问题持保守派观点；对拥有决策权富裕男性白人的过分报道； 实行某种程度的“客观性”原则，如倾向于采纳精英阶层的来源
媒介日常工作	报道新闻的“双方”	制度化的节奏，只注重现有的制度； 忽略“弱势和无组织群体”

（续上表）

影响层次	媒介实现多元化的机遇 进步性社会变革	来自“保守势力”的压力
媒介机构的结构与逻辑	从媒介集团公司的合法性与需要出发，对现有媒介提出挑战的另类媒介	成本门槛高限制了所有权；大型企业的政治利益；媒介组织拥有凌驾于政策、雇佣制和资源配置原则的所有权；所有权的集中；经济规模导致“中间报道”路线；与政府和管理者有密切关系
环境条件：媒介外部因素（资源、广告商、政府、法律、技术、受众市场）	战略性传播、专业技术的发展、进步性的倡导组织、赢得资源的地位；由从属但大型组织发起的政治动员；市场竞争、消费者的选择；民主的国家政策（如公共广播、所有权限制、对私营机构的规范管理、对多元化的补贴制）	国家对信息流的审查或影响特别是“9·11”之后；对富裕消费者的偏见；由广告原因造成的市场审查；公共关系、信息补贴；企业对因特网的“殖民”
环境条件：意识形态（霸权、亚文化与反对派话语）	参与主流话语的机遇（如作为维和部队的加拿大和作为自由世界的美国）；普遍适用的民主价值观	新闻记者“内化”的霸权式话语如反共产主义；资源不平等影响了话语的流通

资料来源：Crouteau，1998；Curran，2002：148 ~ 55；Gandy，1982；Hackett，1991；Hackett，2004：127 ~ 152；Hackett & Uzelmman，2003；McChesney，1999：49 ~ 50；Shoemaker & Reese，1996；A. White，2004.

就新闻事业而言，第一个层次由生产新闻的新闻工作者构成。这一层次的影响包含新闻工作者的一些人口统计学特征（如种族、性别、社会经济状况、受教育水平），他们对政治和宗教的看法，还有他们的职业培训和角色观念。有媒体研究显示，加拿大和美国的新闻记者有“自由主义”或“后物质主义”的价值观，这些价值观影响着新闻报道（Lichter，Rothman & Lichter，1986；Miljan & Cooper，2003）。但是，一份对华盛顿地区新闻工作者的调查指出，尽管新闻记者可能在类似堕胎的社会问题上有自由主义的倾向，实际上，他们在类似税收和贸易自由的经济问题上是维护美国公众利益的（Croteau，1998）。

可以证实的是，新闻记者对于自身职业角色的观念，更多是外来的，而不是个人的看法，例如，对公共服务或客观性以及“新闻价值”的想法——这些是指导新闻记者选择和构建新闻、报道新闻价值的相关标准。最近的一项研究表明：在英国新闻界，新闻价值排名前十位的是：权威人士或权威机构、名流、娱乐性或人情味、出其不意或反差、坏消息、好消息、重要性或影响范围、被认为与公众有重要的关系、新闻事件的追踪报道、与媒介组织自己的推广计划或政治议程相一致的事件等（Harcup &O'Neill，2001）。

这些与专业工作相关的概念不完全是记者个人经历的产物，更多的是他们在工作方面社会化的结果，是日常工作惯例约束的结果（第二层次的影响），也是他们所服务的媒介组织制度需要的结果（第三层次）。常规新闻通常包括规范化的独家新闻，这些新闻往往把注意力集中在能够提供高效率、可预见其资料中新闻价值的公共机构，如白宫、市政府、法院等机构。新闻常规化的其他方面包括标准化的体裁（如软硬新闻、纪录片、社论、专栏等）和关键的新闻机构（如美联社），地方编辑会利用它来指导选稿的过程。难怪加拿大电视演员董·贺荣（Don Herron）在他的一部讽刺喜剧片断里说，“今天的新闻与昨天的新闻一样，只不过是发生在不同的人身上而已”（Hackett，2004：146）。

第三个层次包含更广泛的媒体机构的组织规则。把供给、生产和消费策略转化为维护一个稳定而易于管理的新闻供应源，高效率地生产新闻，并以能够吸引产生丰厚利润的观众的模式报道新闻（Shoemaker & Reese，1996：105 ~ 137；Hackett，2004：146）。这一层次的分析涉及阶层内部与人工分配、所有权和支配权、社论与其他策略以及各个媒介组织的目标受众和目标市场。

第四层次包含“媒介外部的影响”，或者称为周围环境因素，第一章有所涉及，本章将深入讨论。这些因素包括技术、向新闻记者提供信息的机构、提供财源的广告客户、制定规则和法律框架并提供或拒绝信息的政府部门，还有受众，或者更严格地说是商业媒体的市场。

最后是广泛意义上的意识形态的影响，这在舒梅克/瑞斯的模式中包括社会关系的相互作用，文化的各类文本和社会层面上的权力结构，即“媒介的符号内容与整体社会利益的关系如何，在对权力的服务中如何构建意义”等（Reese，2001：183），这种概念与上文中提到的霸权主义概念相吻合。

可以说，系统地研究这些影响使人们发现，促使媒介向权力中心轨道移动的保守势力作用于每一个层次（Curran，2002：148 ~ 155；Hackett，2004：147 ~ 152；Hackett& Uzelman，2003）。表 2 – 1 虽然没有详尽无遗地列举出来，但右栏概括了大部分新闻事业所面临的主要压力，这些压力限制了消费者和进步团体的影响力，或者说逆转式地将媒介机构在意识形态上和经济上紧紧地“植根”于资本主义的社会秩序中，尤其是“植根”于新自由主义的政策之中。大部分罗列出来的因素或多或少是不言自明的，但有些因素还值得进一步探讨，特别是“媒体外部影响”这个层次。在后“9·11”时代，国家的审查制度和监督机制已成为民主赤字的一个重要特征，这点我们在第一章已提到。但是，与传统智慧相反的是，国家没有垄断审查制度，市场的力量同样可以系统地缩小公共信息可接触的范围。因此，在商业性的媒体系统里，富裕消费者由于其可支配的高收入使得他们成为专业化媒介服务的主要市场和广告商青睐的目标受众，其兴趣和需要得到了不同程度的满足；不太富裕者以及与消费主义精神不一致的媒介受众的需求则被过滤掉了。说实话，广告的功能成为一种许可制度，决定着哪种媒体能够生存，哪种媒体将倒闭。同时，公关业的扩展为政府、企业和获得良好资助的政策机构提供了更好的工具，即信息补贴。这样一来，媒介在没有付出任何代价的情况下就能够以高昂的制作成本把有新闻价值的（但是是为它们自己利益服务的）信息传播出去（Gandy，1982）。

科技是人们讨论得最多的影响媒介的“外部因素”之一，同时也是媒介的构成因素之一。有理由相信，“媒体”的确切定义随着互动的、点对点的数字网络的出现而改变着。有人觉得，在网络时代，媒介的权力需要被重新考虑。他们论证说，因特网正在侵蚀着大众媒介的支配地位，并且正在模糊着媒体消费者和生产者之间的界限（Bennett，2003）。另一方面，只要因特网的发展被商业化的逻辑所控制，支配传统大众媒介的企业巨头就能够把因特网引向对他们有利的发展方向（McChesney，1999）。两位从事因特网政策研究的改革派专家揭穿了天真的乐观主义者关于“新”数字媒介的革命性及其“狂热民主”特征的说法：

> 首先，旧媒体不会退出它们原来的领域，它们对我们生活的支配将会持续很多年，广播和电视的使用仍然是互联网的20倍。其次，传统媒介巨头也已经使人们在网上能感觉到它们的存在，建立了也许（还）不能赚钱的数字化据点，但是它们必定吸引了在线通信的份额……因此，即使长期以来被吹捧的媒体合并姗姗来迟，新旧媒体之间的区别，尤其是混合文化的冲击，大部分是不真实的。（Chester & Larson，2002）。

到目前为止，我们概括的影响媒介的因素与宣传模型或巴儿狗比喻基本一致。但是这肯定不是事情的全部。我们由分析所得的三个暗示是值得着重突出的：

第一，我们认识到，媒体远不是可预见的顺从的巴儿狗，而是竞争的场所。对抗势力为媒体多元化、大众的声音和激进的社会变革提供了机遇，这些在表2－1中间一列有相关总结。一些“多元化的”因素起源于传播工业政治经济上的结构矛盾。[②] 但是这些机遇并不会自动产生抵抗力量；这些机遇完全依赖亚文化群体机构，包括另类媒体和社会运动。20世纪70年代，绿色和平组织巧妙地利用了人情味和奇闻异趣的新闻价值观将环境保护主义置于全球议程范围内。非精英组织能够建立组织并发展战略专长来提高其作为新闻资源的地位，同时非精英组织：

通过个人的交互作用、社会仪式和自己控制及影响范围中的社会机构，能够培育出对社会的另类理解方式，营造一种强烈的集体认同感，并把对本组织的忠诚和激进行为从一代传到下一代。通过工作场所和市民社会中的集体行动以及通过参与社会的集体对话，它们可以寻求改变主流态度的途径。至关重要的是，非精英组织的数字力量意味着，通过选举程序他们可能获得对国家的政治影响，并且可以利用数字力量来调整社会组织和社会文化……（Curran，2002：151 的补充强调）

第二，本研究中值得注意的特征是国家的两面性。如同技术，它能够同时为专制的和民主的目的服务。一方面，国家因为在镇压进步力量和亚文化团体中所扮演的历史角色而受到正当的质疑。另一方面，许多媒介公共运动被专用于推动国家民主政策的实施以促进媒介多元化。至少在西欧，国家对公共广播的投资、对私营广播电台经营者进行规范管理、对跨媒体经营和媒介所有权的集中实行政策上限，以及给少数族群媒体一些公平的补贴之类的政策已经取得了部分的成功。甚至在美国，诸如新闻自由大会的媒体改革者主张设立州立的法规（最近，广播媒体所有权实行上限）作为对应企业权力一个必要的抗衡砝码。

第三，当国家和媒体两者都成为争斗的场所时，它们不是处于同一水平的竞技场。相反地，它们在结构上处于支配地位，它们的常规操作和制度惯性往往会倾向于那些已经享有大部分经济和文化资本的人。表 2 - 1 右边一列表明这种“保守化”势力的分量。由这种势力导致的民主赤字恰恰造就了媒介民主化作为一项工程的动机和必要性。而且有趣的是，表 2 - 1 表明这个工程的范围和任务，即要扩大或利用中间一列中被识别的因素，要挑战、平衡甚至消除右边一列的因素。

三、媒介的权力（power of the media）

媒介是强化了等级制度和社会不平等，还是向它们提出了挑战？媒介是巩固了现状，还是促成了进步的社会变革？或者根据不同的情况，两者兼而有之？

显然，经过几十年的媒介研究，这些问题仍悬而未决。它们要求我们去考虑媒介能否或如何凭借自身的力量去施加影响，而非简单地反映其他机构的力量。如果我们过分强调外部力量对媒介的冲击，我们就会面临看不到媒体黑匣子里面发生了什么事情的危险，如媒介如何处理并制造意义，媒介在世界上改变了什么？如此，要估计为媒介权力而进行的斗争中存在着何种危险，需要对因果关系进行反向思维，深入调查媒介自身的力量。如果媒体没有自主权，没有属于自己的力量，那么专以民主改革为目的的社会运动就会变得毫无意义。正如库尔德里（Couldry，2003：39）巧妙地提出：

"媒介"是否拥有一种力量，可以超越国家或企业利用媒介来宣传自己的优势？显然，在媒介权力与其他权力的争夺之间有重叠部分，但这并不是说"媒介权力"不会引起特殊的社会问题……

库尔德里还补充说，关键是权力在媒介的制度空间里以压倒性的优势集中了大部分的社会符号资源。它有效地容纳了斯图尔特·霍尔（Stuart Hall，1982）的第三维度权力——构建、定义或命名社会现实的能力，以及由此塑造了一个所有政治斗争都在这里进行的阵地。

有个与马歇尔·麦克卢汉有关的著名论点，认为媒介技术、格式和文本是当代文化和政治不可分割的组成部分，以至于将媒介对某些现象的"影响"进行独立研究是没有意义的（Hackett，1991：16～18）。我们研究媒介权力则不一定要接受这个观点。因为它忽略了上文中提到的其他影响，而倾向于技术决定论，忘记了传播技术的发展和其使用本身要受到其他社会进程、机构和群体的极大影响（Smythe，1981：217～248）。不过，不可否认的是，媒介对社会现实其他部分的特殊影响很难如同玩台球那样对其孤立地对待。费斯克（Fiske，1987）提议不要用"效果"这个概念而用"影响的不确定性"来代指媒介的渗透性。研究"效果"的文献很多，但是考虑到我们对媒介民主化的关注，我们把关键的概念简化为两个方面：大众的政治意识以及作为民主重建潜在力量的社会运动的发展轨迹。

1. 媒介，社会运动和其他政治进程

大众传播媒介通过新闻报道、制度上的原动力及其与其他社会力量的交互作用，能够有助于发起或"阻拦"社会变革运动（Hackett，1991：20）。抗议运动需要除人际讨论以外的交流方式，以利于清晰地表达和发展自己的设想、协调行动、维持凝聚力，并扩大支持面（Kielbowicz & Scherer，1986）。当英美激进运动仅仅通过国内媒介就能够建立群众基础的历史时刻随着19世纪大众商业化媒体的出现而消失时，我们就已迎来了一个不同寻常的历史时刻（Curran，2002）。打那时起，虽然互联网可以降低社会运动动员的成本。但是，所有为政治改革而争取广泛支持的社会运动都无法忽视可以对社会运动每个阶段都产生那么直接影响的大众媒介——从运动的开始、开展到最后的成功阶段（Hackett，1991：21）。

主流媒体在每个阶段都起着潜在的对抗作用。媒体仅仅通过宣扬那些可能引起不满和可能激起人们行动的问题和事件，就可促成抗议运动的出现，比如美国和英国为入侵伊拉克而进行的军事行动，就引起了全球历史上最大规模的和平抗议运动。绿色和平组织非常显著地证明，活动家们学会了逐步地上演事件，使自己对某事的关注造成轰动效应，以此获得媒体的关注（Kielbowicz & Scherer，1986：80～81）。但媒介的报道方式也可能会破坏活动家们极力连接的运动程序（如自由贸易协定和环境恶化），或者完全忽视它们，从而限制人们对现状持续的大范围的批判，限制了这种批判的推广与普及。无法命名的东西是难以进行批判的（Hacket，1991：22）。

运动一旦发生，媒介可能对运动组织的团结、管理及协调起着相反的作用。比如，新闻报道可以为运动的目标及运动所提出来的问题赋予地位和合法性，以加强运动参与者的积极性，协助其招募更多的参与者，扩大运动的群众基础。但相反，20世纪60年代美国学生新“左派”（Gitlin，1980）或近十年来的反对企业全球化运动的诋毁报道方式却将公众塑造成一个离经叛道、对抗和激进主义的形象，结果上面两场运动均被局限在合法性政治论坛的边缘。

同样，媒介有意地忽略或负面框架式报道公共运动的成功，无论是在维持组织的连续性、在国民中传播组织的设想、促使决策者的认同方面，还是在促成对政策结果产生实际影响方面，都产生了极大的效应（Hackett，1991：22）。如果不具备参与公共传播的能力，社会运动无论是被美化成“前兆性的政策”，还是被称为从企业和国家控制中解放出来的“临时区域”，这些运动一般都被局限在边缘化的领域里。总体来看，北大西洋的媒介目前似乎扮演着“保守化”的角色，起着剥夺激进性抗议运动合法地位并使之边缘化的作用，或者就是诱使公共运动采取官僚政治体制和更温和的立场，使之仅仅关注个别问题而忽略全方位批判的战略（Hackett，1991：22）。

媒介在其他社会、政治和文化过程，如战争与和平中具有核心意义。媒介可以影响决策和决策者之间的相互作用。例如，与较早或较慢的传播方式相比，运用延迟的方法缩减对事件的反应时间，可以加剧危机。而至为关键的是，新闻报道常常能采用与各自政府政策一致的方式来界定威胁、受害者和敌人来煽动战争。尽管媒介文本和音乐的生产与市场已经全球化，但大多数媒介受众接受的是本国出品的每日新闻报道。因此，即使在美英这样有“新闻自由”的民主国家，地方和全国性新闻媒介的统治“继续阻碍全球政治的发展，推动着民族主义者和地方主义者关于人类包括战争与和平方面的事务的观点”（Curran，2002：180），请想想本书第一章提到的美国处于霸权地位的媒介在2003年美国领导的伊拉克战争中，动员公众默许时所起到的作用（McChesney，2002；McChesney & Hackett 2005：231～232；Oberg，2005）。

当然，媒介权力不只是负面的。它是前专制国家进行民主化进程不可或缺的部分（在第五章有讨论），尽管媒介作为独立的民主催化剂的作用还尚待讨论。在案例研究概述中，普赖斯和罗祖米洛维茨（Price & Rozumilowicz，2002：260）发现几乎没有证据可以证明“积极参与的媒介制度”将直接导致政治结构的改变。另一方面，当媒介与反对党派联合起来共同披露社会秩序中的腐败和裂痕时，即使是小型的激进媒体也能为推翻它而贡献一份积极的力量（Downing et al.，2001）。

2. 媒介与公共意识

媒介对民众意识的影响总是被概括成宣传和灌输，暗示着有目的地进行操纵和劝服。当然这种事确实存在着，比如广告业和公共关系业的核心就是操纵和说服。但这些一般性概念忽视了媒介生产和受众解读的复杂性，导致激进性组织志愿地做了媒介政治失误的替罪羊，而这些政治失误的根源却在别处。

此外，人们对媒介文本内的冲突和将媒介受众看成是主动积极的意义制造者的时尚观点同样是片面的。一些“新修正主义”和“文化民粹主义”学派的学者暗示媒介力量是有限的，因为受众会按照自己的意愿来理解媒介，实际上忽略了媒介结构性的改革需要，只是一味迎合新自由主义关于现有的商业媒介“给了人们想要的东西”之说（Curran，2002：115～124；McGuigan，1992：173）。

而事实并非如此。受众主动地解读媒介文本，但却处于无法自己选择文本的境地之中。除非有相反的经历和话语资源（dicourse resources），他们往往趋向于使用别人提供的原始材料。此外，即使商业媒体确实需要将受众引向成功，也不意味着它们只是在反映大众的价值观和政治观。相反，以上概述的结构性压力意味着商业媒体：

> 给部分人提供了部分他们认为自己所需要的，即媒介企业认为既经济又方便提供的节目，大体上与消费主义的观念相一致，富裕的或大众消费者群（他们毫无潜在的选择权）为接受加入受众行列的回报早已做好了准备。（Hackett & Zhao，1998：188）[③]

与宣传和消费者至上的思想相反，议程设置、“沉默的螺旋”理论、涵化理论和意识形态等概念为思考媒体对公众政治倾向所产生的影响提供了有益的方法（Hackett，2001：199）。

媒介议程设置的功能是人类共同依赖大众媒介获取超越个人直接经验的信息的副产品。媒介借助其能够引导公众注意某些事件或转移注意力的能力，来影响公众对存在、重要性、善恶、价值、危险性以及事物之间关系的理解（Gerbner，1969）。媒体散布的观点（例如，福利诈骗很普遍）反过来又影响态度——特别是当此类报道培育了持久的意见倾向时，如对“一钱不值的穷人”的敌意。

议程设置的背面是“沉默的螺旋”，这个概念由伊丽莎白·诺尔—纽曼（Elizabeth Noelle-Neumann）女士提出（McQuail，1994：361～363）。那些认为自己持少数人意见或很少公开表达过意见的人，因为害怕被社会孤立，而不愿意表达自己的观点；如果没有社会的强化作用，他们自己对这些观点的附和也会消退。如此一来，如果他们长期忽视某个观点，媒介就会促使人们忘掉它。

涵化同样是渐进和长期的积累过程：看电视“导致人们逐渐地接受一些关于社会本质的信条，这些信条与电视文本和新闻报道中刻画的刻板形象，描写的扭曲事实和经过选择的观点相一致”（McQuail，1994：364～536）。这一理论由格伯纳（Gerbner，2002）提出，该理论还认为，在当代工商业的体制内，电视（至少在美国）主要是加强而非改革或削弱了占霸权地位的信仰与行为（McQuail，1994：364）。

综上所述，这些概念都证实了新闻媒体的意识形态功能属于上文讨论过的 S. 霍尔说的权力的第三个维度。如果意识形态是为主流服务的意义产物（Thompson，1984：130～131），那么新闻和其他媒体体裁就成了意识形态机构，这个机构专门构建偏袒主流价值观、主流机构、精英或主流社会关系的象征性世界图景符号——以牺牲描述真实世界为代价。但与宣传不同的是，意识形态的生产不需要有目的地支配、操纵或是劝服。通常的方法是通过武断的手段将人们习以为常的价值判断、对现实的判断、被合理化的设想转变成人们普遍接受的常识。

关键是，这样的意识形态工程不是在排除新闻客观性，而是在新闻业内声称客观的情况下生效的，而且商业电视台也公然将娱乐而非劝服作用当作自己的职责。即使是最客观和最专业的新闻业也不能逃脱"框架式报道"的必需性（Gitlin，1980：7），即对"事件"的新闻价值、对问题的重要性、对消息来源的可靠性的判断，以及如何编排适当（即使是含蓄隐晦的）的新闻背景等进行"定位"。同样地，即使很明显与政治不相干的电视娱乐节目也必须假定对其受众合适的讲话形式、相关主题及其立场与价值观。这些考虑，以性别关系为例，已经产生了影响。如此一来，有一项对 20 世纪 90 年代总收入排名居前列的好莱坞电影的研究表明，尽管有一定的进步，女性仍遵从 20 世纪 70 年代美国电视网的"符号消灭"（symbolic annihilation）特征（Press & Liebes，2003：140～141）。电影从来就不"仅仅是娱乐"。

四、媒介是一个场域吗？

到目前为止，我们已经对媒介权力的一些问题设立了与盎格鲁美国人媒介权力学术研究一致的框架，此类研究通常由经验主义的线性因果概念作为理论基础。学者们对这种因果箭头的方向有不同的看法——是从社会到媒介还是反其道而行之。斯图尔特·艾兰（Stuart Allan，2004：3）对这种媒介与社会的二分法表示质疑。相反，他呼吁关注"新闻媒介如何嵌入权力与控制的特殊关系之中的。同时，还要认识到媒介不经常地牵制、转化此类关系或时不时地对此关系发起挑战"，并且媒介偶尔也会产生新的权力关系，如名人的关系。

或许我们可以通过吸取法国结构主义和后结构主义思想家，如路易斯·阿尔都塞（Louis Althusser）、米歇尔·福柯（Michel Foucault）和 P. 布尔迪厄等人的一些观点来改进盎格鲁美国人的媒介权力范式。概括地说，以上这些人的研究，意在将媒介作为一个相对自主的制度领域来分析，它与权力、知识和生产发生着广泛而明确的联系，也有自己一定的逻辑规则。福柯谈到过"话语政体"——权力不是直接实施审查制或外部的高压政治，而是通过间接和内部的行业标准和实际运作对言论的生产进行管理（Foucault，1984：54～55；Hackett & Zhao，1998：6）。因此，在日常工作惯例和新闻工作原则中，就可彰显并建构权力关系。批评家有时指出，福柯以为权力是分散的、随处都可发挥作用，而没有固定在某个特别的地方，因而他模糊了由国家和资本造成的不平等现象，尽管唐宁（Downing，2003：250）认为这是对他文章的误解。

或许布尔迪厄的“场域（fields）”概念更为贴切，它对场域间的关系给予了充分的关注。在他看来：

任何社会形态都是通过一系列按等级制度组织起来的场域构成的（包括经济场、教育场、政治场、文化场等），且每个场都被定义为一个结构空间，它具有自己的功能规律，独立于政治和经济之外的其自身的各类势力关系……每个场都相对自主但在结构上与其他场域同源。它的结构在任何特定情况下，都由本场各权力位置代理人的关系来决定。（Johnson，in Bourdieu，1993：6）

每个场是“一个有其自身功能规律的社会领域”（Johnson，in Bourdieu，1993：14）。非常典型的是，每个场域都有其自己的精神特征、自己正式或非正式的规则和逻辑，一整套为个体代理人（如记者）所设立的地位与权力位置以及它自己的利益和资源模式——资本，各代理人为此而竞争。在经济场中，代理人通过投资战略来竞争经济资本；在政治场中，他们争夺政府管理权。如果我们从整体上思考文化生产，具体到将大众媒介或新闻业看做不同的场域，那么有两种资本形式与此特别相关：符号资本，即威望或名气的累积；文化资本，即文化知识或文化环境模式（Johnson，in Bourdieu，1993：7）。说实话，这种观点认为新闻工作和与之相关的大规模文化生产形式（“媒体”）带着将经济权力（利益生产）和符号权力结合起来的鲜明特征，这种特性是最终定义社会现实的能力。像上文所认为的那样，媒介的力量之大足以包容整个社会符号权力的集合体（Couldry，2003：39），因此“给其他的场域强加了一个结构性的束缚”，但它同时却“受到商业或经济制约的极大影响”（Marliere，1998：220）。

这种方法要求我们将新闻业和大众媒介看做更加广泛的权力场中的相对自主的场，它本身构建于主控地位：有的场域比其他场域对整个社会的形成会产生更大的地心引力[④]。这种隐喻让我们超越了线性因果律、机械因果律（billiard - ball causality），而运用概念化的方法解释新闻业与经济势力、政治体系、科技、其他制度场域以及资本主义、家长式统治、种族歧视或其他统治中心的相互作用。以上方法不否定个体是追求战略目标的积极代理人，通常还是创造性地将我们的注意力转向结构性的角色及关系上——包括制度场域之间的相互作用。因此：

外界的决定因素只有通过场域自身的结构转变之后才能起作用。也就是说，场域的结构特别像一个棱镜，按照自己的逻辑折射外部的决定因素，而且只有通过折射外部因素才能对这个场域起作用。一个特殊场域的自治程度完全按照它将外部需求反射

为自身逻辑的能力来衡量。(Johnson, in Bourdieu, 1993: 6)

这是一段内涵丰富的文章。它意指对新闻工作最重要的外部干扰形式并不明确，也不是偶然的［如广告客户企图砍掉一则新闻或某个消息来源，坚持要登一则自己喜欢的舆论炒作（spin)］，而是（相对自主地）对规范日常新闻工作的基本规则和程序所进行的长期重构。

新闻场域相对自主的一个具体例子［一个与布尔迪厄自己也认为有争议的研究非常不同的例子（Marliere, 1998)］表明，美国和加拿大20世纪大部分的新闻业具有“客观性”特征。这个特征意味着，新闻工作是一个思想与实践互动的综合体，提供了“一个理解、定义、安排以及评估新闻文本、新闻实践和新闻制度的总体性模式”。客观性原则包含五个维度：①规范理念（真实、不偏不倚、准确，等等)；②认识论（对知识和现实的设想，如将事实与价值观分离的可能性)；③一套新闻采集和报道规则（如采用适当的新闻来源)；④一套制度关系（综合的、专业化的新闻组织，它由专业人员组成，享受不受国家干涉的自主性)；⑤公共话语中的积极要素，为每天的新闻谈资提供语言（如“偏见”、“公平”、“平衡”)。

虽然新闻的客观性原则不仅仅是对外界力量的表达，但也不是漫无边际的。它的存在需要社会、政治和历史条件。也许有人说，新闻的客观性原则和其他场域的制度环境是相辅相成的。形成和巩固客观性体制的因素包括新兴的商业报刊为了经济利益而追求大量的多党派读者群、科学与实证研究方法的地位在19世纪的逐渐上升、记者教育水平的提高、对新闻工作者专业地位要求的提高以及20世纪报刊垄断者对政治合法性的需求等（Hackett & Zhao, 1998: 36~81)。

究其历史，客观性原则的特征并不是一成不变的。新闻业及其与其他制度领域的关联在过去是逐渐发展的。因此，当客观性概念作为公共利益中告知真相的功能已经成为北美新闻工作永久性的非凡试金石时，它的运作和理念都改变了。例如，在经过第一次世界大战的杀戮与宣传之后，19世纪晚期，人们相信事实真相有能力证明自己的“幼稚的现实主义”被一种狭隘的客观性定义所取代，此定义认为“在这个世界，即使是事实也不可信，客观性就是为对付这样的世界而设计的”（Schudson, 1978: 122)。此后，20世纪60年代大众文化的盛行、越战和“水门事件”导致美国政府和民众之间产生了“信誉沟”（credibility gap)，为新闻业更严厉的批判与敌对风格奠定了基础。

因而，一系列交互影响的场域滋生了新闻业的客观主义体制，这一体制反过来带上了意识形态的后果——很大程度上是无意地向大体保守的方向倾斜。举例来说，“客观性”报道的一个特征是引用“合适的消息来源”提供相关的和可信的“事实”。可通常情况却是，那些可以采访的、明确的、容易得到和貌似权威的消息源往往来自于权力机构的代表（Hackett & Zhao, 1998: 142)。这就可能为持反对意见者和变革提供了空间。从总体上说，新闻的客观性：

为已确立的意识形态视角与权力关系提供合法性。它制造对世界的系统性的偏见报道，偏袒主流机构及其价值观，与此同时还对受众隐藏了自己的意识形态角色。由此而赢得了人们对新闻中包含了“受偏爱的阅读物”的称赞……（Hackett & Zhao，1998：161）

这种客观主义的“保守化”影响并不一定是故意为之，但鉴于新闻业在结构分明的权力场域里所处的位置，它们也不是完全偶然的——新闻业（和媒体）也许是相对自主的领域，但并不是一个任意发挥的第一平台。从结构主义者的观点来看，该场域本身在不断地生产和复制着不平等，但新闻工作者和其他人都可以创造性地对其进行对抗或接受。

进一步来说，上述关于媒介所受影响的分析表明，新闻业在两个意义上是相对“弱势”的场域。首先，它的边界是可以渗透的，其自主性也是有限的。和其他场域诸如“高雅”文化（艺术、文学、诗歌），科学技术或者学术界（虽然现在正在衰退）相比，新闻业或大众媒介的逻辑与资源，其自主性更低。其次，虽然新闻业和大众媒介场域比高雅文化和学界的影响力要大很多，其符号权力的集中可以制约其他场域，但它无法凌驾于社会结构之上。在自由市场霸权与政府和企业驱动的全球化时代，所有的场域都毫无例外地更加受制于经济场域的直接统治，更确切地说，是受制于凌驾于一切之上的资本积累逻辑。而新闻业和大众媒介是个尤其脆弱的场域，因为它们密切了政治和经济资本的产生过程。在一个充满着企业与政治“品牌”的投机年代（Klein，2000），符号、经济和政治资本本身之间的差异正变得越来越模糊。

客观主义原则、自主性及新闻专业主义的象征在过去二十多年里的瓦解过程中，新闻业作为一个独特的场域，其弱点是显而易见的。20 世纪 80 年代，里根政府废除了公正准则（Fairness Doctrine），这使电视在遇到具有争议性问题时可以播送平衡性社论，缩小了评论的视野，为诸如福克斯等党派性（以右翼为主）广播电视网铺平了道路。1996 年的电信法案不但促成了媒介合并的大幅度增长，也进一步助长了广播从大众服务工具退化为个人私有财产的风气。2001 年的“9·11”事件更促使许多媒介专家提出“客观性”的立场在报道布什政府的“反恐战争”中不再适宜（Navasky，2002）。经济领域的变革（比如说，股东们为了寻求短期利益而纷纷大规模合并企业）导致了“信息娱乐化”的盛行。

新闻客观性在 R. 默多克的福克斯新闻频道里可以说是丧失殆尽。新闻与评论大融合，其决策者与共和党之间的政治关系亲密，每日报道备忘录将社论的议程都安排在喧嚣的政治议题中，并对内部专家进行政治审查，在新闻节目里为表现美国民族主义而特别安排音乐与画面。诸如此类无不明显地违背了美国新闻业过去多年来小心翼翼标榜的最保守的客观主义。客观主义残存的痕迹都是粉饰性的，针锋相对的脱口秀中，那些右翼的战犬和伪自由主义的狮子狗面对面互咬，比如像“汉尼提与蔻姆斯”（Hannity & Colmesy）这样的节目以及广播电视网的市场营销口号“公正与平衡”（Franken，2003）等。这其中最发人深省的是，福克斯不但没有遭到很多来自新闻队伍本身的有组织的反对，而且由于其收视率的成功，它的风格反而一直影响着其他的广播电视网（Knightley，2002）。

五、国家背景

福克斯电视台的怪现象提醒了我们：媒介与公共运动成型于真实的文化背景与历史条件下，甚至在三个地理条件类似的北大西洋国度中，这种模式也是不同的。我们首先观察一下英国的传媒体系。和美国不同，英国公共广播有很强的传统，世界著名的英国广播公司（BBC）就体现了这一点，国家对私有广播的公共服务规则要求很严。和美国相比，英国的新闻报刊有更公开的党派传统（而非“客观性”），有相当数量的拥有鲜明社论风格的真正意义的全国性大报，其高档次的大报与大众市场上的“通俗”小报之间历来就泾渭分明。英国关于媒介的公共论坛比美国更加重视小报煽情者的过分行为和工会会员与社会民主派中对报刊上的明目张胆的右派偏见。

在政治上，古典自由派和集体主义两股潮流共存于英国的文化中。虽然全球性的资本主义消费文化正在毫不犹豫地冲击着它的根基，集体主义却在强大的工人阶级文化与工会运动中得到了滋养，在战后的英国福利社会里以立法形式出现。甚至在今天的英国，参加工会的工人人数比美国也要高一倍（28%:14%）。英国左翼曾在社会民主派的工党中掌控过“主流”政治马车，在几十年里多次组建政府或充当主要反对党。即使对于指责工党在改革方面过于谨慎的激进分子来说，工党确立了发展的方向，为改革论和社会主义思想植根于“主流文化”树立了信心——直至20世纪90年代，撒切尔霸权主义的扩张才鼓动了工党的右翼转向。在那以前，英国左派一直对享有多数派的大众支持充满信心，并且通过国家规定和立法取得了社会改革的突出成就。

美国的媒介景观为论争提供了一个不同的背景。相对英国而言，美国的报纸和电台植根于不同城市的市场，更倾向于地方性；同时，美国广阔的地理分布及其联邦制政治体制也强化了媒介公共运动的地方组织。地方主义者的基地也许会阻碍那些试图干预国家政治、代表公共利益的媒介改革者；它们的目的是在（华盛顿特区的）市内进行活动，而不需要建立积极的民众基础。

客观主义体制半个多世纪以来都是美国新闻出版业的象征，它与英国和欧洲的党派主义传统形成鲜明对比。尽管上面提到客观性有其微妙的意识形态偏见，但它保护了美国新闻业免受政治攻击。自由主义报业改革者中最著名的就是1947年的哈钦斯委员会（Hutchins Commission），该委员会认为，只要报纸以“社会责任”来指导自己，垄断与集中都是可以接受的（Baker，2002：155～156）。但从全国范围来讲，20世纪70年代和80年代的美国传媒改革者却主要关注当时占主导地位的传媒，即三大电视网络——美国广播公司（ABC）、哥伦比亚广播公司（CBS）、全国广播公司（NBC）。在这里，争论针对文化价值及其相关的媒介报道——性、暴力、种族关系，多过党派政治的话题。

而和英国的另外一个不同点是，美国的公共广播处于弱势；相反其商业主义的霸权地位从未受到过挑战，这对媒介公共运动来说是一大致命伤，因为没有了强大的公共广播，而在加拿大和英国，正是因为公共广播的挑战和成功激发了媒介改革者的行动；在重商主义的过度膨胀过程中，公共广播的弱势却是个好事——从广告的饱和到黄金时段的蹩脚节目再到近来广播电台中地方主义的衰落都激怒了政界上下许许多多的人。

政治环境怎样呢？美国左派是媒介民主化的“天然”构成分子，要对他们作一个恰当的分析诊断，需要一本单独的书来完成（如 Gitlin，1995；Sanbonmatsu，2004）。我们仅突出几个要点。

第一，美国政治中的进步力量是在阶级和种族的交汇融合下和在制度化的种族主义的长期历史阴影下塑造而成的。有色人种社区为争取种族平等而进行的斗争为美国的激进政治提供了巨大的潜能。然而，美国社会中的种族“大峡谷”同样影响着左派，而且新兴的媒介改革运动仍致力于调和有分歧的观点和权衡利弊。

第二，相较英国而言，美国左派处于政治制度和“主流”文化都更加边缘化的地带。固然，社会主义党的总统候选人在1920年（第一次世界大战的大屠杀后）和1932年（在大萧条期间）获得了差不多100万选票，但自20世纪40年代后期被反共产主义的麦卡锡主义者镇压后，激进的左派在主要工会组织或政党中几乎毫无影响力。出现于20世纪60年代、以学生为基础的反战、反种族主义的新左派通过自身的行动和作风更加加深了这种边缘化。新左派“一味强调内心的情感与审美表达，对于所谓的策略、理论连续性或者处心积虑地进行反霸权运动方面，他们更注重‘激进’的天性”（Sanbonmatsu，2004：23）。总而言之，表现主义（Expressivism）的政治、被镇压的历史经历、政治体制中制度性建构的缺失以及左派和许多其他美国人共享的自由意志论（Libertarianism），使改革者与英国同行比较起来，更不信任国家的作用，而且不愿意为具体的政策改革作任何努力。

在其他很多方面，加拿大位于美国和英国这两个文化邻居之间。加拿大有公共广播，其社会民主传统要强于美国，而弱于英国。它的特征明显有别于美国和英国。加拿大人口稀少，媒介集中程度更高，垄断媒介公司较少。加拿大政治制度和媒介系统的区域化、讲英语的多数人和集中在魁北克讲法语的少数人之间存在的分歧对文化认同产生了明显的影响。因此，加拿大不像美国那样具有庞大的民族主义势力，加拿大的媒介政策虽然随着新自由主义的国际贸易在发生转变，却一直在寻求维护文化主权的措施以应付美国文化产业强劲的冲击。

六、媒介民主化的意义

新闻业和大众媒介以一种独特且集中的形式行使权力，它构成了一个场域（有其内生的道德规范、专业技能和代理人的立场、制度化的运作程序和资源等），它作为斗争的具体场所，既有号召力，又广受瞩目。但这并非说每个制度领域都需要号召发起相应的社会运动。或许大多数新社会运动要跨越不同领域，如和平运动活动家所寻求的改革并非局限于严谨的军事机构，还包括公共教育、对外政策、儿童玩具或流行电影等领域。黩武主义的流行文化确实会引导和平运动转向媒介公共运动，反对《美国法西斯》的联盟就是一个典型的例子。《美国法西斯》是 1986 年美国广播公司电视网播出的描述苏联后期占领美国的电视剧短片，和平运动组织将该电视剧的播出视为取悦右翼冷战狂热分子的案例，从而也加入了新一代的媒介公共运动。实际上这次活动对公开发起“公正与准确报道组织”确实起到了帮助作用，该组织充当了美国主要的进步性媒介监控器的角色。

不过，媒介场域的特性重点显示了有必要培育能够挑战和改变媒介权力的配套力量，如专题专家，网络，信息与个案档案库，领导小组及其发言人，协调性、批判性研究，鼓动性信息，规范性原则和不同类型的民主模式，甚至还包括集会、演讲地点、组建临时联盟的能力以及发起与焦点问题有关运动的能力。

另一方面，对媒介产生影响的多元化因素，其在复杂的日常工作“体系”中权力得以体现的方式（不只是个体、场所或行为），都意味着媒介民主化的全方位工程涉及面相当庞大。从表 2－1 可以推测出，媒介民主化不仅包括控制机构、经费、运作和媒介机构的职业意识形态，还包括如下“外部”条件：经济与国家的民主化和市民可获得平等的传播资源（或许包括物资）。实施以上整个议程不仅会给媒介系统带来民主，还会给整个世界带来变革。这是否意味着媒介民主化运动艰难且不可能成功？绝非如此。向企业权力挑战的运动就能找到与其他社会运动共同的理想。更何况，运动或运动组织不需要同时实施整个议程。主流媒体机构比政治或军事部门更具多样性和分散性，这就意味着媒介可以将媒介民主化进程分解为可操作的议题和分散的场域。比如，在某个社区内争取对电视节目的接近权。这与总统竞选活动中的财务改革不同，不是毫无进展就是全盘解决的问题（McChesney & Hackett，2005：238）。

我们假设现阶段媒介场域集中了以下因素：①侵入其他场域机能的强大能力（媒介的权力）；②易受政治和经济领域的影响，并依附于它们（权力操纵的媒介）；③场域之间相互渗透，界限模糊。以上因素有几重含义：新闻业在国家与各州中的新闻自主权很弱，在没有强大同盟的情况下，难以实施从内部进行的改革策略。而媒介对于企业和政府的合法性、宣传和市场营销的战略性的意义在于，唯有进行有效的媒介改革运动才有可能迅速激起资本和政府的反应；反之，尽管非媒介阵线反对资本和政府权力的斗争有可能与“媒体权力的论争”部分重叠（Couldry，2003：39），媒介民主化工程仍然有其受益者，从而也得到了媒介领域以外的潜在盟友。换言之，媒介场域是广阔的政治文化斗争的中枢区域，是社会运动的专用阵地。在下一章，我们将讨论社会运动对媒介自身民主化和媒介的民主化进程可能作出的贡献。

注　释

①感谢多伦多大学出版社，我们关于巴儿狗隐喻的讨论来自海科特（2001：197～199）。

②资本主义历史性地制造了横跨社会关系的冲突，但它的信息革命和文化产业的鲜明特征也可以说是提供了一些新的机遇（Mosco，1996：233，239；Miege 1989）。尼克·迪尔—怀特福德（Nick Dyer－Witheford，2001）认为，对资本全球化而言不可或缺的数字信息系统需要一些新的智力形式，即技术、文化、语言、道德——那不是简单地存在于资本逻辑中；此外，信息化的资本主义还产生了新的抵制形式，例如，网络公共运动，它不仅对传播具有潜在的民主化作用，而且对由传播作为媒质、或受之操控、塑造并由之实实在在地建构了的物质生产具有同样的功效。

③关于技术派对新自由主义“消费者至上”言论的尖锐批评，并用他们自己的经济学假设来论证在商业媒体市场出现大量失败的文献，请参阅贝克（Baker，2002）。技术性不那么强的说明，请参阅凯然（Curran，2002：227～231）和麦克切斯尼（McChesney，2004：198～205）。

④本研究方法并非想用路易斯·阿尔都塞（Louis Althusser）所有的政见、传记和观点，而只是引用他关于结构主义的马克思主义观点。他认为政治、经济、文化或意识形态的实践水平有其自身的逻辑，因而彼此是相对独立的，经济是形成整个社会的“最终决定力量”，只要通过“挑选”另外一个阶层充当特定社会构造的领导角色就成，如欧洲封建生产模式中的宗教（Althusser & Balibar，1970）。

第三章

社会民主化进程：
社会运动与公共传播

Remaking Media

如果说媒介与权力结构目前已经造成了越来越严重的民主赤字的话，那么媒介重构运动就需要渗入媒介领域重塑其权力关系，减少并最终消除媒介赤字。探讨媒介改革前景，我们需要思考的是群众参与，作为集体干预的社会运动如何与媒介产生互动？当代公共传播民主化运动如何介入媒介领域？

本章的讨论以“公共领域”概念为中心。本书前言部分已提到，真正的民主需要对话、交流以及公民的参与，从而形成持续的公共领域。伊安·安格斯（Ian Angus，2001：33）。认为：“公共领域是构成民主的关键部分，也是决定社会民主化程度的方式。”有的所谓的“民主”社会在遇到紧迫问题时，多数人无法在政府制定决策之前进行讨论，这样的民主实际上是寡头政治（Angus，2001：22）。在当代社会，公共领域由大众传播构成并成为其媒质（Schulz，1997：58），民主的前景也依赖于媒介组织赋予的权力和传媒模式。哈贝马斯（Habermas，1987）界定的“传播民主”的特征是媒介是否激励人们脱离主控机构自由地讨论、平等地参与，或理性而非纯粹地出于利己主义的目的来强调社会的基本原则，只有这样才能建立并维持公共领域。所以说，媒介的民主作用，“包括为每一个重要社群提供表达和明确自身利益的论坛；为全世界范围的受众提供媒介使用权和包容性内容，培育并建构整体社会的政治共识；将分散的公民组织起来，使他们成为一个公共组织”（Zhao & Hackett，2005：11）。由于社会与政治秩序的复杂性，民主与媒介不可避免地被公共领域中的思想规范绑在了一辆战车上。

本章将主要论述社会运动作为促进公共领域形成和公共传播民主化所起到的至关重要的作用。媒介正如我们所认识的那样，不仅是权力的通道或场所，它还构成了一个场域，由于企业主、记者、广告商和媒介改革运动者等形形色色的社会利益集团都在为自己争夺一席之地，媒介场域必须进行自身的转型。不仅是在英美资本主义民主社会，实际上在全世界也都是如此，媒介场域是争夺霸权斗争的关键竞技场。

所谓霸权，是指确保公众默认不平等的社会秩序，由此而使“制度”趋于稳定的行为、文化法规以及社会关系。在自由民主国家，资本主义成功地取得了霸权，资产阶级与文化、政治领域中的其他组织和机构组成了同盟，即“霸权集团”，从而在资源调配和象征性让步（如“要面包还是要马戏团”）时，以自身的利益代表全体利益，从而优先取得了来自下层反对派的统一意见。在这种“双重观点”中（Gramsci，1971：169），人们以为，权力既集中于国家政体，又分配给了市民社团，如学校、家庭、媒介，这一切都使霸权的世界观渗透入人们的日常生活之中（Carroll & Ratner，1994：5～6），以至于这些观点成为“一般常识”而被社会广泛地认同，这样霸权就完成了赤裸裸的强制根本无法完成的任务：它使权力关系和公共事务变得扑朔迷离，它鼓吹政治活动的宿命论和被动性，它使得人们为制度而作出的牺牲和权利剥夺变得合法化（Boggs，1976：40）。

主流媒介集团的问题大都是为了巩固占统治地位的价值观和世界观，从这个角度来说，媒介确实是重要的霸权机构。本书第二章强调指出过，媒介同时也是一个竞争激烈的地带，它塑造了批判性社会运动的反霸权运动。这些运动以不同的动机、利益以及政治认同而组合（Klandermans，1992）。反对派势力尽管存在着差异，却有共同的理想——为了一个“另类”社会的前景而组成一个反霸权集团（Sanbonmatsu，2004）。这种社会前景不是根据单个或某个群体的眼前利益，而是根据“建构另外一种民主原则的世界概念及根据人类尊严”来描绘其蓝图（Holub，1992：6）。为创造另一个霸权，下层阶级不仅要参与国家和资本活动，同时也必须参与文化政治领域的市民社会和日常生活，以形成支撑激进民主秩序的大众基础。我们比较感兴趣的是矛头直指媒介民主赤字的新兴运动。这些公共运动体现了批判性社会运动潜在的反霸权功能，它们既能磨炼“欲改变当代政治的新兴公众”，又是“未来民主更新重要的源泉”。

一、构建现代性过程中的社会运动、媒介与民主

应该如何理解以上运动？或许最直接的办法是将其定义为“任何由两个或两个以上的人所共同经历的变革社会关系和社会制度的情感和行动”（Ash Garner & Zald，1987：293）。这个定义具有很大的包容性，让人们能够辨别出那些没有明显政治特征、重点强调文化、在微观上却属于政治性质的运动，这样的运动在历史上似乎无声无息。

查尔斯·蒂利（Charles Tilly，1978）曾经强调，当代社会运动是转型的产物，这种转型产生了现代国家政治（目前已经发展到全球）。到 19 世纪，社会运动发展成为资本主义现代化的一部分。资本的集中、市场的扩展、国家政权的巩固都在以新的截然不同的竞争方式刺激着社会运动的发展——罢工是最重要的斗争武器。报业劳工与劳工运动联手合作，印刷媒介因而与以阶级斗争为轴心的社会运动关系密切，因而在此过程中发挥着极为重要的作用。简单地说，社会运动与媒介共同出现在产生了资本主义现代化的互动之中。在国家政体与市场的合并中，“群众性运动的整体逻辑从针对局部目标的即时型报复行为，转变为组织社会运动以对制定政策的国家中心持续不断地施加压力”（Buechler，2000：9）。印刷媒介的商业化及各类新协会的诞生刺激了社会运动战略的传播与扩散，群众性行动已成为全国性的、模式化的、自主的运动（Tarrow，1998）。自由民主的独特形式，即代表社会群体组织向政府中心提出要求，是与资本主义现代化过程相随的社会运动的动员和媒介化的结果。

如果跟随詹托尔·默菲（Chantal Mouffe，1988）的思路，我们就会明白，社会运动的形成与民主之间有着很紧密的历史联系。默菲记录了自从法国革命，尤其是 20 世纪 60 年代之后“民主斗争”激增的情况。社会运动作为连续的、有组织的和反制度的社会力量，其崛起导致社会运动领域与民主力量逐渐向社会生活和文化的各个方面扩展，最终形成了迈尔（Meyer）和塔罗（Tarrow）所说的“社会运动团体”。

运动、民主和媒介之间深厚的历史渊源，在标志着现代性的自反性（reflexivity）中越发明显。社会运动本身就是自反性的过程，它包括想象另一种生活方式以及群众如何学习和适应公共运动活动家所进行的社会变革策略等程序。当运动扩展到社会及文化领域时，就会对独断专横的行为如制度化的种族主义和性别歧视提出挑战，也会对人们一向以为理所当然的生活方式提出质疑，就如同环保主义对消费型资本主义制度的挑战与和平运动对军国主义的挑战那样。它们的挑战将社会运动团体的方方面面都置于审视、讨论和争论之中。所以说，“社会运动是提高学习能力的新载体，是提供解决制度性危机方案的公共领域，它预示着运动组织将可以采取更为灵活、更民主的形式”（Ray，1993：73）。

对社会运动的反响增强，其表征是集体身份认同的构成（Melucci，1989，1996）。在现代社会之前，身份认同具体而稳固。到了后现代社会，身份认同成为自觉行为和自省的产物，是一个持续的“认知”过程（Giddens，1991）。“环境保护主义者”或“女权主义者”是由那些“挑战社会秩序的人在偶然的或者历史的状况下，进行自反的过程中所创造的产物”，而社会公共运动是在认识到像“环境保护主义者”或“女权主义者”同样的集体身份认同之后受其推动而产生的（Buechler，2000：8）。如梅露西（Melucci，1996：68 ~ 86）所说，假定被挑战的社会秩序和发起此种挑战的集体身份认同都是组成社会的结构部分，那么身为文化权力领域之一的媒介就成了政治运动的枢纽。

梅露西和其他一些社会运动理论家所提出的理论对“新社会运动”，即兴起于20世纪晚期的公共运动的不同形式进行了分析。在很大程度上，“新社会运动”源自于20世纪60年代以及70年代前半期的政治动乱，即剧烈的社会民主运动和政治文化变革浪潮。伊曼纽尔·沃勒斯登（Immanuel Wallerstein，1989）曾经强调说，世界历史上抗议浪潮的支流产生于1968年至1972年间，他将那个年代称为“1968年革命”。重要的是，新运动将文化置于政治领域的高度，他强调，“文化对公共运动的影响力极大”（Eschle，2001：51），为民主媒介公共运动成为新兴的政治潮流提供了舞台。此类运动协力发展，共生共荣。正是它们的结合使得政治、个人、日常生活、文化和环境的定义发生了改变（Boggs，1995：350）。

这种文化和知识传统意味着社会公共运动中日益增加的民主动力拓展到了文化领域，也意味着在当代媒介公共运动尤为显著的实践和发展中，其自反性得到进一步加强。通过此类实践，1968年之后的运动创造了求知的新方法，形成了对知识的新需求和了解社会的新欲望。不论是通过女权主义意识的提升，还是绿色和平组织风格的媒体事件，抑或是后殖民主义者对西方霸权的批判，新社会运动的认知活动都围绕着一个兴趣点而形成——在本地乃至全球范围内传播知识，让无权势者获得力量，向独裁专制发起挑战及促进民主实践活动（Eyerman & Jamison，1991）。这些努力无论是作为与新闻媒体互动的战略机构、媒介话语中的批判性消费者，还是作为媒介制作者及媒介改革的动员者，都将当代社会运动更直接地引入了媒介领域。

二、从“运动与媒介”到民主媒介公共运动

社会运动、媒介和民主之间存在着如此密切的历史关系，但大多数关于社会运动的社会学文献直到最近都很少谈论社会运动与媒介之间的关系，甚至更少提及媒介公共运动的兴起，这很荒谬[①]。当然，有充分的证据证明媒介对社会运动进程的每个阶段，从最初的形成直至最后的成功或者失败都产生了影响（在第二章已提到）。但所有的文献都按照已认定的观点来论述媒介领域——把它当作政治环境的一部分，任由每次社会运动将之作为工具来对待。在这种“运动与媒介”的分析模式中，前者依靠后者来“传送信息”（Stone，1993）。社会运动使用“既定的制度来实现非既定的目标，即与追随者沟通、发展潜在对象、团结可能的反对者、迷惑或者麻痹反对派”（Molotch，1979：71）。他们战略性地运用媒介，或是以新的条例、新的身份认同和生活方式，或是推动国家政策的进步来达到各种反霸权的目的，包括批评现有的社会及资源状况，颠覆社会主流话语、准则及其身份认同，表达不同声音。夏洛特·赖安（Charlotte Ryan，1991：4）在其经典手册《黄金时段的公共运动》中论述道，社会运动活动家接近主流媒体有两个目的：①“使新闻变成辩论阵地”；②“把媒介作为获取支持的一种工具”。以这种媒介战略观点来看，其关键问题是“接近”主流媒介，同时赖安也深入分析了新闻事务的组织惯例是如何迎战其挑战者的，这一点也是吉特林（Gitlin，1980）论述新闻媒介在新左翼的兴衰中所扮演的角色时的重要观点。

盖姆森和沃斯佛德（Gamson & Wolfsfeld，1990）提炼出了社会运动与媒介互动模式中的许多战略意义，这是运动与媒介理论中陈述最明确的研究之一。他们认为运动与媒介的关系是一个不对称的从属关系：媒介在大众传播网络中所处的中心位置赋予媒介“制造新闻”的权限，而（社会）运动却不可能超越大众媒介将信息传递给更广范围的大众。“社会运动需要媒介在报道中将自己转变成巨大的社会力量，这个需求远胜于媒介对运动的需求”（Gamson & Wolfsfeld，1993：117）。在这个不对称的体系中，（社会）运动需要利用媒介来达到三个主要目的：动员——告知其成员，确保运动成为重要的政治性群众活动；扩大运动涉及面，以吸引第三方的加入；改变力量的平衡，使之朝着有利于自己的方向发展。在盖姆森和沃斯佛德看来，（社会）运动非常注重媒介报道能否授予其以下三项：①地位，即将此项运动清晰地呈现在公众视野中的报道数量；②带有偏向的报道框架，即在报道运动名称、定义及其准则时的新闻结构；③同情，即能够赢取相关公众支持的新闻报道。

实际上，社会运动不仅要尽力在媒介的集中报道中赢得同情的立场，还要努力减少媒介与运动体系中不对称的从属地位。例如，建构运动自己的媒体，提高自身的新闻价值（Carroll & Ratner，1999）。关于运动与媒介关系理论的研究，对我们理解民主媒介公共运动有着重要的推动作用。[②]把运动与媒介体系作为一个战略来观察，超

越了吉特林（Gitlin，1980）将新闻媒介作为系统的压制批判性声音的霸权机构的分析。如果新闻本身是一种政治资源和权力形态，那么“在渗透了媒介的社会，在媒介中发出声音就是人们能够在公共领域中‘说话算话’的关键一环”（Barker-Plummer，1995：308）。但新闻同时也维持着话语秩序，它规定了什么能说，是一种资源，“它的战略作用是要求消息来源者在规则之内表达自己的经历”（1995：321）。

运动与媒介的传统理论最终将对现存媒介中的结构及运作习以为常，媒介民主化工程在这种范例中是无法出头的。问题纯粹在于其中的一种运动是否能提出适当的策略来解决系统结构中不对称的从属关系。例如，伯纳德特·巴克—普拉姆（Bernadette Barker-Plummer，1995：320）对自由女权主义和激进女权主义进行了比较，并质疑说，“在渗透了媒介的社会，什么样的知识形式可以被广泛传播呢?”他的意思是，只有非常主流的（自由主义）声音才能够进入公共领域被广泛传播。运动与媒介理论中暗含的假设认为，大众传媒现存的形式是正常的：在媒介与运动的对话中还存在对话的空间，但却无法重新引入激进的发展前景。战略上的两难决定了“主流”的方向——与媒介权力联盟，由此带来的是寻租可能产生的成本，“脱离此联盟”、拒绝媒介权力，结果则可能是被边缘化。这正是社会运动面临的一种现实的困境（Adamson et al.，1988），但无论是社会运动研究者还是活动家都不应该让这种状态永远持续下去（Gitlin，1980：290 ~ 291）。合作和被边缘化的两难困境并非一成不变，它体现了民主赤字的存在和媒介集团内限制言论，以及缺少通向公众的另一个有效的途径，最终导致公共领域的萎缩。新兴运动向民主媒介提出了这样一个问题：媒介权力的斗争能否及如何制定一个可行的反霸权对策来应对这种两难境地?

三、网络运动的希望

在过去的十年里，数字通信技术（包括因特网、电子邮件、移动电话及便携式摄像机）如雨后春笋般纷纷涌现，进入了人们的日常生活之中，一部分通信成本大幅度降低，但其覆盖面及效率却不断地增长。特别是因特网已经成为一个传播网络、一片新的政治领域，在北大西洋地区，尽管不是在所谓的南方（Curran，2003：237 ~ 238），越来越多的人在接近并使用网络媒体。即使媒介集团内的资本集中滋生了跨国媒介巨头，即使该领域的民主赤字不断扩大，新形式的媒介公共运动出现的机会似乎也在增多。

“网络公共运动”呈现出两种主要的形式。作为鼓动性的资源，因特网引发了一系列跨国运动，这些运动将地方性事件与全球性的关注连接起来，超越并拓宽了单个民族国家的运动领域。第一种形式是“自下而上的全球化”，其突出例子是 1994 年 1 月 1 日，萨帕特主义者在墨西哥萨帕斯州对新自由主义宣战。正是这一天，北美自由贸易协定开始生效。这个“首次信息游击运动”（Castells，1997：79）远远超过了因特网发布公报的功能（参见萨帕特主义者的网站，http：//www. ezln. org/documentos/

index. html)。该运动的核心是为了争夺土地和赢得文化及政治上的承认而进行的局部性及本土的斗争。然而在运用因特网直接传送信息（没有大众传播）以寻求国际性援助方面，萨帕特主义者实行战术上的改革引起了对批判性社会运动的“全球反响”（Atton，2003b：6）。公共运动团体对抗大型跨国公司的权力，如“麦克聚焦”网站（McSpotlight，1996）就采用了相似的互联网策略，不仅包括网络出版，还包括与其他团体实行国际联网，扩大了抗议议程的范畴（Atton，2003b：7）。“全球交流”组织在发起领导“反耐克运动”及“反血汗工厂运动”时也充分利用了互联网，于1997年10月在12个国家的耐克零售店外同时举行抗议活动，迫使耐克公司改变其在欠发达国家实施的敌对政策（Carty，2002）。

最著名的网络跨国公共运动的例子或许是针对几大企业全球化的准国家机构而进行的，比如世界贸易组织。1997年，加拿大议政厅（Council of Canadians）与联盟的非政府组织在网络上曝光了一份多国投资协定草案，该草案是在经济合作与发展组织的支持下于巴黎秘密协商而签订的。当来自67个国家的560个组织通过因特网签署了非政府组织关于多国投资协定的联合声明，要求对协议的主旨和采纳程序进行一系列的民主改革时，经济合作发展组织拉拢这些非政府组织加入非官方协商会的尝试失败了。这种来自下层的压力效果显著且具有良好的组织，是导致多国投资协定解散的原因之一（Egan，2001）。两年后，1999年11月，媒体聚焦西雅图，各成员国的代表在世界贸易组织支持下，重新拟定一份多国投资协定。成千上万的抗议者再一次利用网络传播的广泛性，有效地废除了部长会议的议事日程，并且鼓动、激发了一连串针对后来召开的精英式政策会议的全球性抗议活动，这给初出茅庐的全球化反企业运动提供了丰富的内容（Smith，2001）。

抵抗企业权力，抵制新自由主义关于公共物品私有化、解除资本管制、让世界实现商品化等议事日程是贯穿在以上网络公共运动中的主题，简单地说就是对全球资本主义给予批判。由传播革命推动的这种新式跨国界公共运动带来了一系列具有宣传性质的跨国网络，它们均以全球交流和世界社会论坛之类的组织为中心（Keck & Sikkink，1998）。处于这些网络中心的网站组成了一个紧密的互利互惠的超链接组织，既有利于形成群众性的活动，又可为资本主义全球化的批判议题营造一个批判资本主义全球化不公正制度的话语结构（Van Aelst & Walgrave，2002）。

运用因特网作为动员机构，社会运动团体通常需要组织大型的公共运动，使运动原有成员以外的人都能参与。网络还可以向其他受众宣布消息，绕过大众媒介守门人直接与更广泛的公众进行传播。这就形成了第二种形式的网络公共运动——另类媒介的公共领域。这种形式可以追溯至20世纪90年代中期萨帕特主义兴起之时，萨帕特主义在1996年举办了一个论坛，共聚集了2 000多个国际代表在卡帕斯进行直接的民主对话，共同抵制新自由主义。

> 萨帕特主义促发了一个繁荣、广泛和多样化的网络，它给萨帕特主义者提供了与市民社会直接沟通的渠道。其结果是激起了市民社会对萨帕特国家解放军要求市民参与其项目的直接回应。（Ford & Gil，2001：219）

但是，关于因特网公共运动孵化另类公共领域，最引人注目的例子还是在西雅图的一场反对企业全球化的激烈的政治冲突中产生的。1999 年，“独立媒体”（Indy-Media）就诞生于此。

西雅图事件证明有新的可能可以避开媒介集团公司。因特网活动家及“另类”新闻记者们组织了一场“冲向”WTO 部长会议的活动。在此次活动中，独立媒介中心（IMC）自愿地发挥了“交流中心”的功能，使许多图像制作人、摄影师、纸质媒体与网络媒体新闻记者将他们的作品上传到独立媒介中心的临时网站上（Downing，2003：251）。由此，“世界各地都流传着此次游行示威的视频、音频及文字新闻报道”（Atton，2003b：7）。独立媒介中心在 1999 年后期仅有一个网站，到今天已在六大洲共发展到了 144 个。同时，在 20 世纪 90 年代被当作主要动员资源的公共运动网站也变成了新闻网站。例如，反对血汗工厂的运动联盟“名牌黑幕”（Behind The Label）在 2001 年忙于将自己的网站转变为“一个能够报道全球血汗工业的互联网新闻频道，并成为人们在全球经济发展中争取社会公平的在线社区”（Carty，2002：137）。正如欧文斯及帕默（Owens & Palmer，2003）研究的“无政府主义者网站”那样，大批政治联盟的网站链接在一起，成为真正的网络社区，为运动活动家和网民提供了广泛的知识和政治资源。

毫无疑问，立足网络的独立新闻业给主流媒体的话语增添了强有力的另类声音。因特网的交互性、众多（超链接）的网站结构的去中心化、组织的民主形式及盛行于独立媒介中心公开出版的准则将传播关系从独角戏转变为对话，并授权于大众媒介的受众，使受众本身“成为媒介”（“独立媒体”的口号）。正如库尔德里（Couldry，2003：45）说的那样，“我们鼓励‘独立媒体’的每一个消费者都成为媒体制作者，反之亦然”。此外，这些新兴的工作准则已经超越了独立媒介中心这个群体。例如，总部设在伦敦的“打开民主之门”（open democracy）已经从一个 2001 年春成立的初级网站发展为一个以新闻、评论为主，对重大政治文化事件进行讨论的全球化的杂志。正如凯然（Curran）所提出的那样，使“打开民主之门”从初创时的英国本地网发展成为“全球网……使居住在世界不同地方的人们能够登陆伦敦总部网”。该网站利用因特网技术的再生产和发行以及在线出版的低成本优势，绕过市场“守门人”，成为鼓励读者链接到论坛并参与讨论的“混合文化形式”（Curran，2003：235～237）。

网络公共运动确实对跨国公共领域、全球性市民社会（Curran，2003）的初具规模作出了很大的贡献（Guidry et al.，2000）[③]，使各类运动得以有效地进行全球性的动员和协作（请想想，2003 年 2 月 15 日在英美即将侵略伊拉克前夕爆发的历史上最大规模的游行示威活动，就是由和平公共运动的全球性网站推动发起的）。

激进的媒介与民主运动相辅相成。约翰·唐宁（John Downing，2001：390）的研究表明，社会运动无论是地方性的还是全球性的，都与激进媒介有“血缘关系”，而激进媒介则是社会运动的“氧气”。我们无论是考察 16 世纪的宗教改革运动中印刷媒介所起到的作用、19 世纪社会主义运动中的劳工组织的报纸，还是考察 20 世纪 30 年代的反法西斯政治运动中的蒙太奇照片，抑或是 20 世纪 50 年代阿尔及利亚解放斗争中的激进派广播电台，都可发现媒介与民主之间存在着密切的相互依赖的辩证关系（Downing et al.，2001：144，149，169，183）。但因特网的公共运动推动了跨国界的传播网络在规模上发生质的改变，为跨国的公共运动和公众提供了新的机会和渠道（Keck & Sikkink，1998；Bohman，2004），从而使社会运动可以绕过大众媒体，实现更多的传播对话形式。这些发展标志着运动和媒体之间关系的主要变化，并为我们之前讨论过的是合作还是被边缘化的两难境地提供了一个可行的选择。

不难理解的是，有著名的媒介分析家已经感受到了互联网为全球性公共运动带来的“新媒介的力量”（Bennett，2003：17）。正在崛起的全球性抗议网络与数字传播技术的融合为跨越空间、时间甚至是意识形态领域的泛全球性公共运动创造了条件。兰斯·贝纳特（Lance Bennett）觉察到，由于意识形态被“问题型网络”所取代，人们对身份的认同感正在向流动性和日常生活式政治方面转化。在全球化网络的形成期，相应的政策措施并不需要建立在共同的目标和前景之上。相反，“这个运动中的公用政治词汇承载着‘魅母’（memes）*，即一种很容易与普通经验产生共鸣、很容易被模仿和传输、流传于社会网络的图像”（Bennett，2003：31），就如同文化干扰组织将耐克球鞋比作血汗工厂那样的图像。贝纳特的描述非常具有煽动性，他将这种发展说成是意识形态的解放，为跨越社会、文化、地域等界限创造了可能性，因为此时不再需要那些伴随着意识形态的传播而进行的教育、灌输和武力等（2003：32）。

贝纳特似乎在暗示“新媒介力量”比传统媒介提供了一条更为直接的通往媒介民主化的道路。传统的媒介战略依赖于觉悟的提高、培育另类的公共领域以及贯穿于对主流媒体与相关机构改革的“长征”。德鲁克和皮朴（Deluc & Peeple）在对“公共屏幕”的概念论述中也有类似的观点，他们认为“公共屏幕”作为另类公共领域的一种选择，将更适于“一个由图像和景观构成的电视影像世界”（2003：129）。按

---

* Meme 是英国的里查德·道金斯（Richard Dawkins）在其《自私的基因》（*The Selfish Gene*）一书中创建的新词，尚未进入词典，国内有译者将其或意译为“拟子”，或音译为“魅母”。道金斯在其著作中称，人之所以要生儿育女，目的在于力图使自己的 DNA 不断地流传下去。但是，人在具有生物性的同时还具有文化性或曰社会性。正是人的文化性，使人区别于其他动物，并因此成为万物之灵、天地之秀。所谓的“拟子”，即“魅母”Meme，其基本意思是指人的观念、思想、理论体系等不断地流传下去——译者注。

照他们的观点，如果最重要的公共讨论都通过“屏幕”（包括电脑）输送引人入胜的“图像事件”，那么公共屏幕可以被看成是“一个参与式政治和形成大众舆论的另一个集合地，它将与公共领域形成鲜明的对比”（Deluca & Peeple，2003：145）。

后现代主义赞赏奇观异景、图像以及魅母的释放性效果，使人们远离了萨帕特主义那种断言将以相互间的行为准则和真实传播原则进行对话的风格。不止一位媒介理论家曾警告说，意识形态的解放，即后现代主义已放弃了对另类政治舆论的探寻，这对主流群体来说真是正中下怀。现在的发展状况是公共运动建立在流动性的身份认同和人们对图像与魅母的迷恋之上，运动的政治领域分裂成众多互不相干的亚文化群体，即使他们进行面对面的讨论，也似乎天生就缺少精神与智力的合作基础。当后现代多元主义者对全球性购物中心里的消费者终于实现了选择的多元化而拍手称快时，分众化却对霸权主义毫发无伤，反倒使其得到了加强。“意识形态的解放”与“化整为零然后分而治之征服它”的社会控制策略其实是穿一条裤子的（Tetzlaff，1991）。

此外，正如詹姆斯·博赫曼（James Bohman）说的，尽管电子空间里涌现的公众为构建跨国公共领域创造了条件，但这些公众本身并不民主。如果想要促进协商性民主所需要的大众式互动，电子空间里的公众就必须在现实制度的背景中发挥作用。博赫曼的结论是：

传播的网络形式以及在网络里聚集的公众，如果要转化成为公民可以提出要求并能够得到回应的公共领域，就得融入广泛的制度以及政治环境（2004：146）。

因特网上公共运动的重要性非常显著，但如果此术语暗示着要取代媒介民主化过程中其他方面的措施和策略的话，那么我们还是有充分的理由怀疑“新媒介的力量”。对新媒体和新运动的研究表明，尽管社会运动已经利用了新传播媒介的创新作用，但尚无证据表明因特网即将取代传统的抗议模式（Van Aelst & Wlagrave，2002：487）。尽管独立媒体取得了非凡的成功，克瑞斯·艾通（Chris Atton）对爱丁堡自治中心的一次研究结果揭示了以因特网为基础创造另类公共领域的努力通常所达到的结果却是：

自从1997年它作为一种公共空间成立以来，其相对于国家决策而言的自主性被认为是它未来力量的指示器，但我们中心发现它的核心组织部分和受众都毫无扩展的迹象。它依然是专家的空间，只对主干部分少数几个为网络生存直接负责的人发挥作用（Atton，2003a：66）。

新传播技术——因特网、影像或是广播都没有自动导致媒介的民主化，其原因是明显的，即“新技术并没有从根本上改变可以使大型媒体组织保持市场操控地位的潜在的经济因素”（Curran，2003：227）。

四、多元化阵线上的动员工作：媒介民主公共运动的双向视角

事实上，正是政治经济因素，包括大部分未受约束的资本主义、开放的市场以及私有权等新自由主义的范式构成了媒介民主赤字的基础（Ó Siochrú，2005b：210）。正像我们在绪论中所说的那样，这个赤字是面多棱镜，是北大西洋中心地带的地方特色。致力于减少不对称依赖性的互联网公共运动及精明的媒介策略，仅仅只是媒介民主化宏观政治领域的一个组成要素而已。在下文中，我们将媒介民主化作为一种新生的、潜在的运动进行粗略的描述。如果媒介民主公共运动实际上只是有关它自身的运动，那么社会运动理论的框架将有助于我们对其发展轨迹进行阐释。根据资源整合理论，一般运动的形成及其影响是基于以下三点：

（1）社会结构式不公平。

（2）有可调动集体性行动的资源（包括时间、专业技能、资金、基础设施以及调动和配置这些资源的组织和机构）。

（3）有整合资源及采取行动的结构性机遇。

正如克兰德曼斯（Klandermans，2001：276）所指出的那样，“社会运动的产生，源于对社会不满的人们能够利用可调动的资源去抓住他们所感知到的机会”。社会运动不断地发展，逐渐形成了与其政治计划相称的社会组织形式。事实上，任何一个特定的运动都由一系列不同规模、机构和战略的“社会运动组织”构成（试比较绿色和平组织等发起的类似的全球性社会运动与许多由市民发起的地方环保运动）。

根据以上理论框架设想，我们可以推测，正是媒介民主赤字让那些致力于公共传播民主化的众多组织感到愤愤不平。不满情绪构成了运动产生的基础，这些组织本身就是由社会造成的“群众运动基因”，这些“基因”界定了产生社会不公的问题和解决这些问题的资源，同时又提出弥补的方法（Klandermans，2001）。本书所列出的民主赤字的表现形式例证了该“基因”的表征，传播民主化之目标正体现了群众运动的战略特性（参见 Snow & Benford，1992；Ó Siochrú，2005a：304）。

第四、七、八章分析了运动模式、资源和媒介民主公共运动的机会，本章将提供一些初期的观察资料。很明显，近年来我们见证了社会运动资源的扩张过程。想一想互联网上发生的公共运动，是具备高科技的专家及先进的技术造就了纷繁复杂的网站和飞速发展的网络，从而使成千上万的业余新闻工作者和具有批判精神的读者能够参与到网络社会运动之中，这真是匪夷所思的事情！但是媒介民主运动可以使用的潜在资源实际上具有很大的差异性，其中最重要的是人力资源——有的群体是由于其社会利益及其生活环境的引导而加入了媒介民主化事业。简言之，他们是社会运动的构成因子。媒介民主公共运动的社会资源是广泛存在的，民主赤字也一样。它们如同三个同心圆，构成了媒介公共运动的一部分（见图 3－1）（Hackett & Carroll，2004）。

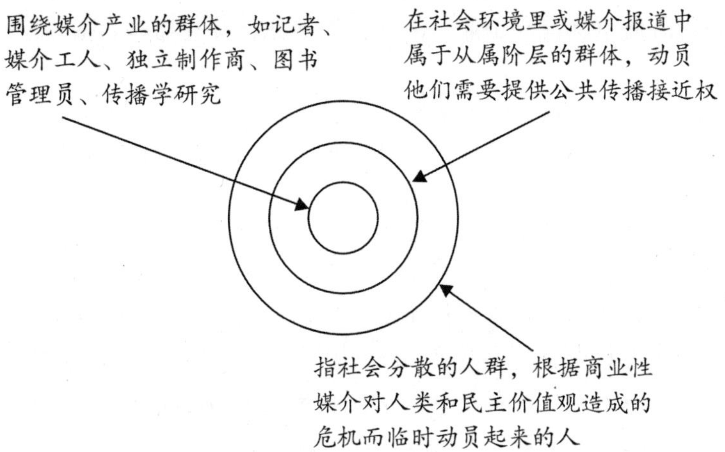

图 3－1　媒介民主社会资源：初步构想

同心圆的中心是传媒业及其周围相关人群，这一人群的工作生涯或职业专能使他们注意到商业化媒介企业体系对创新力和公共信息权利的剥夺、分割以及诸多的限制。媒介工作者、记者、独立制作商、图书管理员和传播学研究者等群体在媒介民主运动中很好地表达出自身意愿。同心圆的第二层由下层社会群体构成，该群体缺少社会、文化、经济以及政治资本的现状与新闻报道的大众媒介机制之间没有交集，其社会利益有时驱使他们与社会秩序相悖——尤其是当他们以社会运动的形式组织起来、为达到其政治目标而需要接近使用公共传播的时候。同心圆的最外层包括一些更分散的社会部分，他们关注的中心不是传播政策方针和传播工作，但他们偶尔会针对商业化媒介对仁义道德、非物质性精神及民主价值造成的威胁行动起来。父母亲担心媒体对孩子的社会化产生不良影响，社区为能够接近使用媒介（如在巴尔的摩）或者为争取公共领域免受广告骚扰而斗争，市民则担心民主与媒介议程之间产生断裂，进步的宗教团体为在传播过程中宣扬道德标准和人本价值而奔走呼号，这些群体都属于这一阶层。

最后，传媒领域呈现的群众性运动面临着各种机会，它们将对媒介公共运动的发展方向产生影响。我们曾强调过，这一领域对于国家和资本方面的独立性产生的影响都很微弱（透过媒介行使的权力），但它却有干预、影响其他领域的能力（媒体的力量）。这一概念帮助我们确定了一些可行的战略方法以应对该领域内的机遇及它的外围环境。

宏观战略之一是从内部改革或完善媒介领域。文化制作商和传媒工作者，包括记者也许是这一变革的主力军，无论他们是在工作场合寻求更多集体自主权的工会会员，还是尝试改革工作作风和社会风气的“专业人员”。

第二种战略选择是在公民社会和现实世界中创造一个新的与之并驾齐驱的领域和自治空间，以绕开既定的媒介企业，消除它们对社会符号权力的某些控制。我们称之为“另类媒介”。

第三个途径则由改变传媒领域的环境条件构成，尤其是“权力场域”。这一转变可通过多种途径实现。媒介改革者可以尝试改变国家的传播政策和新闻报道及代表机制借以运行的制度化规则。媒介教育者推动了人们对媒介的批判性“消费”意识。社会运动则追求其他大的社会目标，如成功更换政府或改变政府政策。以上方法均可转移媒介所承受的“地心引力”。

正如传媒领域的特殊性与渗透性为公共运动活动家的干预行动提供了各种机会一样，媒介民主运动本身也具有差异性——它绝对不是同类的群众运动。事实上，构成媒介民主运动的交叉成员、干预行动的场所和策略都形成了一个十分复杂的多元组织领域，它被细分成许多相互联系的群体，各群体之间相互合作，与其他批判性运动组织也有联系（参见 Klandermans，1992）。有的战略（如上文提到的第一条）针对影响传播的制度性的主要权力形式——即媒介企业与政府；其他（如第二条策略）则针对公民社会及其内部以及特殊的公共场所和社区。在第一种情况下，公共运动参与者的行动多是面向现存的霸权机构；第二种情况下，需要建立或培养媒介的反霸权能力与意识。或者第一种战略可根据 J. 哈贝马斯（Jurgen Habermas）的传播行为理论，以系统为目标，而第二种战略则尽力在现实世界中制造变革。

从某种程度上说，哈贝马斯对社会运动、媒介和民主之间关系的深入探讨具有参考价值。哈贝马斯认为后现代性是制度与现实生活的构架——即由市场和官僚系统组成的宏观结构，和日常生活中“社区成员之间的关系及交流构成”（Hewitt，1993：62）。现代性的两个方面被理性化程序所左右，但先进的资本主义体制已经对现实生活进行了殖民，企业和官僚运作的工具理性已经超越了生活中无所不在的传播理性而占据了支配地位，而传播理性恰是现实生活自身意义的基础。即使如此，以仅仅部分理性化的现实生活为基础的批判性思考也已持续地构筑了现代性的反文化——即对“主流的工具形式给予永远的抵制”，已经在社会主义和女权主义等社会解放运动中浮出水面（Ray，1993：81），成为媒介民主化政治的一个组成部分。

哈贝马斯运用其独创的公式阐述到，新型的社会运动体现了社会与经济安全的旧式政治正在向参与、生活质量、个人的自我实现以及人权等新式政治转移（Habermas，1987：392）[④]。这些担忧出于人类的防御本能，社会运动也正是为了抵挡未来的社会系统被进一步殖民化后所带来的危险生活方式，从这点可以看出，某些媒介公共运动正是如此——传统的社会运动的首要任务即是争取在电视上使用本土的少数族语言（Hourigan，2001：93）。哈贝马斯的公式对于研究那些致力于在“现实生活中去殖民化”的社会运动来说，确实具有特别重要的指导意义（Ray，1993：62）。

很明显，许多媒介公共运动以此为推动力。传播民主化的观念——以包容性对话取代大众媒介企业的单向传播渠道，提倡普世的传播权，它意味着公共传播倾听的责任与媒介接近权（Husband，1996）。它非常文雅地表现了对非殖民化生存世界和新生公共领域的热切期盼。其实我们非常需要把恢复一个充满活力的公共领域和现实生活中的殖民化问题治理作为一个综合项目，因为在哈贝马斯的公式里，公共空间无非就是现实生活的公共面目，它既有别于制度，也不同于日常生活中的私人领域，它是为公众“制造话语与传播话语的场所”，“原则上对政府持批判态度”（Fraser，1997：70）。

然而，当今社会已被体制矛盾所毁坏，公共领域已支离破碎，呈现出复杂的“由单个的市民和市民群体作为公民组成的裂缝式网络”特征（Emirbayer & Sheller，1999：156）。现代社会不公平的地方权力导致从属阶级产生了反大众的亚文化群体，“与之平行的是散乱的竞争场所，从属阶级就是在此创造并传播反主流话语，这反过来使他们对自己的身份认同、利益及需要形成了与主流相反的观点”（Fraser，1997：81）。这些反主流公众是社会运动与反霸权政治的生命之泉，不仅是构建另类集体身份认同的舞台，还是公共运动动员更多公众的基地与训练场。正是这两种功能的辩证性决定了它们具有潜在的解放力（Fraser，1997：82）。

这一辩证关系与吉恩·科汉（Jean Cohen）和安德鲁·阿拉托（Andrew Arato）称之为公共新闻运动的“防卫”与“进攻”模式相搭配，前者面向市民社会和现实世界，后者面向国家与经济制度。公共新闻运动的“防卫”方面绝对不保守，它涉及现实世界传播基础设施的维护与发展，通过重新界定身份认同、重新诠释道德准则、发扬平等主义和与民主相关的结构，确保在市民社会中发动制度性改革，以应对产生的新观点、身份认同及准则（Cohen & Arato，1992：531）。“进攻”型的公共运动其目标是政治和经济社会，即“公民社会与行政和经济分支之间的媒介王国”（Cohen and Arato，1992：531～532），也意味着为了赢得资源和政治上的承认，为发挥更大的影响力和争取制度性改革而斗争。

在葛兰西式（Gramscian）的“双重视角”之中，政治团体和市民团体由反霸权政治的关键领域构成，公共运动面临着制定策略的挑战，这个策略要既适合政治团体，又适合市民团体。民主媒介运动面临着同样的双重挑战，要激活一个多元化的公共领域需要在市民社会（即现实世界及其相对应体制中的政治—经济机构）中推动民主化传播业务。显然，反霸权运动要达到重塑媒介之目的，就必须从这两条阵线发动大量运动。

以上观点可以系统地概括为民主媒介公共运动的各种类型。

五、媒介民主公共运动的类型

没有哪个分类模式是唯一正确的。学术界和运动活动家提出了几个值得借鉴的类型[⑤]。以下是根据公共运动形式所涉及的不同内容进行的分类：

（1）是否以改革体制或市民社会的“现实世界”为主要目标？

（2）根据运动改革目标之差异，看它源自于体制内还是现实世界？

（3）运动主要干预公共传播体系的哪个层面？运动是否以媒介场域为主，即新闻制作与发行、新闻节目、新闻报道与文本以及（或者）创造新的传播渠道（见表2－1前三个层次）；或是以改变媒介环境为主，或是改革体制内的媒介外部机构，如政府对广电业的规范，或者是改变现实社会的宏观文化背景，包括社会整体人口的媒介素养？

表3－1的分类即是运用以上分类，每一个单元格中都有例子。此类表格不可避免地存在模糊不清的地方，媒介制作领域与媒介环境之间有时难以划清界限。有的运动项目会有重叠目标，媒介教育部分的目标是增强媒介改革的政治构成因素（即媒介教育措施联盟的使命），或帮助处于边缘化的青少年获得媒介技能，制作他们自己的新闻传单或网站，并寻找大众的政治呼声（如圣弗朗西斯科媒介联盟）。

更成问题的是“现实世界”与“体制”之间的分界线如何划分，其差异部分由机构定向所定义，如以“即时的、熟悉的、日常的以及接近家庭等地域”区别于政府和公司，包括媒介集团，即屹立在世人眼前的“大型机构和系统，如同花岗岩山脉似的社会风景”（Boyte，1992：340）。同时也由两个领域各自的管理逻辑来定义——日常生活中缺少章法的理性在一致追求的道德风范中形成，与追求利润和权力中通常使用的工具理性相对。重要的是，这两个标准——机构定向与统治逻辑是没有联系的。一方面，现实世界处在主控的工具理性施加的“殖民化”的持续威胁之下；另一方面，哈贝马斯坚持希望出现一个相反的程序，这就是“现实世界的实际需求”在系统本身的机构内得到重视的原因（Habermas，1992：444）。

那么，追求公共利益的非政府组织处在媒介公共运动地图的什么位置？非政府组织一般都利用基金会的资源在政治体制内进行倡导活动，比如代表现实世界的利益，倡导给残疾人提供媒介接近权或者提倡对儿童节目实行广告限制等。大学就传播政策问题而举行研讨会，对民主准则问题进行理性讨论，但它是由政府机构拨款资助，该机构排斥非学费交纳者（non-tuition payers），由资本主义劳动力市场拿过文凭的年轻工人管理。我们有充分的理由相信，在体制与现实世界的“连接”处，存在着广阔的地带，这里较多地产生社会运动，向社会系统逻辑发起的挑战也较多地来自这里。

表3-1 媒介民主化：媒介民主公共运动的类型

	围绕现实世界变革的媒介民主运动	围绕制度变革的媒介民主运动
围绕媒介领域自身的媒介民主运动：如文本的制作和发行、提供接近公共传播的途径（媒体工作者、惯例和组织）	（1）来自现实世界的改革：另类的或独立的媒介、发行网络、提供媒介接近权的中心；对另类媒介提供支持性服务和宣传；开放性资源与新科技项目；社区广播电视；见证及记录；媒介培训、教育与组织 （2）来自体制的改革运动：国家对艺术、社区媒介、少数族群出版物、社会活动、针对全球性媒介霸权的文化主权等问题所提供的保护	（1）来自现实世界的改革运动：媒介监督对企业性新闻的影响；公共关系、社会运动的战略性传播；主流媒介的进步性专家网络 （2）来自体制的运动：改革新闻话语的内部创举，如公共新闻学；职业协会和记者网络，尤其是少数族群记者网络；国家授权的公共服务性广播（如BBC）；媒介工人工会，以挑战企业对媒介工作场所和新闻报道的控制
围绕外部环境的媒介民主运动：如受众接受、文化环境、国家传播政策（外部媒介的影响、意识形态）	（1）来自现实世界的运动：文化干扰；倡导性运动对媒介的监督、公众的警觉性；非正规的媒介教育、信息解释课堂、唤醒公众的活动；媒介批判研究和学术活动；社会正义性运动、通过传播活动培养反向型大众 （2）来自体制内的运动：公立学校的正式媒介教育；企业赞助的媒介教育；公立学校体制及公共图书馆	（1）来自现实世界的改革：与传播政策有关的公共利益倡导组织；法律性、规章性游说；法律法院干涉；消费者权利和其他公共利益组织对传播政策采取的干预行为；媒介改革联盟；维护记者权利和媒介独立性的倡导性组织和起支持作用的网络；寻求进步性国家政策改革的社会正义运动 （2）来自体制的改革运动：议会或国会团体和政府对媒介政策的征询；激进性政党等组织（如联邦新民主党的媒介核心小组）；进步的或持不同政见的管理人员

尽管分类有困难，但表3-1非常有效地描绘了民主媒介公共运动的整体场域，关注以持久性制度变革为主的媒介项目和组织（与此相对的是在媒介范畴内进行的短暂改革），此表格的立足点是激进的价值观，并且与公共传播的媒介议程设置和“报道机制”相连接（Hall，1986），以便使以电脑为媒质或面对面的人际传播与点对点、个人的私下传播区分开来。应该注意的是，这个关注点忽视了与宏观媒介公共运动邻近的一些领域。这些相邻的领域包括以下三个典型的方面：

（1）右翼进行内容监控并呼吁出台政策将媒介结构改革引向社会保守主义或市场自由主义的观点，如媒介准确性组织（Accuracy in Media）、媒介研究中心（the Media Research Center）、媒介与公共事务中心（Center for Media & Public Affairs）、加拿大弗雷泽研究所（the Fraser Institute）的“国家媒介档案”和英国媒介观察

（Media Watch UK）等。

（2）因特网上散兵游勇们尤其是通过文件共享、音乐下载等手段发起“大量对信息垄断提出的挑战”（Kidd，2005），计算机黑客和使用软件盗版的新一代正通过他们个人的行动与企业对电脑空间的封锁进行竞争。他们虽然不是很成熟，但其联合势力在集体性行动中非常有效，比如他们粉碎了纳贝斯特（Napster）网站意欲加强版权制度的阴谋。

（3）针对传播政策和业务，但与其报道机制没有直接联系的公共运动，较突出的问题如网络接近权问题、因特网和其他电信服务的建构问题（Mueller et al.，2004）。此领域涉及的范畴的确很广，传统媒介公共运动受其影响越来越大。

表中括号里的另外两种类型，都不以媒介政治为中心，但也表明了它们的间接特征：

（1）支持公共利益的组织较多地关注政策，时常对传播政策进行积极干预，如美国公民自由联盟（the American Civil Liberties Union）和美国消费者联盟（Consumers' Federation of America）（Mueller et al.，2004）等。

（2）偶然地或临时性运用媒介去追求其他大型目标（如实现媒介民主化）的组织与运动。此类独立性质的传播活动不仅包括传统的媒介关系，也包括在社会运动中整合、利用媒介工具、技巧和战术，以形成新身份认同、群众基础及非主流公共领域的组织（Kidd，2005）。我们的分类还包括了旨在培育进步组织介入主流媒介的项目。

表3－1中每个区域都简略地概括了公共运动的主要形式、范畴及其战略性的内部关系。[6]

六、另类媒介（Alternative Media）

第一个区域侧重于通过制作和发行改变现实世界的公共运动，其形式各异。媒介制作与培训部门对社会运动和宣传活动起到了推广和支持的作用，例如英国的“暗流”（Undercurrents）于1993年创办，为“基层直接投入到运动组织提供媒介支持”，如利用便携式摄像机制作纪录片与档案和提出环境保护等呼声（见 www.undercurrents.org，2004年12月）。最著名的社会运动也许是20世纪60年代加拿大国家电影局提出的“挑战与变革”工程，其主要方法是运用媒介来唤醒公众对贫困现实的认知、为没有公共表达渠道的人们充当喉舌、“帮助弱势群体组织起来掌握自己的命运”（Henaut，1991: 48）。总之，支配着此类媒介公共运动发展的正是被人们称为激进与反对派的、公民的、参与性的、自治与独立的、社区的、大众与基层的或者就是最普通的另类媒介（Rodriguez，2003：190）。以上术语个个都带有不同的内涵，无论它们在其他情境中是什么含义，在这并没有约束作用。另类媒介在定位、组织和技术形式上有极大的差异性，从在线科幻杂志、政治网站和期刊、小型独立图书出版商、低功率调频小区电台、有线电视的接口频道、重新编辑出版的时事通讯到都市周报等都属于另类媒介。虽然有可能会扭曲现实的复杂性，也可能会博得有经验的运动活动家们会意的一笑，我们还是将另类媒介区别于主流媒介企业的“典型的理想特征”提炼如下（举例详见：Atton，2002；Downing et al.，2001；Hackett & Zhao 1998：206～213；Couldry & Curran，2003）：

第一，在资金、组织和调控方面不受企业资本和政府控制，能够像公司或小型企业那样独立运作，而不会成为企业的连锁店或集团公司的子公司；其资金来自支持者的捐助、会费、信托资金或基金而不是广告；其目标在本质上追求民主和合作型的制作与决策方式，而不是媒介企业中那种官僚的等级制度，以上特征大部分以“授权于雇员”的管理策略作为后盾。

第二，在政治导向和内容方面，“理想的”另类媒介是进步性质的，与主控的轴心（企业资本主义、异性恋主义、种族主义、独裁主义）是明显相对抗的，并公开主张亮出自己拥护的立场，而非虚伪的“客观主义”姿态，试验新的审美方式，提供接近被霸权媒体排斥在外的声音和事实的渠道。

第三，另类媒介努力要改变以偏概全（点对面）和由上而下的霸权媒体的传播模式，而致力于推动从属阶层之间的平等对话。受众不再被视为其注意力如同商品那样被卖给了广告客户的目标市场，而是成为社团或运动的参与者。

简而言之，另类媒介最“另类”的地方就是，通过传播反面信息，反作用于民主赤字，以帮助界定现实与从属社会阶层中反主流群体的反霸权范畴。同时，它们开拓了一种新的参与模式，借以培养公众的“发展能力”，并设想一些更激进的民主传播方式。非常可信的是，当另类媒介与充满活力的社会运动产生有机联系时，其效果最好（Downing et al.，2001）。

作为媒介民主化的形式之一，另类媒介面临重大的挑战和局限：它们和各种运动之间的模糊关系（是渠道还是监督者?）；在提供接近社团言论的渠道和制作高“质量”的内容以吸引更广泛受众之间权衡，随时都有陷入等级组织的列宁模式和党派路线主义的风险。更普遍的是，受到群众自我管理问题的挑战，比如如何维系与社会更广泛的民主潮流之间的联系，避免“无形的专制”（Downing et al.，2001：70～71）。或许，最重要的局限性还在于以下三点：

（1）反对受众商品化逻辑的另类媒体，发现难以维持组织与经济之所需费用。

（2）商业利润的诱惑演化为谋生的手段。一些北美城市周刊从反主流文化堡垒转到追求利润的娱乐业就代表了这个潮流。虽然本森（Benson，2003）说过，在适宜的情况下，可以将对广告的依赖性与政治内容、资本主义批判和将社会运动美化的报道结合起来。这种融合还有另一种风险，当独立的媒介取得了令人不安的成功时，大型的媒介企业也会迎合潮流，出版它们自己的“另类”媒介（如某些城市周）。

（3）另类媒介通常属于少数族群，与主流媒介相比就如同传教士与唱诗班那样。

它们面对的是发行的结构性瓶颈问题（包括吹捧过头的因特网，虽然大大降低了传播成本，但在仍然被媒体、软件和电信巨头支配的环境里，还算不上是营销推广部门用来吸引注意力必不可少的渠道）。在公共传播体系某个隐蔽的角落，坚持一个熟悉的领域也许会有些许的心理安慰。20 世纪 90 年代，温哥华有家已停刊的非主流报纸集团的成员跟我们说，他觉得只要他自己的圈子还有自己的印刷工具，就不怕出版企业“做自己的事”。

然而，另类媒介作为民主化的一种战略有其坚固的实力。它们无须再进行持久的政治基础的培育工作，也不需要为了获得官方政策圈子的注意而培育熟悉精英话语的专家。另类媒介需要具备的技能、其独特的自治主义、我行我素的精神与崇尚科技主义的更年青一代活动家的步伐更一致。另类媒介制作者即使是主要关注现实世界的“防御性”斗争，如社区建设或文化政治而非竞争性的国家策略或媒体企业，但他们相对自主的技术、权力和意义制造中心构成了一个潜在的挑战。他们与所接触的新观点和反主流公众联合起来，创造了一个预想的与主流媒介平行的媒介场域，它预示着自己将成为媒介民主化的中心。

七、改变作为媒介环境的现实世界

表 3－1 的左下方隐含着为改变现实世界的意识、身份认同、技能与政治、经济以及社会资源的分配而作出的努力，而这些方法改变媒介领域自身的环境。P. 苏梅克和 S. 瑞斯研究了对媒体内容产生影响的几个层次（见表 2－1），包括媒体机构外部、“意识形态”和社会秩序中顶层权力结构的文化建构。

从概念上说，这个区域本身可以分成几个部分。首先，一些新兴的致力于改变受众理解媒介及媒介报道框架问题的组织。官方学校体系内外具有批判思想的媒介教育者教导学生如何识别和分析媒介文本的（扭曲性）报道立场与媒体政治经济学之间的联系。有个典型的例子，马萨诸塞州立大学萨特·夏丽（Sut Jhally）教授设立的媒介教育基金会向人们分发 DVD 和录像带，其内容涉及音乐电视中女性形象的客观性问题、右翼势力对媒体的压力，等等。内容分析和其他监督媒介信息的形式可以成为媒体教育的辅助物，实际上也有助于发起运动，以促进媒介的公正报道。另一个例子，1995 年加拿大“媒介观察”发起了一个“全球传媒监督计划”，2000 年基督教传播学会再次续办该运动。这样周期性地举行为期一天的快速出击活动有效地展示了世界报纸、广播和电视新闻对女性问题的忽略，也突出了对女性需要特别关注的一些问题（Gallagher，2001：26～28）。

另一个改变媒介文本本质的方法不太具有学术性，即将我们熟悉的事物用陌生的手段表现出来，如文化干扰，或者用某些人偏爱的话说就是“直接的媒体批判行动”。文化干扰活动研究在国际上流行，它虽不是由温哥华的《广告克星》（*Adbusters*）所首创，但它却融政治、媒介与艺术活动为一体，颠覆了某些特殊事件及巨型图片的意义。如有个香烟的广告牌被“编辑”过后，成了黑暗笼罩下的“我们还没死么？”有个开休闲越野车（SUV）的司机发现在挡风玻璃上有张看起来很正式的票据，上面说他破坏了臭氧层，改变了气候。早上，睡眼蒙眬的上班族每天要经过报箱两次：人们对日报的捆扎样子非常熟悉，但头版的语气却令人震惊，标题是政治讽刺性的，如“不列颠哥伦比亚省政府与森林公司合并”。使用和戏仿熟悉的模式，给人们发送几个唤醒其意识的“思想炸弹”，文化干扰者们的目的是骚扰消费主义者的时尚潮流（Lasn，1999）。此种方法在目前被认为是一种短期战术，但还是不成熟、不完善的战略，在社会变革运动中如果与其他战术结合使用（比如游说和抵制），效果可能更佳。

媒介教育和文化干扰存在着明显的局限性。它们很容易脱离社会运动，传媒教育尤其是一项长期的工作，而且在企业的威逼利诱之下，两者都很脆弱，如企业或者使用反讽式的营销伎俩（如澳大利亚某品牌运动鞋的户外广告，吹嘘自己是“100%的血汗工厂”），又或者通过资助“媒介素养”协会或提供物资来达到目的。当它们渗入接受资助的社团和活动中，并与制度性改革联合在一起时，其投机可能就会更加有效。我们可勉强将媒介教育和文化干扰当作一项为改变受众意识而进行的短期干涉，从长远来看，它的干预对改变或替代霸权性企业的消费主义政体是有意义的。

比较而言，另一套以现实世界为基础的社会活动尽管分散而且与媒介关系没那么明显，却可能意义更大，即通信网络、技术和社会运动实践活动，它们正是反映和推动公民社会民主进程的实践者。网络与信息技术处于新自由主义全球化的中心，甚至已经为其反对者所接受，本章开头部分谈到过传播“柔道”的例子——主义、投资多边协议的失败、西雅图独立媒介中心在世贸会的行动等。斯莱伯尼（Sreberny，2005：246～251）也进行过此项研究，她举的例子比较平和，但具有同等深刻的含义——妇女为争取性别平等而进行的跨国运动。她对这类运动作了四个R的分析：权利（rights，市民权利、政治权利和传播权利），新闻报道（representation，其双重意义：政治影响力和媒介描述），认知（recognition，那些正在发展的空间，在这里，“女性可以相互对话，表露心声，说出其关注的问题和需求，并从彼此身上找到认同”），重新分配（redistribution，经济和传播资源的重新分配）。在表达和传播以上“民主化进程的4R”中，媒介和信息科技——从印刷、邮政、电话到社区广播、传真和互联网——都已成为“连通性的工具和基本设施，成了讨论场所和表达渠道”（2005：251）。因此，妇女媒介公共运动之所以意义重大，不仅在于它是作为深入阐述政治议题的场所，而且也在于其是“她们实现自身权利的重要组织和文化运动”（2005：250）。

社会运动最好既充当民主传播的渠道，又树立民主传播的模式。罗伯特·A. 怀特（Robert A. White，1995）甚至把这两种功能等同了起来。他的根据是，一项进步的运动，由于其本身的使命与需求，而必须在内部体制内实行民主传播。它需要建立横向的传播网络以吸引参与者并且赢得他们的忠诚，以此来挑战对社会现实的霸权性定义，并强化其文化资本、提升其新兴的身份认同，将运动的象征性符号推向文化竞技场。此外，怀特认为，民主传播不仅需要制度改革，还需要在标准规范和文化上进行革新。比如，要激活那些被科技理性（即哈贝马斯的“体制逻辑”）所压制的技术和知识；又如，将贯穿于体制与现实世界中的参与性传播延伸至工作场所与家庭中去。对于怀特来说，新的社会运动即是这些文化实践活动的最佳诞生地。

怀特对于运动的看法或许过于不切实际，他表达的是一种没有被罪恶的统治阶级污染过的拯救行为和纯净空间。尽管如此，由媒介进行的民主化进程仍然为媒介自身的民主化进程提供了至关重要的推动力，它体现在以下三个方面：

第一，在运动中运用霸权媒介来强化公众对某个特定问题的意识，比如环境问题，公共运动有助于增强媒介声音和视角范围的多元化。这样，它自身便是媒介民主化进程的一种形式。

第二，由于正负两方面的原因，活动家和倡导组织有时候倾向于在媒介政策与新闻报道上努力。其负面的原因是，运动若不以媒介作为斗争中心，就会常常受到霸权性媒介的阻碍；正面的原因是，可以调动在斗争中锻炼出来的传播技能和关系网络，直接用作与媒介权力进行对抗的资源。当许多妇女组织在集会中参与市民社会的干涉活动、讨论跨国媒介的统治问题时，妇女的跨国宣传网络正好体现了这种目的与手段的结合。例如，联合国在 2003 年关于信息社会的世界政府首脑峰会以前创办的信息社会传播权运动就是其明证（Sreberny，2005）。

第三，媒介教育、文化干扰以及社会运动的传播活动在某些时候改变着媒介运作的周围环境。如果这些运动成功地改变了公共意识，霸权媒介就可能被迫作出反应——抛弃先前的固定观念，抑或给新声音更多的空间。无论是通过在现实社会中制造新的社团和身份，还是通过直接挑战媒介的报道，或是通过运动来改变国家政策，社会运动都经常是文化和政治变迁的关键，从而改变媒介的报道倾向，即媒介的周围环境。上述这三种途径在同性恋权利运动中都得到了体现。排除那些仍旧被原教旨主义者统治的地区，在北大西洋的现实社会里，同性恋者的定义已经成功地从“异类”变成了一种骄傲的资源，变成了在各主要城市进行大型游行来庆祝的事物。不管是通过男女同性恋者反毁谤同盟的内部战术，还是通过对抗性的搞笑演出，“异类”公共运动者已经千方百计地改善了大众媒介对同性恋者的印象。同时，他们寻求法律保护下的平等权利，其中，加拿大在 2005 年对同性恋婚姻的法律认可有了一种里程碑式的胜利。毫不奇怪，美国电视广播网对于同性恋的报道，至少是对白人中产阶级男同性恋的报道在过去十年里已经得到改进。类似的故事还发生在关于少数民族报道上。在 20 世纪 70 年代，美国电视广播网建立了咨询机构，并且提高了或者至少是部分提高了在黄金时段对于少数民族报道的质量（Montgomery，1989）。

最重要的是，以现实社会为中心的公共运动通过为大众媒介的部分受众解除主流媒介的“归化”性，将媒介摆在了批判和政治行动最显著的位置上。“媒介问题”因此演变成了一个“政治问题”，一个民主辩论和政策制定的主题（McChesney，2004）。

八、改革公共传播系统

表3－1的右栏呈现了本书的核心问题——媒介公共运动的形式，以自由的或激进的民主方式所进行的改革公共传播“系统”的动员，包括设定有助于重塑媒介结构、运作及内容的国家政策框架。上面的区域强调了为使主流媒介民主化而作出的努力，尤其是媒介场域中的新闻类。

在“报道机制”中的记者和媒介工作人员有时采取有组织的行动来推动工作环境和媒介话语的民主化。从历史和地理的角度来说，北大西洋国家中的联盟对所有制结构和编辑控制的问题研究程度是不同的，已超越了对工作中琐事的关注程度。但即使是记者协会与企业主争取更多工作保障和编辑自主权，都可视为民主化运动的初级行为。有时，他们能赢得对从属阶级更有利（或不太敌意的）的报道空间（比如，英国国家记者行为准则联盟要求其成员不得传播激起人们对各类组织产生敌意和歧视的材料，并要求给在新闻中受到批评的对象提供辩驳的权利。如果这个准则在实践中得到有效的执行，那么英国小报就不会轻易对寻求庇护者或其他被社会边缘化的人们肆意地进行污蔑和诽谤）。有时候，媒介联盟也会对宏观的传播政策进行游说，一个著名的例子是，通信、能源与造纸业联盟有个展开性的研究项目，2004年制作了一部详细的有关政策的纪录片——《构建加拿大媒介民主》。

从内部改革新闻业的另一个基本原则并非起源于工会主义意识，而是来自“专业主义”意识。以下两个近期的例子足够说明这点：

（1）20世纪90年代期间，一场“公共新闻”运动在美国媒介中展开。它的目的是促使新闻记者积极推广公共话语，而不再仅仅只“报道”精英们的题材（Hackett & Zhao，1998：200～206），由此拯救美国民主和新闻业，使之脱离委靡不振的状态。这场运动踌躇不前的部分原因是它忽略了结构及权力对媒体的限制，这些恰恰是导致媒介与民主陷入危机的根源。

（2）非政府组织，例如“报道世界”组织发起了“和平新闻主义”，被认为是一种“另类媒介”，可以对冲突性报道模式的潜在性危险进行分析与评估，也是一种对构成“战争新闻学”的日常新闻话语的挑战（Lynch & McGoldri，2005）。它是否成功还不一定，但这种改革主义运动的出现却充满了希望。

从媒介组织外部来说，改革派人士和学术界创造了持续的监督计划，为媒介内容提供了可行的基准，将之运用于公共运动之中，对编辑们起到了借鉴和督促的作用（与此同时还可动员媒介报道中的“受害者”）。例如，加利福尼亚的“新闻监察工程”每年都会发布被主流媒体忽略的最具有新闻价值的事件（通常与企业和政府不诚信行为有关）；英国的“媒介透视”（Media Lens）、加拿大的“新闻观察”（Canada News Watch）以及纽约的“公正与准确报道组织”等机构都会挑选美国最具威望的新闻媒体的报道议题来进行内容分析。

一个有效的战略是为进步信息或相对信息寻找新闻话语的“突破口”。公共利益组织和社会运动有时是通过创造自身的新闻价值来缓解与新闻媒体之间关系的不对称情况。这个想法的关键是能够辨别什么样的行动和问题才构成新闻，然后制定战略性的关键信息（诉求于戏剧性、新奇性和冲突性等“新闻价值”），并将之传播出去。有些媒介活动家，比如圣弗朗西斯科的战略性进步信息网络专门训练社区组织从事这种以新闻为导向的运动；其他机构，如圣弗朗西斯科公共媒介中心则设计一种围绕付费广告反复出现的运动。这些策略具有一定的优势，因为吸引不同利益组织参加与其主要目标直接相关的媒介运动比吸引他们参加抽象的“民主媒介”运动要容易得多，而且比较容易在增加媒介框架的多元化方面取得短期成功（如提出问题，建构组织的合法性），同时也可培育从属群体使用媒介的技能。但是，这些运动也存在着局限性和风险（Ryan，1991）。它们通常是被动的，与根深蒂固的媒介报道模式和偏见相抵触，即使能够成功地重构某一问题的报道，长期遗留的媒介结构仍然完好无损地保留着，以至于这个问题很容易在其他议题上再现。以媒介为中心的运动倾向于报道抗议活动，而忽略了改革问题，耗费了资源却分不清孰轻孰重。通过传统公共关系纠正媒介与运动关系不对称问题的困境，正是改变公共传播政策框架的催化剂。

媒介公共运动类型表的最后一个区域（右下方位置）唤起人们关注运用公共利益干涉解决规范性措施的问题（尤其是关系到媒介制作环境问题的国家传播政策）。具有改革性质的社会运动是相关联的，即使它们不直接强调媒介改革问题。与新型社会运动理论中极端的主张相反，当代社会运动不仅仅对现实世界中的日常文化的重构感兴趣，他们的“民主化4R理论”——权利、认知、报道、资源的重新分配隐含着对体制、政府、企业与超国家性的统治机构（如WTO就是）的要求。上文中提到，成功的社会运动为从属阶级争取到更多的政治和经济资源，使自己关注的问题进入政治议程，同时赢得官方政策制定者的认可，就能够转移媒介所受到的牵制力，也就能够改变新闻界所追随的政治环境的需要转变政治世界。举个简单的例子，如果更多的妇女担任政治领导职务，新闻界就会广泛地报道更多的妇女，这如同倾向于报道精英资源的副产品一样。用结构主义的语言来解释，即政治领域内权力关系的改变会在自主权相对较弱（之前讨论过）的媒介或新闻领域引起连锁反应。

然而，本书的重点在于探讨为民主媒介改革建立广泛联盟所做的尝试——即通过国家制定的政策和立法来减少媒介系统中的民主赤字。在北大西洋，乃至整个西方世界，持续时间最长的尝试便是英国的新闻与广播自由运动，其详情将在第六章讲述。此运动激发了北美相似组织的产生，其中包括加拿大的新闻与广播自由运动和美国的新闻与广播自由运动。

九、媒介民主化：新生的运动

本书将各类媒介公共运动描述成新生的运动，因为我们并非是下最后的结论，而是从六个不同角度对其进行分析：

第一，在组织之间出现了一个非常高级的劳动分工。根据类型学分析，存在着一个差异化的组织生态系统。同时，重要的是其中许多组织都像美国顾问管理工程师协会那样有意识地综合运用了各种策略。

第二，最显著的分歧是在以下两者之间：①自治论者策略，目的是在体制外创建一个并行的传播空间与传播业务；②改革论者策略，目的在于改善现有的政权制度。此两者存在着风格、时代以及意识形态间的对比关系。

第三，尽管存在着分歧，令人鼓舞的是有人尝试着在不同策略之间建立桥梁或寻找协作之道。另类媒介有时会宣扬批判性的媒介监督，例如“海湾卫士”（Bay Guardian）公布了新闻监督每年未曾报道的新闻清单。20 世纪 90 年代，学术界的内容分析（George Gerbner 的文化指数研究计划）激励了早期媒介改革联合的尝试（文化环境运动）。媒体改革者敲响了公共服务电视和媒介接近权的警钟；当另类媒介遇到生存问题时，其制作者就会接触政治议程，如美国的邮费或有线电视特权协议等。拥护改革的律师常常代表低功率的调频微型无线电广播的活动家向法庭提起诉讼。不同组织之间既可互补又有不同分工，比单个组织内部的合作似乎更有效。

第四，社会运动对各种类型的媒介民主公共运动都会给予直接或间接的贡献，它证实了借助媒介实现民主化和媒介自身民主化之间的联系。

第五，与此同时，民主化的先期行动发自于体制内部，尤其是政府。同独断的无政府主义相反，激进的民主改革如果要取得制度化方面的成就，则需经过政府注册；持异议的个人［如联邦通信委员会的委员科普和安德斯坦（Copps & Adelstein）］，或者半独立的代理机构（如加拿大的国家电影局）都有助于改革的推进。

第六，由于霸权性媒介拥有政治、经济、文化和经济资源，加上民主化任务（见表 2-1）和策略（见表 3-1）的范围，成功且持久的媒介民主化似乎需要在我们已经识别的各方面加以推进，无论是在现实世界和体制内，还是在媒介领域和周围环境中。只有这样，媒介运动才能在从属阶级中培养出广泛的、精通媒介的“反公众”，这将改变社会公共领域的范围。简而言之，它将挑战霸权。

这种类型的挑战需要有葛兰西（Gramsci，1971）所说的“地位之争”。在公民社会、现实世界、工作场所和国家政府等各种相连的前沿地带赢得民主实践空间的持久斗争。这种斗争不是间断性或短暂性的。尽管抗议浪潮此起彼伏，但运动必须相互协同以发挥累积效果，必须专注于“改变规则”，而不仅仅只是构建身份认同和网络组织而已。在推进新的传播模式中，该斗争还需要建立另类世界观的道德基础和哲学基础，以此主导新自由主义的民主话语。下一章我们将讨论此类反霸权创举是否在意识形态方面具有足够的凝聚力。

注 释

①例如，在一本副标题为“文化、权力与跨国公共领域”的论述社会运动和全球化的400页论文集中，实际上并没有提及大众媒介是社会公共运动的一个要素（Guidry et al.，2000）。

②例如，①在“抗议的媒介政治”中，能够将有关政策的矛盾置于大众的眼前，从而引导政治变革等情形（Sampedro，1997）；②媒介对大众抗议的报道和警察的镇压措施之间的偶然联系（Wisler & Giugni，1999）。

③围绕互联网的第三类公共运动在“信息社会传播权运动”（CRIS，www. crisinfo. org）中得到了体现，该组织与其他改革运动一同呼吁：在网络空间，应实行全球民主管理以取代政府任意的监控、审查和网络日益商业化的趋势。互联网在这个运动中象征着跨国的传播资源以及不断进化的传播基础设施，互联网的行业标准、资金、管理等已成为人们争论的热门话题，参阅（Ó Siochrú，2005b）

④20世纪70年代盛行的将“新奇”定义为从劳资关系的矛盾转变到体制和现实世界的“裂缝”的哈贝马斯倾向，受到伽马·爱德华（Gemma Edwards）的挑战，他认为当前的反企业公共运动是对全球资本主义向现实世界殖民的批判性回应。爱德华进而认为工人运动并不是衰败了、落伍了或被重组了，而是随社区工会主义及最近出现的其他运动站在了激进政治运动的前沿。我们同意他的观点，也承认工人运动的“老”政治纲领是现实世界反对殖民主义的战役的一部分（2004：128），我们高度赞赏媒体工人组织在大众传播民主化运动中所发挥的关键性作用。

⑤参见佛罗里德州教授安迪·奥佩尔（Andy Opel，2004：26～28）关于独立媒体的创立和批评的三个主要部分的讨论：个体和基层组织（GROs）、非政府组织和学界话语。或参看公共运动参与者与教师南·鲁宾（Nan Rubin）发明的三步策略：抵制企业性媒体、创办自己的媒体、改变媒体法规（www. nanrubin. com）。

⑥一份有关网站的调查揭示了表3-1中的媒介民主运动每个环节中组织的多样性与差异性。没有足够的空间将每个链接地址都一一列出，但本书所列的大部分组织的名字都可以通过互联网的搜索引擎找到。而且可以通过一些链接如 www. mediachannel. org，www. mediaactioncenter. org（参阅《媒体运动政策词典》，2003）和 www. mediaform. net（主要链接限于美国，有的链接也可国际通用）找到。

第四章

共识与分歧：媒介民主化的规范与职责

2004年8月10日，数以千计的人在位于渥太华的国会山向加拿大广播电视与电信委员会（CRTC）提出抗议。CRTC拒绝给魁北克市一家成功的商业电台（CHOI-FM）续签广播执照，其理由是“使用辱骂性言论，进行人身攻击和骚扰”，比如节目中一个小丑式的主持人建议将精神病人杀掉。人们形容此种观点以及电台每天的基调为虚无主义，是达尔文式的“只顾自己的反政治学”（Aubin，2005）。这个电台的支持者们身穿标着“自由”的黑色运动T恤，举着的告示牌上写道：“不一致就被判处死刑……这样的民主我不要！”

让我们回到2003年11月7日至9日。在威斯康星州的麦迪逊，新成立的非营利性组织——“新闻自由”召开了第一次全国媒介改革大会。由于痛感美国媒介企业与奉行伊战政策的布什政府相互串通，痛感偏激的右翼分子控制了脱口秀节目和广播电视网，痛感联邦通信委员会如同茶水小子（waterboy）那样对媒介企业一味地屈从奉承，来自美国各地的1 700多名与会者对电台主持人艾米·古德曼（Amy Goodman）、“新闻自由”组织的创建者之一约翰·尼科尔斯（John Nichols）和波·迈克切斯尼以及其他进步媒体的风云人物（Hackett & Carrol，2004）所领导的一场草根运动给予了高度称赞，这场运动史无前例，终将取得胜利并以取消联邦通信委员会提出的媒介所有权自由化规定为目的。那次空前的运动遍及各个政治领域——有大约300万美国人参与（McChesney，2004），其中大多数人认为自己是言论自由的支持者。确切地说，正是因为这次的投入，人们才更希望政府对媒介所有权的集中实行更多的管制，而非减少管制。

这些有鲜明特色的事件对媒介公共运动有何启示呢？首先，媒介事件确实有能力在至少一段时间内将媒介政策与利害攸关的问题——如自由、民主、新闻自由、世界和平（而非个人爱好）联系起来，激发人们采取政治行动。当然，原则性的东西并非一成不变。本书感兴趣的主要是媒介公共运动的激进形式——即蕴涵着民主参与新形式，或者能够促使社会更加公平地分享经济、政治和文化资源的运动。经济和社会的保守势力为了扩大资本霸权、深化特权和（或）进一步边缘化亚文化群体，同样也在运用监视、抵制和其他形式（Herman & Chomsky，1998）来应对猛攻他们的所谓的“左派自由主义的”媒体，这种情况在美国尤盛。尽管有影响力的政治势力和理论派别都试图混淆这种差别①，但历史表明，在反动与解放运动之间存在着意味深长的差异。比如说，在追求对其他民族实行殖民化或“种族清洗”的民族主义与那些（像伊拉克的库尔德人）追求民族自决、反对历史压迫状态的民族主义之间就存在着这种差异。媒介公共运动领域也存在着类似现象，唐宁等人（Downing et al.，2001：94）认为，左派激进的媒体和右派保守的媒体之间有着很大的差异，右派“根深蒂固的准则”就是等级制度，尤为明显的是右派一致反对将女权主义看做追求性别平等的运动。

其次，进步的媒介民主运动并不是孤立的“单片电路”。在第三章里，我们简述了媒介公共运动的一系列策略及其在社会制度中的位置。在本章，我们要简略地考量媒介公共运动在意识形态上的多样性。从理想、价值观和目标方面来说，媒介运动组织能否形成协调一致的运动核心，实施一个共同的改革项目？反过来说，它们之间有没有潜在的裂痕？媒介公共运动的变革项目在总体上有什么政治属性？

同样重要的问题是，媒介公共运动究竟有多重要？正如第三章提到的那样，一些理论家认为，"魅母"*（文化的基本单位）和生活方式取代了政治活动，主题社区取代了社会运动。本书不同意这种观点。我们的采访对象表明，它忽视了运动参与者本身的目标——订立运动计划、创立联盟、追求政治目标。群众性的改革项目所需要的不只是由混杂群体组成的、分享不满情绪的社区，也不仅仅是断断续续的泄愤或抗议活动。营造"另类"政治舆论是任何一种真正追求解放和抵制霸权运动都不可或缺的组成部分——抵制霸权与反霸权是有区别的，后者假借反对党、微观政治和差异化的名义，最终还是排斥建立一种可持续的社会新工程（Sanbonmatsu，2004：44，129～131）。

如果要详细讨论媒介公共运动的规范和政治标准，至少需要一整本书。本章仅选取了其中几个重要的部分作为样本。我们首先概述一下关于媒介和民主的政治性争论文章，由此考察媒介民主化过程中的思潮。接下来，我们简略地描述公共运动参与者在左派内部存在着历史分歧的背景之下，为媒介民主化进程设定的几种相互矛盾的发展道路。最后，我们对《人民传播宪章》进行分析，该宣言代表了广泛而共同的努力与合作，凝聚了民主化媒介体制的原则。根据该宪章条约，我们在结论处提出了一个为媒介民主化工程奠定理论基础的共识或模式。

一、媒介与民主：三种视角[②]

在第一章中，我们简述了北大西洋国家媒介存在的民主赤字现象。但我们也承认，全球对所谓的民主赤字并没有一个统一的定义。正如我们在第二章讨论的那样，媒介与政治生活的交互作用是一个备受争议的问题。而且，即使我们能对媒介的实际"效果"达成共识，但如何对它们进行评估，在很大程度上还是取决于我们使用什么样的"评分"标准。人们对民主的内涵、对媒体应该承担的角色（尤其是新闻业，因其与政治的关系最密切而饱受争议）以及媒体应该如何更好地履行自己的职责等方面仍是见仁见智。对民主概念的争辩不仅仅是政策呆子们的事，它反映了利益冲突群体之间的基本政治分歧，也正是这些政治分歧和斗争的"武器"最终使我们失去了一个可以选择的未来。

本章将对当代关于媒介和民主的三种主要观点进行概述，以有利于将媒介公共运动置于政治的议程之中。

---

* meme，具体含义参见第三章注释。

1. 市场自由主义者和保守主义的批判

“保守主义”思潮和媒介与传播政策公共运动于20世纪80年代开始在美国萌芽，部分原因是早在十年前促进媒介自由的公共利益组织激增（Mueller et al.，2004：30，51~52）。但是，像“自由主义”一样，“保守主义”这个词语的意思也很模糊，它意指反对急剧的变化，怀疑人类的可塑性和政治乌托邦，并希望严守优秀传统。社会保守派以传统或“家庭价值”为名，强烈地反对授予人们堕胎和同性婚姻的权利，并抗议媒介以过多的性、暴力、煽情和侵犯隐私的报道破坏道德规范和社会秩序。

但是，支持传统、反对变革并不能够代表保守主义目前的主流运动。因为近三十年来，北大西洋国家自称是保守主义的人推动了分裂经济自由化和企业全球化的社会进程，所以左派不得不进行防御工作，以确保社会福利、公共广播事业和许多右翼黑名单上的东西能够保存下来。

从20世纪80年代开始，英国保守党、加拿大保守党（解体十年后重新组成的），特别是美国共和党，早已明智地将看似矛盾的各个部分整合成一个霸权计划。自成一体的保守党从1997年以后在英国以及1993—2006年在加拿大就再也没有执政过，部分原因是其他党派已经采纳吸收了他们的许多议程。美国评论家路易斯·拉普汉姆（Lewis Lapham，2004：41）对共和党右翼广播电台的“宣传作坊”、政策制定机构的报告等进行调查后提出：保守党派既提倡“小”政府又赞同帝国军队，既提倡自力更生又支持政府给企业以补贴，既同情保守主义又鼓励不受约束的自由市场，他们是采用什么样的指导思想（如果有的话）将这些矛盾的东西融合在一起的？拉普汉姆仅仅找到两种共同的信条：一条是“钱对富人来说是好的，而对穷人来说是坏的”，另一条是“真理是超然的，即善与恶之间的区别不可混淆”。根据前面提到的唐宁的观点，我们认为，保守主义的核心原则其实就是等级制度——他们想要保存的是根深蒂固却正在日益衰弱的白人或异性恋男性的文化强权，尤其是凌驾于社会弱势群体和另一种不同模式社会组织之上的企业财富及资本权力[3]。

20世纪80年代以来，保守主义最直接的形式可以说是市场自由主义（或新自由主义）。该理论主张，“世界上的”资源基本上是私有财产，公共事务应该由自由市场中的私营组织管理，政府应该从影响人民日常生活的多数（如果不是所有的）领域中退出（Hamelink，1995：33）——除了那些维护产权和市场关系的国家强权（法律、警察、军队）。民主本身不再被认为是目的，而通常被当成维持政治稳定以及有关个人权利与选择的政治文化，尤其是所有权、契约和交易等经济权的最佳制度安排。在这里，市场自由主义与自由意志论部分重叠，后者是一种最彻底的自由主义，它反对社会和法律约束个人的自主性，特别是针对国家而言。

“自由的市场”观点虽然通常采取民粹主义者的姿态，但实际上更符合约瑟夫·熊彼特（Joseph Schumpeter）提出的“竞争性精英”式的古典主义民主（1942；

引文见 Baker，2002；Held，1987：164～185）。他的模式与自由主义理论所强调的私人消费（而不是公共价值观）颇有吻合之处。熊彼特认为，考虑到现代政治问题的复杂性、大众面对非理性诉求时的脆弱性以及政治体制在竞争上必须承受超负荷的风险性，正在进行的公众参与既没有必要也不可取。制定决策的精英们需要从公众那里获得高度的自主权，而定期的选举、根深蒂固的个人政治权利和新闻自由足以保证精英们的可靠性。按照这一观点，民主只是一个遴选领导人的过程，公民的参与仅限于几年一次的投票选举——这实际上就是让公民扮演政治市场上的消费者角色。

在这一模式中，新闻充当多重角色，包括第二章所提到的“看门狗”角色，即揭露市场自由主义者认为对个人自由形成最大威胁的政府滥用职权问题。新闻界“不需要提供或促进民众理性地参与或政治思考”，因为“对社会力量和结构问题的深刻理解超出了普通民众的能力”（Baker，2002：133）。新闻界也不需要对国家政策或社会秩序的基本问题提出质疑。但新闻界，特别是内容严肃的大报，可以在报道精英们内部的讨论以及在传播对精英自身有利的“客观”信息时扮演重要角色——传奇式的美国政治专栏作家沃尔特·李普曼（Walter Lippmann）早在20世纪20年代就果断地提出了这种说法。

如果市场自由主义者认识到当代新闻界存在着民主赤字，他们往往只会关注两个问题中的一个。一个是政府的影响，无论是通过政客对新闻记者的非官方操控，还是通过正式的法律或规章，或是对公共广播的补贴，都涉嫌歪曲市场满足消费者需求的能力[④]；另一个是新闻记者所谓的反权威态度或对左派自由主义者存在的偏见，这对保守主义而言是一个恶魔（特别是在美国），也是本书第二章中谈到的有关“疯狗”比喻的另一个政治版本。市场自由主义者积极推进了以上两种设想，特别是在美国，他们将之变为当前凌驾于公共政策话语之上的一个霸权。不过，进步的批评家对这两者都进行了强烈的反驳。新闻记者既不是狂热的左翼分子，也无法控制新闻（McChesney，2004）。本书第二章提出过，商业媒体不是简单地“给予人们所想要的”。许多结构化的因素无法表达，甚至歪曲了消费者的喜好。消费者并不完全是自主的，唯有公共广播有助于抵消媒介企业体制上的民主赤字（Baker，2002）。

而且，作为一个规范的理论，“消费者至上说”认为媒介应当把人民当作消费者而不是公民来进行服务。这两个概念完全不同，“公民”暗指对公共事务的积极参与，而“消费者”则指物质消费中的个人和被动的角色。在民主政治中，公民在原则上是平等的；而在市场经济中，消费者是不平等的，他们对消费品的使用权取决于其购买力。

在现实中，人们表达其价值观的方式多种多样，不仅仅是通过消费者的购买行为。以市民为导向的新闻就如同公众健康、教育普及或者其他社会必需品，不能仅仅单独通过市场机制提供（Baker，2002）。但只要我们的目标是公众参与而非精英式民主，其局限性就会随之显露出来。

2. “公共领域”式自由主义

民主政治的精英模式受到广泛的批评。它低估了公民参与信息化公共活动的能力，而高估了政治精英的能力和可靠性，忽视了公众参与的积极性。布什和布莱尔政府对伊拉克政策的惨败已证明了这一点。

同样，通过自由市场途径实现民主的方法忽略了财富集中对决策过程的极度影响。它无视贫富差距日益扩大对政治平等和个人自由所造成的威胁，也忽视了有一种倾向于个人利己主义的文化会侵蚀社区民主管理的支柱性观念。

以上想法在强化另一种观点，即接受精英民主人士推崇个人权利和新闻界扮演独立的“看门狗”角色，并且通过建立政治渠道赋予公众参与以更高的价值。公众参与可以看做是出台更加公正与合理的政策和提升公民民主能力的一种途径。这种与代议制政府的合法性、公民平等和公民分权原则保持一致的自由民主功能论为北大西洋社会的公共运动提供了理论基础。由于其诉求方式是传播政治学，它唤起媒体去营造一个民主的公共领域——“在这个现实社会王国里，可以相互交换有关公共利益的信息和观点，以有利于公共舆论的形成”（Dahlgren，1995：7）。

媒介结构应该如何民主化才能符合这种公共领域的标准呢？在贝克（Baker，2002：129～153）看来，它意味着参与性民主需要两种截然不同类型的媒体。从“共和党人”的角度来看，我们需要媒介组织通过可广泛接近的，包容的（亲民的，客观的，公正的，全面的），深思熟虑的谈话推动寻找社会范围内的政治舆论，而非仅仅传播简单的事实。这也是正常时期对公共广播的最高要求。但在自由多元论者看来，我们需要细分的媒介系统为每个重要的文化政治群体提供表达和追求自己利益的论坛。我们可以将这种细分的媒体与南希·弗雷泽（Nancy Fraser，1997）所呼吁的反大众的亚文化联系起来考虑，它既可介入社会广泛的公共领域，又可置身于外。具有特殊利益的群体和另类媒体正好属于此类型。

政治学者皮帕·诺里斯（Pippa Norris，2000：25～35）提出了一个新闻业在“公共领域”中应该完成任务的详尽清单。首先，新闻媒介想要提供一个维护多元政治竞争的公民论坛关系到它们是否能够广泛地报道政治和为众多政治参与者提供广阔的平台。除了政府与人民之间“垂直”的交流之外，媒介是否给政治参与者提供了“横向”的交流机会？不同媒体是否拥有丰富的、正规的政治新闻渠道，从而能够加强政府有效传播新闻信息？是否存在多样化的公共讨论场所？是否能降低市民获知政府信息的成本？对不同党派的报道是否均等、公平？其次，新闻业作为动员公众参与的代理机构，是否激发了普遍的兴趣、提高了公众的学识或者加强了市民对政治进程的参与热情？

围绕以上这些问题，引发了社会群体之间狂热的争论。一方面，有人在讨论有关“媒介毛病”的论题，对本书第二章阐述过的关于“疯狗”的隐喻给予了精确的解读，谴责信息娱乐化、分众化、追逐丑闻报道的新闻业和众所周知的媒介恶行造成了许多公共领域那些令人悲哀的现状——选民的玩世不恭、参与积极性不高，政客和公民之间的“隔阂”，公共论坛的日渐衰弱（Blumler & Gurevitch，1995；Fallows，1996；Norris，2000：4～12）。另一方面，有人批评说，新闻报道的“衰落”（McNair，2000：197）纯粹是理论概念产生的误导，或者根本没有经过实证研究证明。比如，P. 诺里斯（Norris，2000：318）发现，在新闻媒介的影响下，政治系统的信任与参与活动是一种相辅相成的良性循环。

吹毛求疵的公共领域自由主义者坚持认为，媒介没有对民主对话作出应有的贡献，持此“媒介有病”论之人事实上为媒介改革提供了知识与政治“弹药库”。这种立场对霸权与反霸权之间的分歧持观望态度，向压制公共传播的市场霸权提出挑战，并寻求为媒介和政治制度注入现实生活世界的对话伦理。与此同时，这种声音不是来自处于边缘的局外人，而是来自失望的体制内人士。它为在立法机关、学术界、中产阶级的非政府组织、新闻学院甚至媒体从业者内部举行的讨论会提供了讨论主题——人们会想到美国编辑詹姆斯·法洛斯（James Fallows）的文章、“公共新闻”运动的改革派，包括报纸不再简单地报道官方消息而尝试着推动社区对公共事务的讨论（Baker，2002，158～163）。

往往是由公共领域自由主义及其拥护者们提出媒体改革的要求。他们的担忧合情合理，在媒介与政治系统中有一定的市场。然而，向媒介霸权提出挑战的草根族大部分来自外部，来自现实生活的边缘区域，来自激烈的政治斗争，如20世纪80年代英国工会对抗撒切尔主义的斗争；或者来自亚文化阶层，如时刻受到种族偏见和贫困煎熬的非白人社区。这些区域正是激进观点出现的地方。

3. 激进民主与媒介

公共领域自由主义对民主赤字，尤其是对与新闻业务有关的各种表现进行了有效的批评，但它不太可能从根本上对媒体的商业基础提出质疑，对于社会与政治秩序方面也极少涉及。激进民主派提出了一套更为健全的标准来评估媒介的表现。如果自由市场主义者强调“消极的”脱离政府约束的个人自由，公共领域自由主义者则突出公众对政策的考虑，而激进民主党就会增加另一个维度——一种彻底的民主观，不仅是一套固定的行为准则，而且是一种蕴涵着发展潜力的社会环境，一种“积极的”自由，人人都拥有平等的权利，都可“全面开发和利用”其自身的能力（Macperson，1977：114；Downing et al.，2001，43～44）。

这样的立场和观点在许多方面超越了公共领域自由主义理论。首先，激进民主党不仅仅在现有的代议制民主制度上寻求生机，而且要扩大人们在社区、工作单位以及家庭及性别关系，即“现实世界”决策制定中直接且公平地参与。其次，他们强调，平等原则是民主的核心，这种观点自20世纪80年代以来已经受到越来越多来自美国、英国和加拿大等国家新自由主义政府的攻击。公民不仅享有正式的法律平等和政治权利，而且应该近乎公平享有参与有意义的公共生活所必需的资源接近权。最后，激进民主派人士对社会秩序及其不平等更可能持批评态度。他们更认为权力关系呈现零和原则，即相互抵消——经济、政治或者文化特权集团的权力至少有一部分是建立在排挤、剥削或者压迫其他组织的基础之上的。

正因为如此，激进民主派完全懂得权力的重要性。一个民主的公共领域不可能与嵌入国家、经济、性别和种族中的权力层绝缘，只要这些因素存在，它们就会破坏公共领域的平等发言权。如果公共领域自由主义者的目的是想通过改革媒介实践和媒介法规来提高公共传播中公众参与的质量和公平性，那么激进的民主主义者的目标就可能恰恰是对"白人至上主义者的资本主义家长制"的改造（这是贝尔·胡克一个著名的论断，引文见 Riordan，2002：13，n. 3）。也许，事实正如一位多伦多媒介活动家所指出的那样：

> 媒介制度的不民主是因为社会的不民主。我们的媒体是专制的民族主义者企业的延续。这不是体制内部需要解决的问题，而是关于体制该如何运作的一个教训。（Baines，2004：91）

对于媒介的期盼，大部分激进民主主义者还是能够接受部分的自由市场理论，特别是公共领域模式，包括看门狗理论及其公众论坛职能等。但他们会附加一些有利于社会公平和公众参与的准则，如以下四项：

（1）让基层组织，包括为民主复兴而进行的社会运动的代理人之间能够进行横向沟通（Angus，2001）。媒介通过向市民社会反映公众的呼声，可以促成必要的社会变革和促进权利的扩散，也可以动员大众抵制社会的不公平现象。

（2）为重要事件和问题及公众的呼声提供媒介接近权和传播机会，这些具有社会性意义的事件往往被置于精英的议程之外，甚至与其议程相对立。

（3）消解社会秩序各领域中的权利不平等。迈克切斯尼（McChesney，1999：288）指出："除非信息传播趋向于平等，否则社会的不公平只会加剧。"

（4）增强公众对环境的保护意识并建立一个公正、人性化社会所具备的超市场价值的意识。

按照以上标准，激进民主主义者发现可以批评的东西很多。公众领域自由主义者担忧公众不信任政府，而激进的民主主义者，像赫尔曼（Herman）和乔姆斯基（Chomsky，1988）两位教授，则担心充当"哈巴狗"的媒介可能会全力以赴地为国家与企业政策的不平等"制造赞誉"。在第一章和第三章曾讨论过，新闻媒介结构与民主平等、公平的政治诉求以及公民的广泛参与之间存在着许多冲突。本书第一章对民主赤字的描述确实是受到了激进民主派的启发。

二、左派的断层线

然而，激进民主还难以形成一个统一的观点。其特点是西方左派在过去的一百年里产生的分歧越来越大。这种斗争的传统一方面让人怀疑共产党作为先锋党，强行建立一个新的无阶级社会秩序的能力。另一方面，无政府主义者对作为镇压工具的国家及其行为较为排斥。从20世纪左派的极端观点中，我们可以看出（特别是欧洲和英国）民主社会主义通过建立选举和议会制的机制，由立法和行政机构具体的执行来实现社会变革；而20世纪60年代以学生为基础的新左派，尤其是来自美国、法国的新左派得到了全世界的响应，他们的目的是参与式民主，即建立一个社团，以集体的力量对关系到自己工作或社区生活的政策制定程序产生影响。西方左派不仅在国家问题上，而且在对现代性本身等问题上都存在着相互冲突的观念——从古典马克思主义关于从资本主义的束缚中解放生产力的愿望，到新左派不切实际地摈弃消费主义、产业主义、官僚主义和崇尚功效的实用主义社会等。或许1968年法国“五月学潮”的口号正体现了它的特征：“以现实的态度，达到不可实现的目标！”“在铺路石的下面找到沙滩。”

历史悠久的激进派传统尽管决心根除压迫人类的根基，但也存在着一些盲点，20世纪末发生的两种潮流使之更为明朗化。首先，女权主义运动的各个流派（自由主义者、激进分子及主张基本教育者、心理分析者、社会主义者等）对男权主义的偏见提出了批评，如认为左派赞同大部分的社会秩序，不认同性别是不平等的轴心问题，以及理所当然地按性别进行劳动分工的“公私二分法”（public/private dichotomy）。

其次，后殖民主义理论、所谓的身份认同政治以及正义的激进斗争都在努力地展示人类中大多数非白人、非西方人的观点与知识——代表边缘化群体向西方主流的政治与文化话语（有时候）及其结构挑战。以上政纲以“为地球上人类的平等和安康”为名（Young，2003：7），对西方左派的“欧洲中心主义”及其以国家公民身份作为其政治权力基础的原则，以及将处于从属地位的本土和殖民地人们对于西方国家建设过程中的黑暗面漠不关心的态度提出了质疑。由此得出，西方民主表面看来只是一套维护富裕的、封闭式社区稳定而将世界贫穷的下层社会排斥在外的规则。

后现代主义的伪激进主义包括理性与进步等启蒙运动概念，对现代性的归总化叙述方式（totalizing meta-narratives）的排斥增添了这种空洞性。后现代主义最终否决了进步的、抵制霸权（counter-hegemonic）政治的可能性，而钟情于反霸权（anti-hegemony）的微观政治，虽然后现代主义的批评家们理直气壮地从后门走私了普泛化的标准，但这正是他们吵嚷着要驱逐出前方阵线的标准。

本书不想在此赘述或简述。关键在于，进步性的抵制霸权的行为所具有的复杂性、两难性和多样性观点对于媒介公共运动的特殊领域具有重要意义。以下部分将专门讨论其中的四个挑战：

1. **改良主义还是激进主义?**

改革的目标或工程是否根深蒂固和深入人心呢?要改革一个短期内残旧失常的媒介制度,是否像奥克兰媒体青年委员会(Oakland Youth Media Council)的迈尔吉亚,或像思瑞尔在2005年新闻自由(Free Press)大会上所提出的那样,其目标是“先摧毁然后重建”?对于公共领域的自由主义者来说,其目标是改革公共传播,使之更好地为自由民主党统治下的现有体制服务;对于其他人来说,媒介公共运动仅仅是反对社会、种族和经济不平等等大规模运动的一个部分,其目的是对财富和权力进行重新分配。

媒介规范的问题(即媒介民主化的目的是什么)是一个实证的问题:媒介的民主化是否要依靠媒介场域环境条件的变化来实现呢?答案要看媒介独立于其他社会机构的自主性到底有多大。大多数人都可能会赞同雅库波维茨(Jakubowicz,1993)的说法:传播民主必定伴随着其他民主权利和民主机构的实现而实现,而在独裁和高度商业化的社会则不可能长久存在。但对于一些社会活动家来说,媒介民主的实现必须是对物质资源和文化能力进行平均主义的再分配,而对于其他人来说,一个民主的公共领域与社会的不平等所产生的后果是绝缘的,比如限定政治竞选经费的最高上限就是其力证。

与此相关的一个问题是国家。本书第三章提到了国家的双重角色:它的政策(补贴、规章、对媒体运作的直接规定)有利于弥补民主赤字,但它也可以导致民主赤字(操纵、监视、压制不同政见等)。本书也提到,现实世界与媒介民主公共运动的体制形式之间还存在着差异,这个差异既是战略性的,也是意识形态上的。社会性的民主媒介的改革家们(如新闻与广播自由运动)强调,国家有能力推行改革来抵制企业权力和商业主义。自由主义者和无政府主义者更倾向于认为国家与生俱来就有压制性,他们同时提倡建立自主的传播空间。事实上,唐宁等人(Downing et al.,2003)认为,独立媒介中心和社会主义的无政府主义(Socialist Anarchism)政治传统之间在意识形态上有着密切的联系。美国微型广播运动参与者告诉我们,“动员群众、将人们引向街头”而非选举政治是国家实行改革的途径。同样,微型广播运动的倡导者史蒂芬·达尼弗(Stephen Dunifer)认为,改革“浪费我们的力气,还不如创造属于我们自己的模式”。

2. **民粹主义与道德领导制**

媒介民主化理论证明了与自身相矛盾的推动力。一方面,文化民粹主义以普通人的价值与权力为名攻击企业和国家精英对媒介的控制——这种状况很难从市场自由主义者所称赞的消费者的选择中分离出来;另一方面,对霸权主义的批判观念意味着民众意识被权力关系所歪曲而不再真正自主,这样的话,如果性别歧视和种族歧视深深植根于日常文化当中,直截了当地要求政客和媒体反思大众取向的民粹主义就不是一种明确的进步政治。然而,这个反抗霸权的立场也存在着风险,即精英主义和先锋主义的文化政治观。关键还是共识与战略在起作用：民主媒介应该在什么程度上积极而有意识地培养民主的主观性呢？

3. 自由与道德秩序

自启蒙运动后，人们就试图将西方政治思想描述成一个整体，或许这也是媒介民主化面临的最大的理论难题。在传播哲学家克里福德·克瑞斯琴（Clifford Christians，1995：78）看来，传播民主主义者认同启蒙时代“放任自由的人性崇拜”，依照这个观点，人类“自己制定了法律约束自己，却不再受有关诚信信条的约束”。这个理念是抵制国家和企业控制、支撑表达自由的支柱性规范之一。同时，传播民主人士希望实行这种自由能增强其他社会价值，如和平、民主以及普世的人的尊严和人格。有关对色情文学和种族主义宣传实行审查制度的讨论表明，言论自由和广泛的媒介接近权不是被用来维护人权和尊严而是攻击，问题因此就出现了。但是 C. 克瑞斯琴认为另一个问题比保护言论自由免受暴力和仇恨的破坏更加敏感和深刻，它关系到对社会承担义务的必要性和其他导向性的道德价值。正如很多与世界基督徒传播协会有联系的作家一样，克里斯琴坚持认为，一种自我满足和自我陶醉的文化“已经使公共生活成为实际上的不可能，它同时也掏空了我们的私人领域”；它最终将导致与“获得权利的市民得到真正的民主”相冲突的结果（Christians，1995：81～82）。

4. 从长远角度看，媒介民主该是什么样的

一些理论家（如 Christians，1995；White，1995）十分中肯地指出，媒介民主化最关键的就是改革文化领域，即现实生活中的精神和行为。但它同样是指改变体制内的规则和结构，那么就得挑战与政策相关的领域：建构能够消除民主赤字的政策和模式，使之在政治、经济和组织上维护高度分工的复杂社会。媒介活动家和学者将会有兴趣接触以工会自愿人士为基础的另类媒体，但波兰理论家卡偌尔·雅库波维茨（Karol Jakubowicz，1993）却严厉地警告说，这是一个 20 世纪 60 年代过时的传播民主化的范式，它的基础是一系列的谬论，其中的一个假设是广大范围的人们真正要求参与媒介的制作过程。同样，穆勒等人（Mueller et al.，2004：59，64，80）指出，媒介民主主义者们并没有对掩盖反新自由主义观点的“经济现实主义”进行抵制。固然，媒介活动家可以这样回应他们：仅仅将媒介改革提到政治议程之上就比详细地规划蓝图要高明许多。但看似合理的是，经济可靠的另类模式也许有助于媒介改革赢得政治上的支持。⑤

三、相互冲突的运动框架

上文所描述的哲学和政策上的难题对社会运动联盟与运动框架都有着深刻的含义。一方面，如果把媒介民主化改革定义为体制内的改革，将之与广义的社会秩序相分离开来，那么自由主义派的专业精英分子最有可能成为这一运动的领导者，他们将在某些问题上（如媒介暴力和高度商业化）与文化保守派结成似是而非的联盟。另一方面，如果媒介民主化运动和进步的社会变革不可分割，那么他们的先锋队很可能是新生的政治左派。

正如资源整合理论所揭示的那样，成功的社会运动应该为建构群众的支持基础而设计不可或缺的“行动方案”。一般来说，这些方案将激励共同的价值观与目标，提出存在的问题和解决问题的方法，确定应该挑战哪些对手的权力，并提出战略计划和集体行动计划（Snow & Benford，1988）。借用凯克（Keck）和希肯克（Sikkink）的观点（1998），欧·思偶西茹（Ó Siochrú，2005b：297）解释说：

建构“认知架构”是社会动员行为的基本战略。它使其他参与者能够站在自己的角度去理解问题，然后才能鼓动他人，引导集体性行动。“架构共鸣”理论是指，广电网络的解释性报道在多大程度上以及如何对公众的理解产生影响，包括他们对如何与广义的政治文化达成协调一致的理解。早期社会运动的特征是制订包括竞争方案在内的运动策略，随着时间的流逝，这些运动模式被置于竞选运动共有的“符号库”之中，将来更深刻的运动模式便出自于此。

对于媒介公共运动来说，已经证实要寻找一个既可共享又能使潜在支持者产生共鸣的框架是关键所在，但目前尚未解决。

我们对媒介社会运动参与者的采访表明至少存在着五个潜在的框架：

（1）新闻自由、言论自由框架。在美国，它指《宪法第一修正案》以及媒介所包含的社会公共责任。为此，它借用主流自由主义的价值观，将之扩展为媒介自治的概念，以此脱离政府与不负责的企业的操控。抵制审查制度（包括政府和企业）的斗争是这一框架中共同的主题。

（2）媒介与民主、媒介民主化或民主传播的框架。在更直接地追求平等和参与式民主，以建成下情上达、由集体自治的政府方面，这一模式有别于新闻自由框架。该模式针对民主赤字提出了激进的公共传播民主观，在美国媒介公共运动中占主导地位，也是本书中使用最频繁的代表性语言。

（3）传播权利框架。这个理念框架指与争取人权有关的斗争，它关注的焦点是合法性：承认和保护国际法中的“权利”，尤其是联合国《人权宣言》第十九条关于寻求、接收及介绍信息和思想的自由。如同新闻自由框架一样，该模式也暗含了自由言论这一自由权利的扩充，亦即传统意义上的、不受政府监管和处罚的自由。但本模式中的扩展指的是获得大众传播渠道的接近权，在公众领域有效传播思想的权利。有趣的是，据消息人士透露，此种模式几乎被所有国际上的媒介活动家用来讨论全球媒介管理的问题，而那些限于国内活动的人却较少使用此模式。其中一个原因可能是，传播权利的问题是由联合国教科文组织和世界信息传播新秩序所提出的，它出自国际法框架，而不是产自国内政策领域。另一个原因可能是，在美国和英国，一项关于人权的理论框架很难从自由主义的新闻自由理论中分离出来。

（4）精神或文化环境框架。这个理论框架意味着一场对抗有毒文化的斗争，具体来说包括媒介中的暴力公式、以恐吓为卖点以及消费主义。其原因是媒体受商业主义过度的驱动，对利润的追求超过了公共服务的目标。它不再重视民主参与的过程，而更偏爱由欲望引导的人性本能的文化。也就是说它追求与环境保护主义运动类似的成功。

（5）新兴的媒介公正框架。这个框架主要由美国社区和有色人种的媒介活动家发起。该运动被重新定位为，在全球化资本主义、种族主义和父权制包围下的世界中争取社会正义的一个项目；言外之意就是需要与其他社会改革运动结成联盟，甚至融为一体（Hackett & Carroll，2004：18）。该运动相对来说还比较新，它与广义的左派传统如社会主义和后殖民主义相呼应，它的前期目标就是边缘化群体的平等以及财富与权力的再分配。

理论框架的多样性并不一定对公众的动员形成障碍，不同的理论框架对鼓动不同的参与者甚至有可能还是一个优势。但如果由于缺少共同的理论模式而阻碍了联合，没有共同的利益感，或不认同共同的事业，它就会成为一块绊脚石。问题的复杂性在于，运动组织者所设定的不同的理论框架，不仅相互冲突，甚至还会相互削弱。一些受访的运动参与者指出，情况有时确实如此。

因此，“民主”传播的概念因为种种原因让许多人觉得问题多多。国际媒体行动中心（见 www. mediaactioncenter. org，accessed 18 October 2005）的阿里扎·迪奇特（Aliza Dichter）表示，在东半球和南半球的一些转型社会中，“民主”这个词的意义繁多：“坦白地说，它会是一匹资本主义、帝国主义的特洛伊木马。”独立媒体协会的约翰·安纳尔（John Anner）指出，“民主媒介”的概念太空泛并且太抽象：“在座的任何一个人都可以毫不费力地对此下个定义，宣称我们现在有一个民主的媒体，然后散会。我们需要一些更具体的东西来作为奋斗的目标。”激进传播派律师皮特·弗兰克（Peter Franck）也认为此概念所指不明确：“民主媒介”是指传媒机构内部决策制定很民主，还是指他所偏向的，媒介在民主的政治体制中所发挥的作用——即“不受商业原则支配，其结构适宜传播各类不同的社会观点”。

“信息干扰组织”（We Interrupt this Message）的基姆·笛特莱恩（Kim Deterline）认为，将以上项目定位为“民主议题”比较好，它可以让“某些掌握资源的人认识到这才是大事，因为有另一类人只对眼前问题比较重视，他们也认同民主确实很重要，但喂饱自己的孩子、邻居不会被枪杀对他来说更加重要”。参与独立媒介协会的战略进步信息网（SPIN）的霍里·明奇（Holly Minch）也认为此类问题必须得优先考虑，但却认为“媒介民主分析”的作用很大；SPIN 计划在帮助社区基层组织从事地方活动的同时，还非常具体地引导民众认识媒介结构和不同媒介结构对社区报道的影响。与少数民族一起工作的媒介策划创作室的创始人马卡尼·瑟木芭—尼克森

（Makani Themba-Nixon）组织支持“媒介公正”框架。她认为，“民主排斥正义是可以重新分配的”。她与其他有色人种的运动参与者都说过，对于美国的非白种人少数族裔来说，“民主”与征服、奴隶制和白种人多数专制的含义是分不开的。

与此同时，媒介民主框架可能占主控地位，此模式拥有坚定的拥护者。媒体联盟的安德雷·巴法（Andrea Buffa）说，在美国，媒介民主与主流的政治价值观有着广泛的联系。她的同事本·克拉克（Ben Clarke）指出，不仅仅是环境保护主义，媒介运动也要求具有参与性的民主政治，才能做到与支持者真正关心的问题联系起来。“一项没有内容的媒介民主环境运动是无法获得支持者的。”媒介民主的其他模式也受到过批评。民主传播联盟的一位女权主义政治经济学家反驳说：“文化环境的概念轻而易举地抹去了权力不平等的问题，也抹掉了文化产业所具有的塑造政策的性质。”一位媒介公共运动的参与者在媒介教育执行联盟的一次峰会上反对将环境保护主义当作一个运动框架，因为环境保护运动“似乎只是白种人的维权运动。瞧瞧是谁来对自然下定义……为什么设置环境保护议程的人是白种人？而为什么绝大部分深受恶劣环境之害的人是有色人种……这里面有体制的问题……我认为在媒介民主运动中不应该存在这种情况”。

至于传播权利运动框架，圣弗朗西斯科的学者、媒介活动家多罗西·基德（Dorothy Kidd）指出，该运动框架能够引导弱势群体认识到自己潜在的能量。但很重要的一点是，人们不要“被现有的权利模式所限制”——而应当着眼于更广阔的民主概念。本·克拉克（Ben Clarke）说：“人们不像看重自己的公民权那样重视自己的知情权。”他的意思是，人们在媒体问题上只注意到具体的和地方的事务，例如，他们只关注一个有价值的电台节目被取消了，而不会去理会那些抽象的原则问题。“传播权利”的概念在国际层面备受争议（Ó Siochrú，2005b）。右翼人士把它视为世界信息传播新秩序的一个化身，使政府对（企业主导的市场中）信息“自由流动”的控制合理化。而且，改革论者也根据法律（此模式太死抠法律条文，分散了地方运动的精力，反而会有导致国际公认的权利倒退的反效果）和指导原则（可能会激发官僚政治干涉新闻从业者的自主）提出了质疑。由于以上原因，信息社会传播权利运动的拥护者已摒弃单一的“传播的权利”，而改为较笼统的“传播权概念”。

在关于媒介运动性质的争议中，人们仍然可以找到以上模式共享的一个概念空间。当以抵制霸权的视角来重构媒介时，就出现了两个不同的维度：第一，其目标主要是为了保护民主传播的程序或贯彻实质性的道德改革，以减轻现有社会秩序带来的种种弊病；第二，其过程是否为了让个体摆脱不必要的约束或建构新的群众性联盟。

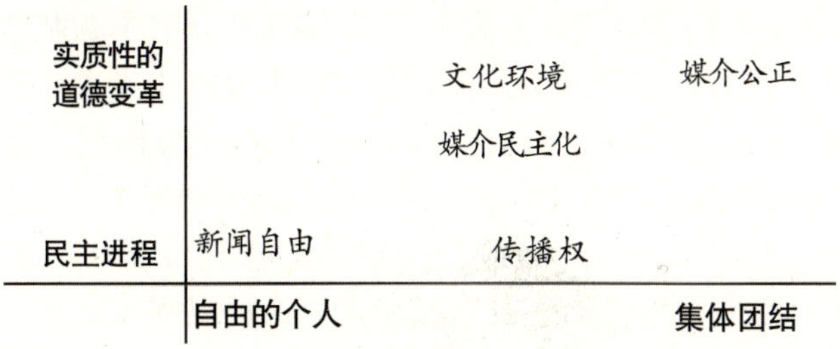

图 4－1　媒介重构的五个行动框架

图 4－1 向我们展示了以上五个运动模式在二维空间内具有启发意义的位置。言论自由以及传播权两种模式都强调以程序上的改变作为获取自主和权利的关键；但后者的发展方向是群众性运动，它设想底层群体在未来将获得参与公共讨论的权利，意指他们的从属性将减弱。相反，媒介公正和文化环境模式则共同倡导实质性的改革，以建立新的道德秩序，前者比后者更强调建立群众性联盟的必要性。媒体民主化模式与上文提到的激进民主主义的观点最为接近，从而打破了这两个维度间的某种平衡，从这个理由上来说，这一模式将成为联合媒介运动不同派别和不同支流的领导者，只要该模式一如既往地实行平等主义和参与性政治，就可维持民主。

四、人民传播宪章

多元化和争论是生命力的标志，不应该令人沮丧。不同的政治承诺并不会妨碍媒介活动家为实现某个具体的运动目标而合作，例如英国对公共广播的支持，美国对媒介所有权自由化的抵制等。媒介民主人士对大量的宣言和原则性声明也已达成了共识，其中影响最大的就是《人民传播宪章》（以下简称《宪章》），本章将进一步探讨传播民主的政治视角。

通过全世界的各种非政府组织以及民主运动人士长时间的激烈辩论和研究，《人民传播宪章》使用了人权这一最为普遍化的语言，其中的各项条款在 20 世纪 90 年代得到了逐步完善。主要发起组织包括阿姆斯特丹传播和人权中心、第三世界网络组织（马来西亚）、社区无线电广播电台世界协会（秘鲁及加拿大）、文化环境运动及其几十个附属机构。《宪章》发起者借鉴国际公认的协议以及标准，尤其是世界人权宣言（UDHR）和其他联合国授权制定的国际协议，其目的在于明确提出一整套组织架构和评估传播活动的标准（Duncan，1999：175～176）。值得注意的是，这一《宪章》最初起源于 1991 年在马来西亚召开的由社会运动人士参加的一次会议，它的主要起草者之一，荷兰传播学者瑟斯·赫姆林克（Cees Hamelink）在 2001 年接受个人专访时指出，起草《宪章》的目的之一是教育和动员人们，也希望能够借此将世界各地有具体政治目标的运动联合起来，使 20 世纪 80 年代和平与人权运动的广泛影响转移至 20 世纪 90 年代在表面上看来很抽象的传播与文化问题上来。

《宪章》的18条条款（其摘要见表4－1）可以划分为主题和指导思想不同的几个类别[⑥]。开篇的条款对古典自由主义理论（和古典自由主义者）所秉承的宗旨表示赞赏——人人享有被尊重及其他权利（第一款）和言论自由权（第二款）。《宪章》同时呼吁在传播领域加强已经被自由主义理论确立的其他权利，如对记者的法律保护（第六款）、隐私权（第十三款）以及公平审判的权利（第十五款）。C. 赫姆林克（Hamelink，1995）论证了民主传播的伦理在维护人类权利和尊严方面相对于国家和企业控制的公共传播模式而言作出了更大的贡献。

表4－1 《人民传播宪章》（摘录）

条款	正文
1. 尊重	依照基本的人权和尊严、正直、认同以及没有歧视的标准，公民有权受到尊重。
2. 自由	公民有言论的自由，公共利益或个人利益不得干涉这种自由，且……传播渠道不得受到政府或商业界的控制。
3. 使用权	为了行使自己的权利，公民应当有公平和公正地使用地方和全球资源以及常规与先进的传播渠道设施的权利……
4. 独立性	公民参与权的实现有助于且受惠于自立的传播结构的发展……它需要国际援助……
5. 素养	公民有权获得充分参与公共传播所必需的技能。这就必须具备读、写、讲的基本能力；批评的媒介意识……计算机技能；传播在社会中的角色教育。
6. 保护新闻工作者	新闻工作者必须受到法律的充分保护，包括国际人道主义法律，尤其是在那些武装冲突地区……
7. 答辩权和要求赔偿权	公民有答辩权和因……不准确或误导性以及有害的信息而要求赔偿的权利。
8. 文化认同	公民有权去保护他们的文化认同，包括对他们追求文化发展的尊敬以及用他们能理解的语言进行自由表达的权利。公民有权保护他们的文化空间和文化遗产，但这种权利不得违背其他人权和本宪章所规定的条款。
9. 语言的多样性	公民有权使用多样性的语言，包括使用他们自己的语言表达自己和获得信息的权利，有在国家办的教育机构中使用自己的语言的权利，以及公民有权去创造合适的条件以确保在那些需要的地方使用少数民族语言的权利。
10. 参与政策制定	公民有权参与关于信息供应的公共决策制定；有权参与知识的开发和使用；有权参与文化的保留、保护和开发；有权参与传播技术的选择和应用；有权参与媒介工业的机构和政策。

（续上表）

条款	正文
11. 儿童的权利	儿童有权要求大众媒介的产品设计要满足他们的要求和兴趣爱好，并且有益于他们的身体、心智发育和情感培养。他们应该免受有害的媒介产品和商业的以及……其他广告推销的侵害。
12. 网络空间	公民有普遍和公平使用网络空间的权利……进入网络空间自由而开放的社区的权利，电子表达的自由，并且……他们不得遭受电子监视……其隐私应该受到保护。
13. 隐私	媒体应该尊重公民的隐私和家庭生活，尊重他们的身体完整性和道德完整性，荣誉和名誉……然而……对隐私的保护不能妨碍言论自由和公正的实施。
14. 伤害	媒体应该拒绝煽动仇恨、偏见、暴力和战争……
15. 正义	公民有权要求媒体尊重案件审判报道中的正当程序……
16. 消费	公民有权获得有用的和真实的消费性信息，有权不受误导性的和歪曲的广告的侵害，有权不受伪装成新闻或娱乐的促销的侵害……并且有权不受浪费性的、不必要的、对人有害和对生态有害的商品和活动促销的侵害。
17. 责任心	媒体应该建立机制……以向大众解释它们对本宪章的忠诚……
18. 履行	……全国性的和国际性的机制将会被建立起来……按照这些标准来监视和评判媒体的行为……

来源：www. wacc. org. uk/wacc/our_ work/thiknking/communication_ rights/the_ people_ s_ communication_ charter，accessed 8 October 2005. 为了和《宪章》的其他版本一致，条款 8 和条款 9 互换了位置。

但是《宪章》（与由新闻与广播自由运动、媒介与民主大会和文化环境运动制定的其他宣言一样）在一些重要路线方针上脱离了古典自由主义关于言论自由以及新闻自由的观点：

第一，它避免了将言论自由与商业主义相混合，同时对商业主义持批判态度。《宪章》指出，不仅政府而且行使权力的个人同样可能审查、垄断及歪曲公共传播。第二章提到要独立于“政府或商业界的控制”。其他条款（第十一、十六款）也谈到，应该加强保护大众尤其是要保护儿童免受过度泛滥的媒介商业主义的侵害。

第二，《宪章》与古典自由主义的第二个分歧点在于《宪章》强调媒体在行使权利时所承担的责任和义务。媒体应建立包括“自律组织”在内的媒体责任机制（第十七款），人们针对媒体错误信息应享有“答辩权”（第七款）。《宪章》回避了是否有必要对色情内容以及仇恨言论进行管制的讨论；它不赞成审查制度，只是呼吁媒体应该避免“煽动仇恨、偏见、暴力或战争”和“那些歪曲现实和人们生活复杂性的刻板形象”（第十四款）。

第三，《宪章》超越“言论自由”的第三种方法，在提倡现有媒体中专业人员责任的同时，也要求公众能直接而广泛地接近和参与传播。《宪章》的导言指出，要实现言论自由，就得让“所有人都有权接近他们进行社会传播和与社会自由交流所需要的资源”。这一条款与传播领域中要求必须获得权利来使用社会和经济资源从而实现政治和法律平等的社会主义立场类似。《人民传播宪章》其实就是我们之前讨论过的传播权利模式的另一个版本。关于使用权（第三款）、素养（第五款）以及“答辩权”（第七款）等各项条款，对人们积极参与公共传播所需具备的能力进行了详细描述。这些条款不仅赋予了人们创建私人的另类媒体或市民媒体的权利，也赋予了其参与更广泛制定传播政策的权利（第十款）。简而言之，这一章程不仅告诉人们现实世界需要自治媒体，同时也向主流的制度逻辑提出了挑战。

第四，《宪章》背离并超越古典自由主义的第四个方面是，它明确表示平等这一概念所包含的内容应该比公民正式享有的类似法律及政治方面的权利（选举，公平审判）更为宽泛。这种正式的平等虽然是至关重要的原则，但往往受到表面上看似“普遍”的法律的嘲弄，如富人有能力聘请出色的律师，也有能力为竞选活动提供资金，能够游说政客，并且能以收回投资这一类的威胁手段向政府进行勒索等。这种经济和政治上的不平衡很难与民主人士所构想的“享有增强自身权利的同等环境”相一致（Hamelink，1995，31）。同样，我们所看到的言论自由这一权利中的平等与集中在少数人手里的符号生产资料相共存，也与因不能转化成商业利润而被系统地边缘化的政治文化共存。有效的言论自由的平等权利意味着对积极参与公共传播所需要的各种资源进行公正的分配（再分配）。宪章第十二条提倡对网络空间的“公平使用”和“普遍接触”就是一个很好的例证。

第五，《宪章》也认同差异化和多元性——包括语言的多样性（第九款）以及“为各种审美观与兴趣所制造的文化产品”（第三款）。乍看之下，《宪章》对差异化的承诺好像与市场自由主义者所谈论的消费者的选择以及“观念市场”有共同之处，但市场自由主义者的承诺更多的是针对个人选择，并经由消费者的购买行为和“市场”的契约关系得以表达，而不是针对《宪章》中提到的多样性。在他们看来，相对于政府的审查制度，言论自由更能得到宪法直接的保障，而差异化却不能。市场自由主义者认为，市场确保了一定水平的差异化，但如果不能代表每一个重要的观点，政府就几乎不能采取任何措施来保持市场的多样性；对市场采取任何形式的国家干预，都有可能损害而不是促进言论自由（Hackett et al.，2000：70）。与之相反，《宪章》排斥这种自由市场的原教旨主义，要求政府应该采取积极负责的态度来保护语言以及文化的多样性。固然，《宪章》认识到，国家活动使多样性受到压制；事实上，宪章的其中一个主要联盟就曾对海牙的非官方法庭关于五起国家剥夺少数民族使用本民族语言进行传播的权利进行了公开干预（*Media Development*，1999）。同时，进步的媒介民主主义者也可以寄希望于报刊补贴、公共服务性广播、少数民族语言教育和其他国家政策，尤其是在西欧和斯堪的那维亚成功地推行了媒介和文化多元化，废除了国家审查制度。

第六，虽然《宪章》中许多条款提到由公众和政府来推动进步的社会变革，但是他们的努力往往被社区和社团行为以及维护当今社会秩序中的人性元素和维护教养的行为所抵消了。本书在第一章认定，社区所受到的威胁是构成媒介民主赤字的一部分。社区的价值在《宪章》的几个条款中得到了体现，如保护儿童免受不良媒介产品和商业侵蚀之害（第十一、十六款），媒体应避免激起仇恨和侵犯人格尊严及人格的完整性（第十四款），保护文化认同（第八款）。

上文中提到了 C. 克瑞斯琴对于自由和解放将导致自恋产生的忧虑。尽管后现代主义者宣称摒弃普世的道德价值观不可信，但启蒙政治思想的神圣三要素——自由、平等、博爱（用性别色彩弱一点的说法是共同体）仍然是西方媒介规范理论的基础。因此，对媒介的期望不仅包括自由和公正，还包括其对公共秩序、社会团结和社会认同所作出的贡献（McQuail，1992：237～273）。以上概念当然可以用来粉饰专制主义者的镇压，以证明其合理性；但它们也有积极的、合理和必要的一面——形成并维持个人认同、保证组织凝聚力和价值观的代代传承以及保护自己的生活习俗免受全球同化的影响，等等。民主政府就是以这些价值观的名义对市场力量和个人行为给予一定的限制——加拿大和欧洲的法律就是通过禁止拥有儿童色情书刊，对广播节目内容进行配额限制以保证本国产品拥有足够的市场空间的。

最后，请注意《宪章》很明显地使用了普世主义的反后现代主义话语。赫姆林克（Hamelink，1995：28）认为，保护人权是指导媒介民主化“普遍而有效的准则”。《宪章》关于文化认同的条款对道德相对论采取了轻微的妥协（第八款），但此款的附带条件，即这种保护“不能违背其他人权……”而使其立即具备了合理性。至少在原则上，媒介民主活动家似乎不仅仅想批判和挑战媒介霸权，而且想重构公共传播（以及很多潜在的东西），使其建立在为他们所广泛认同的、认为普遍适用的（虽然有战略上和利益上的差异）、能够将自己的群体与对手相区分的价值观上。这是我们认为进步的媒介民主化是“具有潜能的、可持续性社会运动”的有力理由。

五、媒介民主公共运动之定位

社会团体和社区、平等主义的社会变革以及独立于国家或企业权力的个人自由在不同程度上是进步媒介公共运动的核心价值。它们之间可能有矛盾，但目前霸权主义的右翼价值观矛盾更多，正是他们的观念将社会保守派和市场自由主义者、自由论者和神权统治者引入了同一个政治阵营。

媒介民主化运动与上文讨论过的市场自由主义、公共领域和关于媒介与民主的激进民主观在哪些方面是契合的呢?

传播民主人士在使用人权的话语以及其他被广泛合法化的概念如公平、平衡和多样化时，将自己也置于了自由主义的意识形态霸权传统之中，以避免被边缘化，否则就会迎合无政府主义、马克思主义或其他革命性的话语。在过去的二十年里，随着共产主义的崩溃和市场自由主义的强盛，大部分西方左派抛弃了社会主义和马克思主义，不再把它们当作挑战资本主义霸权的工具，而（不均衡地）开始捍卫现存的民主免受资本的蚕食。各类媒介改革座谈会和会议宣言以及我们的访问对象都对公共领域自由主义理论持赞同态度——如政府责任、信息接近权、民生节目、掌握充分信息并且有参与积极性的公民、拥有公共服务精神的广电和其他媒体、排斥分众化和信息娱乐化等。

与此同时，媒介民主化运动常常推动自由民主派实现自己的主张，有时引导他们进入更高的目标，使之不仅仅局限在思想层面，而是进入斗争的逻辑层面。在媒介和其他领域，提倡大众自治式政府就意味着对资本的挑战——正是这种挑战使民主运动变得激进。激进的民主主义与自由主义的许多理论包括公共领域理论都是一致的，但是在关于权力、唯理性及舆论潜力（舆论是其基础）等方面的设想，它们在行动和宣言上都与自由主义存在着冲突。激进媒介民主主义者强调公众直接而广泛地参与媒介产品的生产过程，支持媒介（不是从属于媒介）组织进步的社会运动，充当社会正义和民主复兴的使者，尤其要在媒介领域之外为实现传播的民主化而营造平等的社会、文化和经济环境。

民主媒介公共运动和保守主义（包括自由市场主义）之间的关系就更复杂一些。大部分新自由主义和社会保守右翼是不断动员起来的“其他力量”。需要特别指出的是，市场自由主义是向公共广播发起进攻，并极力使集团化媒介巨头摆脱公共利益规范控制的意识形态武器，正是它造成了民主的缺失，而正是民主的缺失催生了媒介公共运动。

然而，保守派阵营并不是一群一成不变的、被动的民众，在一些传播事务上，民主媒介改革者和不同派别的保守派虽然不从事同一个事业，但他们有共同的利益。社会保守派也反对媒介商业主义的泛滥和因（随之而来的）媒介的过度炒作造成的知识和道德空白，用保守派媒介活动家布伦特·博泽尔（Brent Bozell）的话来说，就是“未经处理的污物、极端暴力、详尽的性描写、日日夜夜响彻客厅的肮脏语言”（McChesney，2004：280）。自由主义者针对政府捍卫公民自由和个人自由，往往反对官方的审查。保守派和激进派中的许多人对“清晰频道”（Clear Channel）之类的集团企业使广播电视频道趋于同质化而失去了地方媒介的所有权和地方性节目感到愤恨。虽然人民不愿意看到政府采取反垄断行动，但即使是市场自由主义者也是支持媒介产业内存在竞争的。诸多因素推动了数以千计的美国保守派人士加入了反对联邦通讯委员会在2003年改变媒介所有权规则的民粹主义运动（McChesney，2004：280~281）。

同时，左派与右派的媒介政策之间有一种区别，不能被忽略。正如“新闻自由协会”的两位创始人指出的那样：“最终，保守主义的批评家因为受制于他们对企业和商业规则的忠诚，而没有能力为自己提出的问题提供真正的解释和解决办法”(Nichols & McChesney，2000：109～110)。在会议和采访中，我们听到了对某些政策原则的广泛支持——给公共广播和独立的社区媒体增加补贴并扩大其自主权，对大型媒介集团提高征税，增加公共利益规则的约束，按照“共同承运商”、“开放式结构”的原则来发展新的传播科技（尤其是宽带和广播、电缆和网络的合并），反对政府专制和审查制度，也反对企业对知识的封锁，这些对多数市场自由主义者和很多社会保守派来说将会是一个灾祸。

我们也许会看到，媒介民主化不仅是一个协调一致的运动，而且还预示了公共传播的一种新范式。它努力要改革媒介信息、业务、机制和环境，包括国家传播政策，以增强（不是限制）民众参与度和平等性（而非等级制和排他性），创建一种能够培养个体自主能力和“发展能力”的社会秩序（Macpherson，1977）。对雅库波维茨(Jakubowicz，1993：41）来说，民主公共传播的核心原则就是社会各部门都可以“将思想、符号、信息和文化元素引进社会循环中”，以使它们能够渗透到其他社会部门中。社会学理论家罗伯特·怀特（Robert White）同样将公共传播的制度机构解释为使所有的个人都有能力积极参与公共文化事实的建构。

以上指导思想意味着媒介被民主化与媒介促进民主化运动的相互重叠——通过媒介来扩大人民对不同声音的接触范围，创建平等的公共领域，维护有利于民主的价值观和运动，以补偿甚至消除其他领域中存在的政治和经济的不平等现象（Hackett，2000：65)。社会运动，尤其是亚文化社区的斗争应该说是媒介民主化运动的支柱力量。本书对媒介民主公共运动进行了理论上的探讨，之后的两章将从历史的角度论述此类运动，并将讨论英美两国两个最重要的媒介民主组织的发展。

注　释

①比较显著的是，后结构主义和后现代主义的“法国意识形态”坚持认为权力是分散且无所不在的，而否认对社会总体的分析和争论暗含着极权主义的观点（如资本主义），它们对为了从根本上转变社会秩序而进行大规模联合的可能性及人们的愿望表示怀疑（Sanbonmatsu，2004：122）。比较明显的是，在美国，右翼分子通过平民主义巧言令色地将矛头直指半虚构性的精英，如左派自由主义的媒体或政治上一贯正确的学术机构，来掩盖他们反对平等主义的政治议程，特别是财富的重新分配倾向从穷人流向富人。

②衷心感谢“开放大学”（Open University）出版社/麦格罗—希尔教育公司（McGraw-Hill Education）以及罗曼和李特费尔德（Rowman & Littlefield）出版社，这一部分中的绝大多数内容来自海科特（Hackett，2005）以及赵和海科特（2005）的著作。

③保守主义者可能支持政府强权（如法律和秩序，军事防御），但是当以上价值观与私有财产发生本质上的冲突时，他们通常是反对利用政府权力去推行社会平等和集体福利的。

④实际上，保守主义者对政府这种影响的愤怒似乎是有政治选择的，比如，他们在政府为难美国和加拿大左翼的另类媒体时保持沉默，甚至会成为其积极的同谋（Zhao & Hackett，1998：79）。市场自由主义者将矛头

直指像 CBC、BBC 这种靠收取执照费或税收来维持的公共服务广播机构。为什么？市场自由的教条认为，这些广播机构“扭曲”了市场成果，给私有广播商造成不公平的竞争，同时它们很容易受到来自资助它们的政府的压力（即使在历史上 BBC 已经在全球树立了独立的名声）。市场自由主义者认为商业的私营媒体更民主，由它们所声称的公众喜好所引导。这也就是我们在第二章以及其他章节所批判的“消费者主权”的论断。

⑤詹姆斯·凯然（2002：240）提出了一个结构多元化系统，他假设任意单一类型的媒体都不可能实现民主的所有目标，这种实用型模型虽是互联网发展前提出的，但仍应予以肯定。位于该模型核心的是一个经过改革的公共广播机构，由它充当以媒体为中介的公共领域，它的周围是社会市场、公民（利益团体）、职业记者和私营企业媒体——每个部分都发挥着不同的作用，抵消相互之间在结构上的偏差。这样的民主替代物几乎必定要涉及对企业政治权力和“自由市场”政策的挑战，这样一来，以商业化的目的使用诸如广播频率等类似公共资源的人将承担新的税收或费用，反过来却要补贴公共服务型的传播模式。

⑥这里分析的宪章文本来自于 WACC 的网站；另一个版本可在的书里找到（Duncan，1999：177）。

第五章

革命尚未成功，媒介仍须结盟

Remaking Media

北大西洋的媒介公共运动与之前的斗争相比较，在意识形态和社会支持方面有什么不同？媒介公共运动在什么样的历史条件下兴起并赢得胜利？它与社会运动的发展轨迹有何关联？不同历史时期的传播民主"浪潮"是民主潮流的一个部分，还是单打独斗的别动队？

这些问题没有完全正确的答案，但人们可以从长期的历史回顾中，尤其是从过去四十年媒介公共运动的几次浪潮中有选择性地吸取教训。本章和下一章将分别概述英国和美国两个历史最悠久的、推动了媒介民主发展的组织及其发展轨迹。

一、革命漫长，仍未完成

英国传播史学家雷蒙德·威廉姆斯（Raymond Williams）将工业化带来的矛盾性文化后果以及阅读人群的增长描述为一场"漫长的革命"（Macey，2000：399；Williams，1961）。政治和文化的民主化也被描述为一项"未完成的革命"（Tehranian & Tehranian，1995：38～39）。

德黑兰将民主化看做是对自上而下的现代化进程所作出的一系列自下而上的反应，其定义是"通过成功运用科学技术知识从而加速改革的一个累积过程"（1995：46）。纵观土地革命以来的一万年，作者详细介绍了一系列加速改革的浪潮或"海啸"，每一次浪潮都与相互作用的领地划分、经济和政治系统、科技、意识形态、传播机构以及上层精英相联系。民主化的道路曲折而坎坷，它包括以下阶段：普救说及平等主义倾向的自由、平等、结社观念的传播；文艺复兴后的个人主义和世俗化的传播；18世纪末，英、美、法的自由民主革命；19世纪在资本主义帝国腹地兴起的反对资本主义的革命工人阶级抵抗运动；1945年之后第三世界的独立运动；当代的后冷战时期，复活了的特殊种族、部落忠诚论、特殊宗教信仰向"现存的国家制度权威"发起的挑战（1995：62）。

在现代化和民主化进程的每个阶段，科技、上层精英和传播机构在将其发展空间从城市式的国家扩展延续至工业帝国直至整个星球的过程中，扮演了巩固或挑战现有权力的"枢纽"式角色（1975：48）。古希腊的集会、古藤堡的圣经、托马斯·潘恩（Thomas Paine）等革命自由主义者出版的印刷册子、在美国共和国早期邮局资助发行的报纸（McChesney，2004：33～34）以及推动了欧亚挑战帝国体制运动的电气化（电报、电话）和信息大众化等事件证明，借助媒介进行的民主化进程有着悠久的历史渊源，它对西方自由民主主义而言是不可或缺的。

媒介自身的民主化情况又如何呢？我们不应该对传播领域的自治和权力寄予过高期望，但是一种传播技术（及与它相关的精英）转换为另一种传播技术（或精英），必将拓宽社会群体的对话空间——打破先前精英分子们形成的"知识垄断"（Innis，1951：3～32），这种转变为其他社会和政治势力重构传播领域的方式创造了潜在的机会。因特网的出现就为动摇先前建立的科技和政权制度提供了这样一个契机

(Mueller et al. , 2004)。现存媒介或政治体系中其他形式的危机也许同样会增加人们对已存政策的普遍质疑（McChesney，2004：24）。在这种潜在的民主化时刻，公众参与媒介问题讨论的热情可能更高。

然而历史也同样教会我们耐心。柏林墙的倒塌和全球传媒巨头的垮台都不是在一天内发生的。契机并非时时刻刻都存在，但那些看似处于边缘的社会化运动却可以促进“地下”文化的转变，尽管其成果可能要经过几代人之后才会显现。如19世纪的社会主义报刊为20世纪的劳工权利和社会保障制度铺平了道路（Downing et al. , 2001：148～149）。此外，历史变革的步伐——“海啸”的频率——正极速加快。在某些人看来，尽管我们处于这样一个看似不可抗拒的全球泛资本主义时代，但上述变化却不仅给予传播民主化以希望，而且反企业霸权的挑战之成功可能会比预期来得更早。再者，如果媒介民主化高潮的政治机遇处于被中断的关键时刻，那它正好解释了为何目前媒介公共运动中缺乏大众的参与。历史学家的记录给我们带来了乐观的希望，而非悲观绝望。他们反复提出，人类的勇气和毅力需要接受、分享各种思想，并参与集体对话——从16世纪欧洲印刷和销售“异端”书籍面临专制者“严厉或极端”惩罚的人们（Downing et al. , 2001：145）到20世纪苏联的地下刊物出版者，无不如此。

或许历史上关于对抗性和改革性传播最重要的经验就在于它和社会运动在结构上的联系，与大背景中的“抗议高潮”，甚至与贯穿整个现代时期的政治革命实行历史性的结合（Tarrow，1989）。我们可以让另类媒介充当公共领域的从属传播工具，它存在着向霸权挑战的潜力。另类媒介一旦“点燃”社会运动或被社会运动“点燃”，都将成为政治上最强劲的力量。我们可以举出数以百计的事例，以凸显另类媒介在对抗苏联集团坚固的独裁统治中所扮演的角色。例如，20世纪70年代末，波兰的地下出版物帮助持不同政见的知识分子与产业工人建立起了联盟，推动了独立工会的成长，该工会是1989年苏式共产主义瓦解前东欧最大型的群众反抗运动（Downing，et al. , 2001：368～383）。

当典型的人物事件、行动和抗议在公众传播中成为特别显著的事件时（通常会被主流或官方媒介所压制），新闻记者、公共运动活动家与理论家迈克尔·查伯（Michael Traber，1993）认为，这时需要将参与性传播的需求和传播权利的扩大与政治革命联系起来进行研究。查伯指出了新时期有过三次这样的改革浪潮。18世纪法国和美国的中产阶级革命确立了对抗专制政府的民主权利。20世纪初墨西哥和俄罗斯的社会剧变催生了第二代人权，其间，国家在原则上扮演了提高人民福利的正面角色。虽然这些革命在实际中促成了长久的一党统治，其中以俄罗斯的一党统治尤为残忍，但是墨西哥1917年却实行了创新，将“知情权”写入了宪法，它象征着新理念的诞生：国家是一种资源；不再仅仅是传播权的控制体，人们需要克服经济问题，也需打破政府对言论自由的限制；集体传播权的概念意味着，不仅个人而且普通的社会组织也拥有公共传播的权利。查伯所指出的第三次人权浪潮源自于第三世界战后的反殖民主义斗争，它宣布人民拥有政治自决权、各种族和各文化平等、各国在国际舞台的地位平等以及将人类的共同利益置于国家和个人利益之上的这样一个最终任务。（Traber，1993：25）

传播权的三个方面（个人言论、传播渠道的使用权以及维护全球社会正义的责任）给当代媒介公共运动留下了丰富的遗产，这在第四章中有所提及。

这些历史事实暗示了传播民主化与宏观政治斗争的相互依赖性，同时也表明民主化的本质意义和亟待解决的问题是随历史文化背景的变化而变化的。例如，在封建时期的欧洲社会和苏联引入市场关系势必打破地主式精英分子和政府官僚机构对经济的垄断，从而以新的方式赋予消费者以权力，并为人们更多地参与政治提供物质基础。但是，在当代资本主义的全球秩序下，市场关系在社会生活新领域的不断深化将进一步加深不平等的现象，并且将削弱文化的多样性和本土性。

相反，压制性的内容同样也取决于具体状况。在现代，被看做是退步的文化形态的性别平等标准曾经却是颠覆社会的发动机。激进媒介就曾经作为低层次公共领域的具体表现形式叱咤风云，唐宁等（Downing，2001：146）举例说，法国革命前曾有人用色情作品讽刺权贵阶级就是这样一个例子。同样，历史的发展对政治化的宗教偏见也发起了挑战，证明了它的同性恋恶习、盲目的国家主义、宗法制、原教旨主义、分裂制、排他性及压迫欲。这种反动的倾向可能会猖獗一时，但由大众作为载体的宗教有时会转化为进步性的抗议媒质，成为扩大政治和传播权的一股社会力量——从16世纪20年代，马丁·路德（Martin Luther）利用印刷品攻击天主教的等级制度到20世纪60年代，马丁·路德·金（Martin Luther King Jr.）发表的振奋人心的电视演讲“我有一个梦想”都证明了这点。

二、当代媒介公共运动①

显然，传播民主化呈现出多种形式和历史形态，它是如此多变而又与全球的宏观政治形式紧密相连，它根本就无法构成 P. 布尔迪厄将新闻业和媒介说成的那种连贯性的场域。尽管如此，场域的概念还是有助于我们简要地回顾过去四十年中全球范围内媒介民主化的主要浪潮（如表 5-1 所示），从而更准确地界定北美最近发生的民主媒介公共运动。

表 5－1　媒介民主化浪潮（1965—2005）

浪潮	社会和政治推动力	目标和反对物	对媒介民主化的贡献
“60 年代”（1960－1970 年）	新左派、反文化、国家解放、新社会运动	“现存体制”、战争、种族主义、社会臣服	对媒体内容的反思、批评增多；独立媒体增加
新世界信息与传播秩序运动（20 世纪 70 年代）	第三世界国家间进行的后殖民时代的斗争和运动；另类阶层和（或）基层的传播形式的发展	南北媒体的分歧以及在内容和信息流量上的不平衡；帝国主义对信息主权的威胁；信息的商品化	尽管没有取得制度上的成功，但为后殖民时代背景下争取文化主权以及呼吁现实社会中人人参与传播创立了里程碑
新自由主义运动的反响：右翼媒介公共运动（从 20 世纪 80 年代开始）	新右派地位的稳固：新自由主义智库和右翼媒体监控增长	左翼自由主义媒介的偏见和政府对媒介的规范与管制	政策上取得了重大的胜利，通过消除政府对媒体的规范以及公共传播的自由化导致民主赤字的扩大
后共产主义时代的媒介改革（从 20 世纪 90 年代开始）	通过由底层精英发起的改革和外在压力来实现民主化，从而达到从苏联模式到自由政体的转变	国家专制主义以及公共传播缺少以权利为基础的法制构架	目前尚不明朗：公民社会和公共领域可能恢复
媒介民主公共运动走向成熟（从 20 世纪 90 年代开始）	媒体技术的数字化和集中激发了新自由主义全球化和来自社会底层的全球化；媒体合并和商品化程度的升级；跨国的进步网络的出现和呼吁政策改革的数字媒体的出现	媒体的民主赤字在各个方面的表现；新自由主义政权对全球媒体的管理	独立媒体、互联网公共运动、媒介教育和文化干扰等现象的繁盛；国际上，尤其是美国，出现了媒体改革运动

1. 60 年代

被形象地称为“60 年代”的社会动乱引发一波又一波的民主化浪潮，通过媒介或媒介的民主化席卷了全球资本主义的腹地——西欧和北美。这个时期，对主流媒介的狭隘话语发起挑战的“有机体”产生于年青一代的“反文化”思潮和新式社会运动。第三世界的社会主义和民族主义革命影响了北大西洋的政治气候，使左派感觉到历史站在了自己这边。20 世纪 60 年代，种族隔离和越南战争引发了群众的抗议活动，而 1973 年相对温和的“水门事件”则为政治改革打开了一扇窗户。

社会运动积聚的能量至少在两个方面影响了媒介。首先是另类媒介，特别是地下出版物如雨后春笋般地冒出来，表达了年青一代中产阶级在政治和文化上的疏远。其次，制度性的媒介改革运动伴随民权时代的其他社会运动出现了：少数民族、妇女、儿童权益维护组织、老兵、工会工人、教育倡导组织以及同性恋者，他们或联合起来或各自为营，都将媒介当作是争取平等的阵地和途径（Aufderheide，1999：18 ~ 19）。

在民权运动内部，“联合基督教会”反对种族主义者控制的广播登记制的斗争，为 1966 年的对抗美国通信委员会的公共利益团体争取合法地位充当了先锋。在华盛顿，公共利益团体在 20 世纪 70 年代提出了消费品价格和质量问题，扩大了媒介表达权的范围，鼓励了消费者接近媒介并开发利用新的技术方法（Aufderheide，1999：19）。

这次媒介民主化浪潮所取得的成就并不突出。自由主义媒介改革者将公民权利与相关社会运动所取得的成就进一步扩大，使其文化与社会道德观以制度的形式得以固定（Mueller et al.，2004：47，64）。美国电视广播公司在节目制作方面作了适度的让步，但他们还是将运动组织的压力转化为一种自我保护式的反馈（Montgomery，1989：217）。媒介改革者超越内容问题，转而将改革目标指向媒介经济和管理构架上的改革，但是其成功度极为有限。而里根时期保守主义的霸权和 60 年代运动的衰退则使得以华盛顿为根据地的改革者失去了在体制内的杠杆作用。

媒介公共运动中其他的激进阶层和草根阶层进行的运动，通常对解放被政府控制的媒介（Halleck，2002）以及对活动家控制主流媒介的能力都表现出了麦克卢汉式的过度自信。媒介对黑人民权、无政府主义的嬉皮士一代以及绿色和平组织的环保主义者（Dale，1996）的关注，最初都证明了这种乐观的情绪。只要回顾一下过去，我们就可看到以反战学生为基础的美国新左派对企业性质媒介的依赖所具有的毁灭性力量。

与美国比较而言，在加拿大魁北克及英国和其他西欧国家，新式社会运动受社会主义理想的鼓舞，也受经济困境之催化，与汹涌的工人阶级强硬派联手出击。在意大利，复活的左翼创办了日报和广播电台；在葡萄牙，激进媒介协助发动了 1974—1975 年的反法西斯革命（Downing er al.，2001）；工党激进主义和青年新运动，就如 1968 年 5 月在法国发生的剧变和魁北克的独立运动那样，时不时地聚合在一起，但是他们所持的唯物主义和后唯物主义的价值观——虽然被新社会运动理论家所夸大，却使他们之间产生了政治分歧。本书第六章已提到，英国的工会和社会主义强硬派着重从四个方面对媒介进行激进媒介民主的结构性改革，造就了英国媒介公共运动的独特形式。

2. 世界信息传播新秩序

世界信息传播新秩序运动在20世纪七八十年代兴起，如查伯所描述的，它是第三世界在后殖民时代为争取独立和发展而进行的第三次革命的一个组成部分。第三世界国家政府通过联合国要求确立一个在国际贸易中拥有更多优惠条款的世界经济新秩序，这也促进了20世纪70年代中期世界信息传播新秩序的产生。1980年的麦克布莱德（MacBride）报告可谓是其巅峰记录，在报告中（参见国家委员会传播问题研究，1980年），卡洛斯·威利（Carlos Valle，1995，205～210）对五个全球问题作了相应讨论：信息过度商品化；南北之间在媒介分布和控制以及传播技术上存在的鸿沟；南北之间信息和媒介内容流向的不平衡；新的对外干涉形式（如跨国企业控制过量数据）对许多国家的信息主权构成的威胁；作为国民教育、言论表达和宣传工具的基层媒介及另类传播形式的发展等。因此，世界信息传播新秩序表现了民主化进程中潜在的两方面矛盾：一是后殖民时代的文化主权和传播主权（这是有关"体制"或以政府为中心的概念，但又是国家真正民主政治的先决条件）；二是在现实世界中，公民的参与式传播使公民获得权利，此措施更类似于激进民主主义（Zhao & Hackett，2005：13）。

世界信息传播新秩序的推动力同样可以分为两部分。官方所进行的世界信息新秩序的争论是建立在国家与跨国机构的层面上，在强硬的美国里根政府和英国撒切尔政府以及它们的企业媒介联盟击败世界信息新秩序运动中，正是跨国机构起了决定性的作用。但世界信息传播新秩序同时也无可争议地被认为是一场人民运动，除了政府决策者以外，它还涉及广大的草根阶层以及传播形式，从拉美工人的广播到印第安人的流行剧场都包含其中（White，1988）。

3. 右派的反击

20世纪80年代，在各种文化与政治侮辱的刺激下——包括激进改革者、叛逆的青年一代、战胜的越南人等，美国右派发动了一场反击战。本书第四章已经提到了他们在意识形态上的分歧。这场反击战制订了一个霸权性的计划，它汇集了文化、宗教、经济（市场自由主义）和民族主义保守派（美国第一）等观念，向媒介中明显的"左派自由主义偏见"表示了敌意，并发起运动抵制"下流"的摇滚歌词和黄金时段电视上播出的性节目与暴力节目，同时也反对新闻中的反企业偏见。右派利用媒介监控运动组织制定了更多对抗性的策略，如联合抵制广告客户（Mueller et al.，2004：55），还斥巨资建设自己的宣传设施，特别是政策研究所和广播电视台。保守派在政策领域取得了重大胜利，市场自由主义知识分子和一些学术机构联合产业利益相关者，为电信、广播和有线电视解除管制和自由化提供了蓝图和模式（Mueller et al.，2004：56～62）。

从公共领域自由主义观到激进的民主观，右派的典型手法就是增加民主赤字；而

"左"倾媒介则利用如"公正与准确报道组织"这样的"左"倾媒介监督者与右翼同行相抗衡。然而本书第四章已提到，右派和左派或许有时也会在媒介领域中，如从伪劣商品到根深蒂固的垄断事业中发现共同的敌人。

4. 后共产主义的媒介改革

1989 年苏联解体引发了另一股媒介民主化浪潮，在由独裁向更规范的民主模式过渡的转型社会里，伴随着政治、法律自由化进行了媒介改革（Price et al.，2002）。这股融合民主化的浪潮或来自底层（如波兰独立工会的平民运动、新闻记者和其他文化生产者对言论自由的渴望），或来自上流阶层［前政权中的自由基础，最著名的当数米哈尔·戈尔巴乔夫（Mikhail Gorbachev）］，或来自外部（西方的非政府组织、专家和媒介组织）。这场改革是否有效，是否是激活市民社会的一块跳板，是否是汇成全球化、去政治化的消费者文化，都还是个备受争议的问题。这场改革从激进民主主义的大众主权和参与理论来看，或许与民主化没什么关系，而更多涉及的是自由化、规范媒介法以及政府压制下的个人（及企业）权利和言论表达权的问题。这些项目甚至是得不到保障的，比如俄罗斯弗拉迪米尔·普京（Vladimir Putin）政府正在倒退，而中国则找到了温和的媒介自由化与一党制下的商业化相结合的道路——市场专制主义（Zhao，2005）。其中充满了细微的差别，概括起来很不容易。即使西方致力于推动转型社会的改革，如美国式的商业模式（市场自由）和欧洲式的公共领域广播模式也还是存在着竞争（Zhao & Hackett，2005：16）。

5. 网络时代的媒介民主运动

然而，本书主要关注 20 世纪 90 年代以来不断高涨的第五次媒介公共运动浪潮。第一章已简要论述过，第五次浪潮部分起源于上文中提到的第一次浪潮——20 世纪 60 年代的工党和新社会运动，但过去十年的新形势也促进了它的发展。

第一，媒介技术的数字化和媒介集中化加速了全球化进程，为通过媒介实现民主化提供了很多新机遇（如为主义等社会运动提供跨国传播渠道，见第三章），同时也为媒介自身的民主化提供了新的动力，比如计算机和因特网可以将新的政策问题呈现在公众眼前。在美国，对数字媒介管理问题表示担忧的社会倡导组织是在 20 世纪 80 年代开始形成并迅速蔓延至全国的，它们积极介入以数字加密（隐私保护与政府监督）、因特网审查制和内容制约以及以知识产权为核心而进行的斗争之中——如商标和因特网域名、受版权保护娱乐内容的网上分享问题、软件专利和"资源公开原则"（Mueller et al.，2004：74）等。此类公共运动可以说是体现了一个新的技术认知社区，它们吸收了与早前自由主义媒介改革者设想的管制原理相悖的自由主义伦理规范（Mueller et al.，2004：64）。但更重要的是，在美国传播政策制定方面，它有助于倡导公共利益的行动计划多样化。这些倡导者对媒介内容的问题提出了批评，并使它成为 20 世纪七八十年代压倒性的主题。但是现在，它们越来越关注个人的传播权利（隐私权、公平使用权等），并尝试着对媒介政治经济学（市场管理、媒介集中、津贴）（Mueller et al.，2004：11，28）产生影响。

第二，迈克布莱德（MacBride）的某些精神卷土重来。历史上，第一世界和第三世界彼此融合，最具戏剧性的问题是掩盖了奴隶在西方发展中发挥了作用的历史事实。然而，也有一些例外（Halleck，2002：73），20 世纪 80 年代世界信息传播新秩序运动提倡进行一场全球传播体制的改革，但在北方鲜有拥护者，而且当 1996 年美国文化环境运动作为全国性联盟而成立之时，南北运动间不对称的文化分歧还非常明显（Tomaselli，1999）。同时，全球媒介管理层新发起的新自由主义思想越来越根深蒂固。世界贸易组织和北美自由贸易区等超国家性质的机构在各国政府的政策框架中扮演着重要角色。而且，为了实现跨国企业的利益，公共服务和公共使用权不得不让步于市场逻辑和跨国公司（Zhao & Hackett，2005：8）。但近几年来已有迹象表明，社会将会对该体制发起挑战。跨国网络组织和市民社会及地方媒介公共运动的非政府组织，如世界社区广播协会，进步传播协会（APC），现已不存在的媒介民主国际同盟会，世界基督教传播协会和信息社会传播权运动（CRIS）等，都在努力推动市民参与国际传播准则的制定程序以及加入政策制定机构之中（Ó siochrú，2005b：292）。

第三，从 20 世纪 90 年代以来，国内网络积极建立广泛的进步联盟以及专门关注媒介改革的组织［如自由新闻组织（Free Press）］已经与跨国网络并驾齐驱。传播运动组织的议程设置从 60 年代运动开始之时就已大量扩展，我们所采访的很多活动家都证实，对符号的社会生产方式及其内容进行控制的问题——即公共传播渠道——仍然是激发人们参与媒介政治的核心要素。尽管全球媒介管理已取得重要地位，但美国和英国的地方社区和国家政府仍然是构成媒介公共运动的主要场所。

媒介改革联盟的形成、其议程的逐步扩大、越来越多的跨国联系都显示着媒介民主化的范围已经拓宽并发展成为一个成熟、稳定的群众性事业。本章接下来的部分将探讨美国关键性的民主化运动组织及其发展轨迹。

三、媒介联盟②

受人尊敬的进步期刊《国家》2002 年 1 月 7 日关于媒介改革的封面故事，认定位于对弗朗西斯科市（现在是奥克兰）的“媒介联盟”是美国几个建构媒介民主的“关键组织”之一（McChesney & Nichols，2002b）。这个非营利性媒介宣传组织萌芽于美国政治实行自由主义改革高潮的背景之下以及水门事件之后新生的新闻工作者中。越战时期的骚乱随着美国军队的撤退而平息，但是那场运动仍然冲击着国家机器的正常运转。立法者和法院推进了环保、生育权和妇女平等及其他问题的实施。约 50 名新闻工作者由于对主流媒介的保守倾向感到困惑，在自由主义时代精神的鼓励下，于 1975—1976 年开始聚会讨论媒介和政治问题（Wolschon，1996）。拉里·本斯基（Larry Bensky）形容说，与他同期的创办者都是新闻工作者，也有自由作家和许多受雇于企业和另类媒介的人们，他们对海湾事件的新闻报道不满（如同越南战争和反战运动的报道一样），从而期待有所改变。经过数月的争论，媒介联盟通过了一份训令——将“以所有必要的方式，支持媒体工作者对人类、宪政、职业权利和义务等方面事务进行批评的行为”（Wolschon，1996）。

同近期的历史相比，媒介联盟最初以内部成员组织开始，还属于边缘化的角色，其成员参与新闻制作，但都不是高层人物。他们对媒介企业的表现给予批评，这是联盟当时的主要活动内容——但内部改革只有可能性。如果不是《华盛顿邮报》的著名调查记者鲍勃·伍德沃得和卡尔·伯恩斯坦导致理查德·尼克松（Richard Nixon）腐败政府下台，新闻改革在当时毕竟还只是一个非同凡响的观点。

从地理和文化背景而言，圣弗朗西斯科海湾区的活跃性和创造性使得该地区成为社会运动和媒介公共运动的一块沃土。海湾区的有利条件包括丰富的文化差异性，它拥有大量亚洲、拉丁美洲、非洲和欧洲血统的人口，还有一个在政治上活跃的巨大的同性恋社区。（同性恋无疑有助于城市的多元化和社会自由主义的发展，但与媒介公共运动的直接关联不大。媒介联盟的前职员特雷西·罗森伯格指出，同性恋者在经济上和政治上获取的成功让他们可以接近其他弱势群体无法接近的主流媒介；另外，他们的主要战斗是在法律和政治领域而不是媒介领域，如财产权、同性婚姻和就业歧视等问题。）

尽管城市当权者在某些方面（如对无家可归的人）（Edmondson，2000）持保守态度，但这个城市仍然以工党斗争、进步政治和文化创新等相对较强的大众运动而闻名。像城市灯光书店这些地方，仍然继承着20世纪50年代“垮掉的一代”诗人和十年后“夏日之恋”青年反主流文化的传统。圣弗朗西斯科市大学的D. 基德声称，“全民文化运动在此地仍有很强大的势力”，而且这个城市靠近影视制作基地——好莱坞“梦工厂”。她还指出，除此之外，附近的硅谷也带来了技术和资金，建立了计算机、软件和多媒体产业（它产生了多方面的影响，其中20世纪90年代域名的涌现为媒介联盟的计算机技术课程增加了不少人，这又反过来推动了宣传鼓动工作）。这些充足的媒介生产力和大众传统文化的反对派（如图3－1所示，媒介民主化潜在支持者的第一和第二个“圈子”）联手提高了人们对商业媒介遏制多样化信息并封锁进步媒体的关注，由此而采取了对抗行动。20世纪90年代，海湾区密布的媒介组织为网络发展提供了一个肥沃的生态系统。圣弗朗西斯科市声誉平平的日报［如《纪事报》（*Chronicl*）和《审查者》（*Examiner*）绝对无法与《纽约时报》或《洛杉矶时报》相提并论］，与该城市的全球化形象相比，实在是不可想象。

媒介联盟本身有哪些与众不同之处呢？它的制度化建设并不完善，也没有在媒介领域取得永久的成功，虽然在过去的新自由主义霸权时代，也没有几个进步宣传组织可以说取得了多大的成就。但是，媒介联盟倒有两个与众不同的特点。

首先是其旺盛的生命力，即整个组织的生存力与生长力。人们认为，产业界和职业性的协会在宣传推广工作中具有经济基础的支持，与之相比，以政治理念为中心的公共利益组织的生存则朝不保夕。而且，同媒介领域中的产业界同行相比，公共利益组织宁愿垮掉，也不愿意顺势应变与其他组织合并（Mueller et al.，2004：28，52）。媒介联盟摆脱了这种阴霾的局面，并且已维持了三十年。其长期生存和发展的关键，是它为会员提供仅仅对内的优惠服务，因而减少了其他公共利益组织通常面临的"搭便车"（free rider）的问题。这些"优惠"包括为成员提供医疗及牙医保险（这在美国是非常具有吸引力的，以赢利为导向的医疗系统致使成千上万的公民没有医疗保险），信用合作社，就业机构推荐并提供新闻课程，电脑技能课程及电脑租用等方面的特价服务，还可以加入媒介联盟垒球队和排球队。

在此种激励条件下，媒介联盟的会员在20世纪90年代一度达到4 000人；会费和学费使媒介联盟可以解决约50万美元年均预算的75%~85%，其余部分则来自对项目的资助与捐赠（在20世纪90年代后期，会员分成基本类与付费类，后者可以获得媒介联盟的优惠服务）。由利益驱动带来的内部财政收入有效地减轻了联盟依赖基金会的毛病，还可以交替补贴媒介联盟的政治活动，在2001年媒介联盟足以雇佣10名员工（其中4人兼职），这些员工的一个直接由董事会负责的执行主任领导，这是美国非营利性运动组织的标准模式，但不同的是，董事会由会员选举产生（这在1996年就很清楚是事关生存之道的）。

其次，媒介联盟的第二个显著成就是采取媒介民主化的具体措施，将不同成分的会员与其工作任务连接在一起。多年来，它为新闻工作者提供了一个社会与政治的平台，同时也赢得了自由新闻工作者和受聘于媒介企业的新闻工作者的支持。它将媒介培训与媒介批评结合在一起；在后期，它使得不同的族群凝聚在一个共同的事业上；该组织也曾将同一战术系列用于不同场所，如从非暴力的不合作主义到干涉政策听证会等。与此同时，我们也应该看到，这种交叉式的战术毕竟还是有其局限性的。

媒介联盟的根本任务是揭丑，20世纪70年代新闻学中"你可以攻击市政厅"之乐观主义在《媒介档案》（*Media File*）中赫然可见，该杂志是媒介联盟自1978年创办后唯一一份只是偶尔中断的时事通讯杂志。在最初的15年里，该杂志的标题给人们留下了激进新闻评论的印象，如新闻业所面临的政治和伦理问题（审查制度、新闻来源保密等），以批判的态度分析媒介集团对市和州际政治事务，少数族群权利问题，独立及另类运动，同性恋，种族性媒体及其他运动与问题的报道（核裁军及20世纪80年代的中美洲问题、1991年海湾战争问题等）。其态度从赞赏到同情到批评不等；其关注焦点涉及对新闻媒介产生极大影响的规范与立法问题（如信息自由相对国家安全，解除对电台与有线电视的管制问题，甚至还包括联合国教科文组织关于建立新世界信息传播秩序的讨论）、媒介联盟巨大成就奖（Media Alliance Meritorious Achievement）年度获奖者的人物简介、对海湾区新闻工作者们尤其是自由作家及其权利产生影响的财政、法律和技术发展因素等；该杂志还连带为专业人员提供建议。

1. 20 世纪 80 年代形成

20 世纪 80 年代发生的联盟运动，在极大程度上都是由具有进步思想的记者支持，活动在不损害这些记者自身职业形象的前提下实现对真理的追求。媒介联盟在初期就以压倒性票数支持参加抗议《圣弗朗西斯科海湾卫报》（*San Francisco Bay Guardian*）使用自由撰稿人的报道而导致报业协会和印刷协会的工人失业人数日益增多。尽管卫报的编辑和出版商布鲁斯·布拉格曼（Bruce Brugmann）击败了此次罢工，但媒介联盟在罢工中形成的凝聚力使其政治实体的地位得以确立，不仅团结了内部成员，还吸引了许多罢工者加入联盟（Wolschon，1996）（有趣的是，布拉格曼和媒介联盟日后还成了抵制日报企业的盟军）。1994 年，媒介联盟的职员和董事会及其成员又越“雷池”，再次主动支持两家《圣弗朗西斯科日报》工人罢工。为了平衡自由撰稿人和报社雇员之间的利益，媒介联盟于 1978 年与太平洋新闻通讯社（Pacific News Service）谈判，成功地签署了一份合约，设定了酬金标准和太平洋新闻通讯社自由撰稿人的权利——这是第一份由自由撰稿人和新闻组织签署的协议。

1979 年，媒介联盟在为其自身利益进行的漫长且艰难的法律斗争中加强了团结。自由撰稿人罗维尔·伯格曼（Lowell Bergman）和《审查者》的记者劳尔·拉米雷兹（Raul Ramirez）由于在 1976 年撰写了关于 1976 年唐人街谋杀案的调查报道，被前任检察官和两名侦探起诉并索赔 3 000 万美金。由于《审查者》拒绝为他们提供法律辩护律师，媒介联盟为此专门成立了辩护委员会，共筹集 6 万美金诉讼费。1986 年，加利福尼亚最高法院判处当事人无罪。有人谈及拉米雷兹的痛苦经历时说：“单个人孤立无援，背后有一群人在支持你时才鼓舞人心、催人奋进。”（Wolschon，1996）

当然联盟并不总是团结一致的。1981 年，《媒介档案》（*Media File*）内部发生了一场关于新闻工作者职业道德的论战，揭示了它内部分歧的激烈性。一篇关于囚犯权利的报道引发了争论，参与报道的两名记者在给《媒介档案》的信中泄露了由消息来源透露给他们的机密和可能危及生命的信息。消息来源伊夫·佩尔（Eve Pell）恰好时任媒介联盟董事会的会长。《媒介档案》的读者纷纷写信，对发表此机密的编辑及其判断力提出质疑，最终导致伊夫·佩尔辞职，媒介联盟职员道歉。媒介联盟的常务董事后来评论说这场争议是“一个沉重的打击”，是一个“大吃小”的案例（Wolschon，1996）。

20 世纪 80 年代期间，新兴的媒介联盟搬到可以俯瞰整个海湾的历史名城麦森堡（Fort Mason）后，成立了内部委员会，建立了工作档案系统并开设了计算机课程，还出版了地方新闻媒介名册，为社区和拥护者团体提供了一个可利用的工具。它还创办了年度媒介联盟杰出成就奖，以表彰海湾区新闻业的社会责任和杰出成就。直到 1994 年，媒介联盟一直没有放弃竭尽全力吸引主流新闻工作者的兴趣，以影响媒介的作用。纵观媒介联盟的整个历史，它举行了各种与新闻有关的座谈会和论坛，从技术（如《在线刊物的写作与编辑》）到媒介政治（如《真相背后：中央情报局、毒品和媒介报道》)。媒介联盟在 1992 年举办了一次“媒介与民主”的讨论会，由拉尔夫·纳德（Ralph Nader）主讲，分析了当前政治竞选活动的相关报道（Wolschon，1996）。

20 世纪 80 年代，媒介联盟的议程受到“伟大的传播者”罗纳德·里根（Ronald Reagan）的政治强权及其反动政治下美国媒介奴性的影响［新闻记者兼作者马克·海兹尔德（Mark Hertsgaard，1989）将新闻界与政府之间的关系描述为“卑躬屈膝”］。20 世纪 80 年代，媒介联盟的主要研究项目之一就是“对宣传分析的回顾研究”，这是一个媒介教育项目，旨在探索政治与意识形态操纵之间的关系。它一连出版了好几期杂志，但最终因资金困难和任务艰巨而流产；一些创始人担心，专门针对右翼的宣传反而会使杂志自身变成一个左翼的宣传工具。第二个项目是中美洲委员会，其范围后来扩展到拉丁美洲和加勒比海地区。该项目对这些地区的主流新闻报道包括美国的干预进行了批判性分析，为新闻工作者提供了新闻资源方面的引导，成功地扩大了海湾区媒介对该地区的报道广度。

由此，媒介联盟一方面既要满足会员的工作及职业需要，还要设法影响主流新闻业；另一方面，面对北美新闻事业式微但仍然很霸道的“客观性原则”，媒介联盟寻求的是推动进步政治目标的实现（Hackett & Zhao，1998），它头二十年面临的挑战就是打破这种平衡。但媒介联盟的许多创始人如同大部分自由主义者和理性主义者一样，通常会否认存在任何矛盾。新闻最崇高的地方就是讲真话（站在公共利益的立场上），与民主执政相辅相成，即告诉公众真相，让他们得到自由。《圣弗朗西斯科海湾卫报》上发表的关于媒介联盟使命的一个观点（1996 年 3 月 13 日）是：在建设一个信息与思想可以自由而毫无障碍地流通的民主与公正社会的目标之下，以维护和平、正义和社会责任为己任，努力实现媒介行业的“优化、职业道德标准、多元化及可信度”。一份未公开发表的声明承诺，媒介联盟要建立一个更人性、更民主的社会，为了这个目标，媒介联盟将保护言论自由和出版自由，加强媒介的多元化声音与观点，推动媒介对其自身产生的社会影响、业务活动及为其产品的真实完整性负责，同时要与拥有共同目标的组织或个人合作，为致力于这些目标的媒介工作者提供服务和支持，增强其共同的归属感。创始人肯·麦克埃多尼（Ken McEldowney）将其简单概括为：“我们这个组织中没有那些事不关己、毫无工作激情、总是按照新闻 101 模式写作的记者，我们的记者关注的就是新闻内容。”

即使如此，媒介联盟以媒介为取向的职责、它对政治独立性的关注和它作为“慈善机构”的税务身份，对它直接参与公开的政治活动有着诸多限制：税法 501 条(c)(3) 规定,媒介联盟活动的“实质部分”不能影响立法部门，而且绝对不能参与反对政治候选人的政治运动。相反，媒介联盟可以专门分析媒介关于政治问题和激进选民（包括亚裔美国人、同性恋者、难民和移民、环境、西班牙后裔、社区青年等问题）的新闻报道中所存在的偏见和盲点。1991 年，媒介联盟为会员提供了关于海湾战争报道的信息交换平台，在与社区组织的合作中，特别增加了媒介部分，比如技能培训和传播战略建议。该合作项目还包括让美国新闻记者去古巴旅行（与人权组织“全球交流”合作），为有色人种记者开办夏令营和培训班（与独立新闻协会合作），开办关于家庭暴力的媒介培训（与社区新闻和法律援助协会合作），与职业记者协会、全国作家协会、电影艺术基金会、全国同性恋记者协会等许多组织一起发起活动等。比较而言，除了像媒介联盟董事会员的作家大卫·贝肯（David Bacon）等个别普通会员的努力外，媒介联盟与海湾区的工会组织（它与记者联盟分离）的联系越来越疏远。与英国和加拿大有所不同的是，美国工会领导层的保守主义与劳工势力中参加工会人数的低比率很明显地阻碍了美国媒介公共运动的总体发展，形成了倾向于反文化的左派和为平等而进行斗争的少数群体等独特形式。有时，媒介联盟代表某些组织接受免税基金，使之免掉了在创办社团时需要获得免税身份的烦琐手续（相关的一个例子是，最近成立的海湾区独立媒介中心以地方社区为中心，它不是反全球化的组织）。媒介联盟的一位前职员解释说，这种财政支持其实是“一种结交友邦的途径”。

尽管比非媒介社会团体更容易产生地盘问题，媒介联盟还是展开了与其他媒介相关的支持组织，尤其是曾经相互支持并有互补性技术的组织之间的合作。圣弗朗西斯科丰富的社会生态系统提供了很多的合作伙伴。“信息干扰组织”就是其中一个例子，于1996年由媒介联盟前职员吉姆·笛特莱恩（Kim Deterline）支持成立，它是国家媒介战略与培训中心。除此之外，还有独立新闻协会（Independent Press Association，IPA）、社区新闻协会（Community Press Consortium）、新闻审查工程（Project Censored，PNS）、新闻改良与新闻品德中心（the Center for Improvement and Integrity of Journalism）、公正与准确报道组织（FAIR）、公共媒介中心（Public Media Center）以及太平洋新闻社（Pacific News Service）和《圣弗朗西斯科海湾卫报》等另类媒介。

2. **20世纪90年代的转型和复兴**

至20世纪90年代，十年的保守主义霸权使政治环境趋右。美国左派与其在20世纪60年代和70年代早期显现的势头相比，更着重于自我表达和身份认同，而比较忽略建构同盟的工作和宏观社会转型的不同派系（Sanbonmatsu，2004）。在媒介领域，企业特权和超级商业主义日趋猖獗，而且从新闻编辑方面来看似乎更加难以形成挑战，新闻编辑的公共服务精神也正在消退（Hallin，2000；McChesney，2004：87）。“水门事件”的后一代新闻记者是媒介联盟最初的会员基础，但他们现在都已经衰老。他们有了家庭责任和事业成功后，就不再需要媒介联盟在职业和社会方面的支持了（包括著名的“豪华派对”）。即使不提派对，有的人也感觉这个组织的激情和目标感正在消失。

但媒介联盟复兴的时机已经成熟。其关键转折时刻是最初还看似一片混乱的

1996 年，在媒介联盟历史上第一次进行的董事会竞选中，经过激烈的竞争，7 名被提名的候选人战胜了董事会推荐的候选人。改革者在一位年轻的非洲裔美国民权律师范·琼斯（Van Jones）的领导下，承诺要让更多的穷人和弱势群体接近媒介联盟，从而使媒介联盟更具活力。但他们任职后曾一度陷入困难重重的局面，正如琼斯在 1998 年给董事会的信中所指出的那样，媒介联盟董事会与职员之间处于分裂状态，双方的关系非常糟糕，成员频频离职与更替，“财政状况岌岌可危”。经过近两年的困惑与挣扎，从媒介联盟成员中任命的常务董事接管了整个联盟。凭借公共运动参与者的敏感性和与行政部门保持一致的方法，安德雷·巴法（Andrea Buffa）赢得了广泛的信任，他被认为是拯救自我毁灭的媒介联盟和培养并激活一支活动家导向型队伍的人才。在琼斯看来，巴法的领导“成功地完成了一次有效的改革”并“扭转了组织的发展方向”。琼斯认为，20 世纪六、七十年代的媒介从业人员创办的“老伙计俱乐部”（ an Old Boys' club）最终转变成了一个反映媒介联盟年轻成员愿望、关注当代媒介现实的组织——它关注的方面包括网络媒介和另类媒介，也包括所有被企业垄断媒介对民主造成的威胁等问题。琼斯还认为，保守派无法领会媒介企业已绝对成为阻碍社会变革的障碍，不管是在流浪者问题上，还是在治安问题上，或是其他任何问题上都是。

接受采访的媒介联盟老成员，对联盟新的发展方向都存在着分歧。有的人从中重新认识了媒介联盟最初的使命感。媒介联盟的创始成员《媒介档案》的前任编辑拉里·本思凯（Larry Bensky）说，方向的转变既是时代性的又是政治性的，它使媒介联盟叩开了新式抗议运动的能量阀门，多元化是这种运动中最重要的问题。

而其他人认为，是媒介联盟自己边缘化了自己，它提出的批评已经不再受到重视。《编年史》的一个编辑，同时也是媒介联盟的创始人之一，他说，媒介联盟成立几年之后，他就离开了这个组织，因为它变得“越来越受意识形态的驱使，而非按专业准则办事”，对所有激进的需求都给予无条件的支持，例如释放富有争议的非洲裔美国死刑囚犯马米尔·阿布·雅莫尔（Mumia Abu Jammal）。一些会员私下里指责范·琼斯发起了一场没必要的对抗性转型，甚至曾经从媒介联盟法律辩护基金会受益的记者劳尔·雷麦雷兹（Raul Ramirez）也在《媒介档案》（March/April 2001）中评述说，他的同事认为媒介联盟“过深地介入政治领域，已经超出他们认为合适的范围”；而且媒介联盟已不再是“主流媒介内部自我检查的工具”。他认为产生这种差距的原因是传统的客观精神——“做新闻报道的局外人”，意即“你不属于此社区”。媒介联盟的宣传鼓动活动越是超越捍卫《宪法第一修正案》和记者权利的层面，参与报道的记者们（更多的是他们的领导）越不愿意同媒介联盟的活动有任何瓜葛。

自 1996 年起，媒介联盟的项目、运动及其策略就反映了它激进、但坚持做局外人的立场。有个例子是，1996 年媒介联盟在《纽约时报》的圣弗朗西斯科分社示威，抗议主流媒介缺乏对中央情报局和毒品贸易之间嫌疑关系的报道，这是全国的“融化媒介冰山”（Melt the Media Snow Job）运动的一部分。这种典型的局外人身份战略引起了媒介领域内一些人的愤怒，如《圣弗朗西斯科周报》（*San Francisco Weekly*），否则它也许会对媒介联盟遭受的批评给予些许同情。同样，媒介联盟在圣弗朗西斯科集中了来自全国各地的运动参与者，抗议全国广播协会会议的召开，因为该组织是专为企业游说的团体。

1998 年，媒介联盟发起了揭露媒介有关 227 号提案报道中存在着明显偏见的运动，该提案提出让加利福尼亚的公民投票来取消该地区的双语教育，从而限制西班牙语族群接触西班牙语公共教育的机会。[1999 年，海牙《人民传播宪章》的非正式法庭判决，这项政策侵犯了公民的语言权（*Media Development*，1999）]。这次运动的目的是确保媒介不将支持双语教学的声音拒之门外。安德雷・巴法非常难过地回忆起媒介联盟在劝服主流媒介，特别是国家公共广播公司（National Public Radio）参与它举办的公开座谈会时所遭遇的困难，国家公共广播公司的官员认为，媒介联盟带有偏见，因为他们反映的只是大部分赞成双语教育专家的观点（最后公民投票表决被通过，但其执行却因法院所提出的挑战而被延期）。

媒介联盟并没有完全放弃它与主流新闻媒介记者的联系，例如当《编年史》在“9・11”恐怖袭击事件后的政治冲突期间撤换了少有的进步专栏作家中的一位时，媒介联盟就协助组织举行了抗议活动。但是媒介联盟的新焦点无疑已转变为培训社区组织和政治活动家，使他们知道如何通过创办自己的媒介或是为媒介企业设置信息报道框架而进行有效的新闻报道（尽管巴法也承认，新闻报道很难保证一直令人满意）。现在，媒介企业的新闻报道依然受到批评，但看来人们并不指望主流媒介新闻记者的报道能够得到改善，而更多的是希望推动公共运动的参与者去建构自己的身份认同，并制定抵制媒介企业偏见的对应策略。

这是另类媒介领域内的一场划时代的战斗，它重新振作了媒介联盟，并鼓励联盟的活动家们重新将本组织定义为宏观媒介民主运动的一个部分。该运动的工作中心是抵抗太平洋基金会对伯克利太平洋广播网内五家电台之一的太平洋广播电台（KPFA）的压制行为。我们无法在此详述该台半个世纪的发展历史，它是美国第一个由听众资助的独立电台，其独具特色的节目表明了它支持和平、社会正义、劳工运动和艺术以及支持民主参与式，但其组织结构通常充满了冲突（参见 Downing et al.，2001，Chapter 21）。但我们可以从太平洋国家委员会的一项决议开始进行了解，该委员会是该电台的法人，无须对任何其他组织负责。1995 年，该委员会开始制订并实施一项旨在改革太平洋地区的广播节目与管理的计划，因各种原因而没有进行充分和公开的解释，或许是为了给公共服务广播争取更广泛的听众，或许是为了解决太平洋地区新闻输出中存在的“陷入困境的地方节目制作者……所受到的束缚”等问题（Downing et al.，2001：348）。尽管反对者将其视为一种企业策略，但在媒介联盟的老成员和太平洋广播电台的广播员 L. 本思凯看来，“一个致力于向权力说出真话的独特机构——一个实施言论自由的广播电台、非企业性质、民主的、地方控制电台的生存问题正受到威胁”。

不管它出于什么动机，太平洋国家委员会的战术包括保密、中央指示、言论禁令、职员解雇或停职，甚至与从事破坏联盟的组织签署了秘密合同。毫不奇怪，这种战术在电台内、在听众中，尤其是在电台曾拥有牢固根基的海湾区引起了愤怒和抵制，此次冲突在1998—1999年演变成一场危机，在其过程中发生了解聘、示威、静坐抗议等事件，甚至发生了谈话节目的主持人与私人保镖之间面对面的冲突。一位支持激进媒介的学生认为这种冲突证实了左派对委员会及地方节目制作者施放了“自残式的病毒”。

> 在竞相成为救世主的动力驱动下，所有人都陷入了一种境地，即深信太平洋国家委员会是广播界的蛮荒中唯一的灯塔。每一方都把自己看做是拯救者，而对方则是生存和胜利路上违法的、令人恼怒的阻碍。(Downing et al.，2001：346，349)

然而，对于媒介联盟来说，问题很明确，“它在这一运动中跃上了领导者的宝座”，正如安德雷·巴法说的那样：

> 为了重新启动广播电台，需要将从非营利组织、记者组织到地方政治家中的每一个人都组织起来。我们尽了所有的努力：在电台实行公民不合作行动，在电台前举行一天24小时不间断的露营。每天都在电台内组织各种活动。

媒介联盟也协助组织了一场10 000到15 000人的游行，这或许是美国有史以来因媒介问题而组织的最大规模的示威集会之一。

与太平洋基金会其他广播电台所取得的成果相比较，伯克利的委员会最终败下阵来，电台广播得以持续，全体员工保住了自己的工作。有人或许会认为这场运动起了反作用，它至多就是夺回了之前所拥有的阵地，并没有动摇媒介企业这块巨石。但是《媒介档案》的编辑本·克拉克却认为，这场运动是一个胜利，即使它使媒介联盟在一些主流媒介新闻工作者眼中更加边缘化了，但它却使人们更自愿地为捍卫媒介民主而冒险，在独立广播电台用具体的行动维护劳动者的权利，而且它造就了更有参与精神的职员和会员，也孕育了该组织在社区里的知名度和声望。

3. 新世纪：媒介改革任重道远

不仅是太平洋地区的抗争，在现实生活中为社会底层的人们争取媒介权利的事业同样也诠释了媒介联盟的新目标。其中特别重要的一项就是“亮出我们的声音”计划，该项目于1999年发起，旨在挑战媒介神话，为媒介神话的受害者，特别是为那些穷人和无家可归者提供媒介技能的培训。执行董事杰夫·帕斯坦（Jeff Perlstein）

说，这个已实施多年的项目是“政治机构顺应人民呼声的一个强有力的例证”。

安德雷·巴法在1998年告诉我们：尽管媒介联盟作出新的决议，宣称要与媒介企业进行斗争，但是媒介结构性改革的理念尚未被提上议事日程。虽然《媒介档案》从20世纪70年代后期开始就要求其成员及时了解传播政策问题，但媒介联盟很少对国家政策程序进行实际的干预。直到2001年，巴法和媒介联盟职员仍在唱对台戏，尽管只是暂时的。到2003年，“涉及媒介政策的地方委员会”才出现在媒介联盟公布的使命宣言中（Center for International Media Action，2003：35）。到世纪之交，美国出现了一场自称是媒介改革的运动。“微型广播”的活动家成功地说服了美国通信委员会授予几百家广播电台以合法地位，共和党在2000年横扫选举团的选票令民主党的“几近胜利”被一笔勾销。越来越多的活动家结合传播立法和媒介不当报道所产生的不良政治结果来研究其他问题。

因此，2001年时媒介联盟针对企业巨头清晰频道传播公司（Clear Channel Communication）的运动，明确地将其设定为一次媒介民主化运动。这次运动是围绕解雇戴维·库克（David Cook）而展开的。戴维·库克是奥克兰KMEL电台的一位著名的受人尊敬的非裔美籍谈话节目主持人，1996年电信法案通过后，清晰频道传播公司收购了1 200个广播电台组成了媒介帝国，KMEL电台是其中的一个。戴维的麦克风常常成了社会正义组织的传声筒，很多人和组织对媒介政治无甚兴趣但却加入了媒介联盟运动，其中有民权律师、拉美问题论坛（the Latino Issues Forum）和反对市政府在奥克兰地区建立大型监狱计划的青年团体。尽管直接目标是帮助戴维·库克复职，但媒介联盟却扩大了运动范围：清晰频道传播公司在海湾区广播中滥用其显赫地位的问题，对媒介解除规范及媒介合并现象，还有由“9·11”事件引起的媒介沉寂和共谋等文化现象都被纳入此次运动［库克在采访了芭芭拉·李（Barbara Lee）后的一周即被解雇，芭芭拉是国会中唯一一位投票反对布什政府侵略阿富汗和发动反恐战争的议员］。媒介联盟也采取了其他措施来应对“9·11”之后的沉寂，如举行签名运动支持新闻自由和新闻多元化，为校园反战团体以及南亚和其他少数受害于媒介“癔症”的团体提供传播培训课程。

2002年，另一场围绕有线经营权展开的运动使媒介联盟进一步加强了社区和政策问题的联系。美国最大的两家有线电视公司——美国电话电报公司（AT & T）和美国有线电视服务公司将要合并的提议意味着新的“合并”后的公司将需要在法律上与2 000个市政当局就合同进行重新谈判，因为合并前的这两家公司曾在这2 000个自治市拥有特许经营权。华盛顿两家以数据中心为基础（DC-based）的公共利益机构：美国消费者协会（Consumer Federation of America）和美国数字民主中心（Center for Digital Democracy）认为，特许经营权的转移是逼迫有线电视公司让步的一个机会，它们找出了受到干预的80个城市，为了降低资源调动成本，它们还为地方宣传组织提供后勤支持和信息支持。在圣弗朗西斯科及周边的八个居住区，媒介联盟将当地的宣传组织和以学校为基础的社区中心组织起来，设定了此次运动的目标，即降低老年人和低收入居民的有线电视收视费，为独立的服务供应商开通有线基础设施，为社区接触节目产品的制作提供更多的资源和渠道。如 J. 帕斯坦所说，这次运动从战略上为鼓励社区活动家扩展其活动项目，比如从另类媒介制作到干预媒介政策，提供了一个机遇。它也是教育广大公众的一个机会，人们意识到了有线电视的存在，但通常忽视有线电视公司正在加强对宽带和高速因特网的控制这个事实的重要性。正如媒介联盟网站上所引用的美国公民自由联盟的话那样，在一个解除了管制的垄断环境中：

有线电视不仅被允许任意收费，它们还可以歧视其他服务供应商……有线电视公司还可以通过各种形式歧视消费者，从检查电子邮件到提取营销数据，再到降低那些与有线电视相关产品竞争的网站的传输速度。“被具有政治倾向的首席执行官或董事会所控制的服务供应商可以利用网络来提升自己的政治地位”，美国公民自由协会认为，“它还可以阻碍或者减慢进入竞争对手候选人的网站的速度，或引诱网络用户进入他们支持的候选人的网站”。（www. media-alliance. org；accessed，March 2005）

太平洋委员会、戴维·库克复职事件以及有线电视经营权的转让等运动有哪些共同之处呢？它们都向威胁社区公共运动参与者公开传播其信息能力的人提出了挑战。本·克拉克注意到，这种威胁或许是对媒介公共运动最强有力的一种刺激物。

总而言之，媒介联盟在最初二十年里所开展的项目是媒介领域内的体制改革，即通过维护媒介工作者的权利，批判不良新闻机构，赞扬好的新闻组织，培训积极的新闻工作者（包括那些对媒介联盟的政治活动毫无兴趣的人），并改革了企业性质的新闻业。

自 1996 年以来，媒介联盟已在媒介领域和广阔的权力领域边缘、在寻求种族平等、经济平等和有效的公共表达平台的团体中找到了它的主要支持者。媒介联盟扎根于现实生活之中，聚焦于媒介制作与内容，而且也日益关心媒介政策，即媒介制作条件的周围环境。J. 帕斯坦于 2002 年解释过运动转变的基本原理：

为了实现这种系统化的转变，活动家组织必须自愿参与政策工作、政治游说活动及基层的建设工作，我们也必须估计地方媒介政策中有何切入点能够波及国家的媒介政策。

他指出，有些自办媒介或进入主流媒介的支持者之前并没有参与媒介政策的改革。因此，媒介联盟曾有意识地结合以下战略战术：

两大部分（另类媒介和战略传播）是真正至关重要的，因为它们牵涉到对媒介政策改革的细节内容及其意义的理解问题。当你自己创办媒介时会发现，所有重要的另类媒介的发行网络还没有真正打开局面，仍然存在着（结构性）障碍……这正是我们力图解决的障碍。

自2001年以来，政策问题是《媒介档案》杂志中特写文章的焦点（关于美国通信委员会的提案、媒介集中、电信政策、独自发行杂志的邮寄费用等问题）。因为它已经将重心从与主流媒介工作者合作转移到对边缘化群体创办媒体的培训工作上，媒介联盟也更为关注政府媒介政策的实质与制定过程，并从公共利益的角度动员大家介入干预管制程序（如美国通信委员会听证会、行业会议、有线电视公司经营特许权的谈判等）。与早期活动家对政府和选举政治的不信任相比较，新闻业的客观性制度对参与政策制定过程是个更大的障碍。

在不同时期和不同的冲突中，媒介联盟在我们计划表中所界定的四个区域中展开了工作。它的发展历史阐释了媒介民主化不同区域间的渗透性，这在第三章已提及，同时也向我们展示了媒介民主化每个具体细节中所存在的潜在动力——从现实世界的底层群体经由另类媒介或媒介培训，到对媒介结构和媒介政策实行的干预活动。它还表现了媒介公共运动的发展轨迹和宏观的政治潮流，特别是社会运动之间的整体联系。

下一章将讨论与媒介联盟创立于同一时期的英国媒介宣传动员组织，该组织从成立之初就在政治上采用了激进的、以政策为导向的管理方式。

注释

①这个部分取自赵和海科特（2005）的研究。感谢罗曼和李特费尔德（Rowman & Littlefield）出版社为我们澄清版权问题。

②感谢阿瑟—马丁·阿基那姆（Arthur-Martins Aginam）为我们提供有关媒介联盟的运行报告。

第六章

英国新闻与广播自由运动

新闻与广播自由运动作为媒介改革政治运动中的一个案例，与第五章提到的媒介联盟形成了一个有益的对比。[①]新闻与广播自由运动发生在英国而非美国，属全国性而非区域性运动，其宗旨在于影响政府政策而非新闻或现实世界的各种活动，它深深植根于劳工运动和社会主义运动，与“新型”社会运动、新闻工作或者英国非白人少数族群没太大关系。这两个组织所具有的共同点是其活动面和关注点都很广泛，经验丰富，而且近30年来一直针对媒介民主赤字问题提出挑战。英国虽然还有其他媒介改革运动，但考虑到新闻与广播自由运动历史悠久，并与其他进步力量关系密切，以及它意欲从根本上改革媒介体制的激进民主意向，我们还是把研究重点放在新闻与广播自由运动上。

新自由主义全球化经历了25年的历史，我们难以想象新闻自由运动（CPF）在1979年诞生时的政治气候。当时是英国的“多事之秋”，两极分化和希望并存，冲突与危机共在——经过一段时间的工资控制和国际货币基金组织强制推行的政府紧缩政策之后，由工会领导的劳资斗争、居高不下的通货膨胀率和失业率、经济产量的持续下降以及新出现的种族冲突和大众文化中的独裁主义等现状均被媒介和国家冠以“道德恐慌”之下所发生的“行凶抢劫”之名（Hall，et al.，1978）。尽管在那一年由玛格丽特·撒切尔领导的保守党挫败了由詹姆斯·卡拉甘（James Callaghan）领导的社会民主工党政府，形势急剧转变，但当时谁也没有预见到它的霸权主义隐忧，许多左派分子甚至还希望英国能引领西方世界从资本主义过渡到社会主义。

创建新闻自由运动的想法并非空穴来风，在这之前，越来越多的人已感到有必要并决定要对工党和英国主要的劳工联盟——英国工会代表大会（TUC）进行民主化的媒介改革。在1979年3月召开的工人主控协会（Institute of Workers' Control）会议使新闻自由运动初具雏形（该组织的激进民主概念在目前权力异化和资本流通的背景下已不再适用，但其重要性仍不减当年）。该运动主要的催化剂是大型报业集团引进了以电脑为基础的生产技术，从而导致大量工人失业，加之英国媒介对工会组织尤其是那些持强硬态度的对外公共部门发起了“恶毒的宣传战”，与此同时，企业利益组织也正在为撒切尔竞选调动所有的力量（Richardson & Power，1986：195）。从战略意义上讲，创建新闻自由运动的想法旨在促进媒介工人和其他工会之间的团结，借以影响工党和英国工会大会的政策平台。

新闻自由运动是在1979年9月召开的工会会议上正式成立的，其创建文献在3个月之内便销售了10 000份。双月刊《新闻自由》（*Free Press*）杂志随即发行，初期发行量为3 000份，到20世纪80年代中期高达11 000份。由于当时几乎没有谁对新闻界的问题进行研究和改革活动，新闻自由运动则填补了学术界和政界的空白（Richardson & Power，1986：197）。在1982年，由于伦敦的瓦平区（Wapping District）引进了高科技设备，很多的主流日报放弃了古老的舰队街经营所，报纸印刷工会因此失利，该运动组织经过内部讨论遂将广播电视列入其名下与其统治之中。

新闻与广播自由运动在发展过程中，参照有着董事会及合法公司身份的美国典型利益倡导组织选举并产生了确保能够代表地方和特殊利益组织的全国理事会（National Council）以及负责日常管理事务的委员会。尽管该组织以国家事务为中心，但在其发展史的某个阶段中，也曾关注过区域性事件，使其成为影响英国区域性广播的一个重要组织。在20世纪八九十年代的大部分时间里，该组织在英国北部的曼彻斯特和哈德斯菲尔德等中心城市设立了区域组织及半自主性的分支机构，使其区域性的活动比在伦敦进行的活动具有更大的影响力［如1991年在利兹（Leeds）举行的海湾战争公共集会］。

到1986年，当运动达到鼎盛时期，该组织拥有900多个独立会员和472个下属组织，包括代表了7 500万工人的全国工会（Richardson & Power，1986：197，208），另有五个全职工作人员和56 000英镑的年收入，其中有些数字不完全真实。新闻与广播自由运动是一个公开性组织，一直由极其忠诚的知识分子、工会会员和政治活动家主持工作。迈克·保尔（Mike Power）和已故的约翰·杰宁斯（John Jennings）帮助确立了其在印刷工会的地位。杰宁斯是印刷工会的通讯官，他打消了与贸易联盟协会（soa AT）和印刷工会的疑虑，为新闻自由运动在获得活动场地之前，设立了自己的办公场所。媒介研究学者詹姆斯·凯然和汤姆·奥玛莱（Tom O'Malley）则提升了该组织的学术地位。雷蒙德·威廉姆斯凭借自己从事新闻业和社会主义运动事业的经验，对筹资、公共演讲、编辑《新闻自由》杂志倾注了多年的心血，他的一些同事甚至认为新闻自由运动的生存主要归功于他。新闻自由运动的主要创建者中还有媒介职业者，例如专栏作家、后来成为电视制作人的安娜·库特（Anna Coote），全国记者协会成员迈克·杰普森（Mike Jempson）以及国际记者联盟秘书长艾丹·怀特（Aidan White）。诸多工党的名人要士也成了新闻与广播自由运动的成员，其中至少有两人［即德尼斯·马克谢恩（Dennis MacShane）和迈克尔·米歇尔（Michael Meacher）］后来成为内阁部长，同时也有几位记者是当时的工党议员或日后成为工党议员。

新闻与广播自由运动的发家史表明：正如资源配置理论所言，社会运动形成的关键在于利用现有资源以减少组织成本。尽管新闻与广播自由运动从未得到过群众的积极支持，但工会、工党竞选区以及一些进步的基金组织［如朗特里基金会（Rowntree）］为该组织提供了人员支持、办公场所并组织会员活动，大量订阅《新闻自由》杂志借以补贴以上费用。当然，这需要有怀着个人动机的人（用一个难听的社会学词语来说即"运动投机者"）来争取并筹集这种资金。

从布尔迪厄场域理论（Bourdieusian Field Theory）角度来看，新闻与广播自由运动并不是由彻底被边缘化的社会阶层发起的，而是由那些处于媒介及政治领域边缘的反对派人士发起的——他们是一群拥有文化、符号、政治甚至经济资本的人，但他们对主流媒介的报道和媒介政策却能提出言之成理的意见。如新闻与广播自由运动国家理事会有位成员在初期为赢得社区的支持就付出过辛勤劳动，因为“该运动似乎只注重媒介领域、工会运动及学界中大名鼎鼎的人物，却缺少合适的平台让底层民众相信新闻与广播自由运动也适合他们的参与。一个不争的事实是，对抗性社会运动一般都出现在体制与现实生活、主控机构和边缘化组织以及内部与外部的接壤之处。

一、目标、责任与策略

新闻与广播自由运动初期宣扬的宗旨（Curran et al.，1986：241～242）表明了它支持工会与社会主义的倾向性，并体现着“老”左派将社会阶级当成统治主轴的观点。这个声明呼吁减少对新闻出版自由的法律限制，还呼吁建立更有效的机制来纠正新闻偏见，但它在其他方面却超越了改革主义的自由立场。例如，它对将私人所有权等同于公正、客观、新闻自由的“神话”给予了批判。该组织的名称就昭示着它是为了某个目标而非为了反对某个目标而进行斗争，它同时意味着，要纠正保守派自由主义者所认为的“由政府授予媒介业主自主权就等于有了新闻自由”的错误概念。对于该运动组织而言，一个社会的新闻自由状况可以通过“所有组织和阶级是否能够平等享受传播权”、媒介是否能够“公正而全方位地报道社会各个方面的意见和经验”等为准绳来衡量——政府政策可以、也应该为这种自由提供潜在的支持（Oakley，1986：216）。与市场自由主义相比，新闻与广播自由运动提倡工业民主，并号召开展关于如何设置媒介所有权这种另类形式的辩论。20 世纪 80 年代，该运动新增了两大目标：减少媒介性别歧视和对同性恋的恐惧，提倡媒介给予妇女平等机会。该组织 1996 年的宣言把这种平等主义信念扩展到了种族血统、性别、残疾人、阶级、年龄以及性取向等领域（www.cpbf.demon.co.uk/manifesto.htm，2002），但是，正如我们接下来将讲到的，上述一些使命实际上是对其核心使命的补充而已。

并不奇怪的是新闻与广播自由运动反映出了英国劳工与政治领导阶层的性别观和种族观。该运动的最初一批倡导者中大部分都是男性白人新闻记者、科研人员以及工会成员——尽管其成员结构偶尔有所变动，但是该运动努力的目标仍然非常清楚。由于许多中产阶级女权运动者在冲破白领职业的“玻璃天花板”后便不再参与运动，使得英国妇女运动渐渐走向衰落，人们认为这是英国女性媒介活动家数量明显不足所导致的。然而，许多女性成员仍积极参与媒介联盟尤其是全国记者联盟的工作，如今有很多咨询会和职业组织为在媒介事业寻求发展的女性提供帮助。而且，许多曾经为媒介机构、工会、劳工通讯机关、残障者权益组织及其他非政府组织供职的妇女一直以来都积极投身于新闻与广播自由运动。

新闻与广播自由运动创办二十年后，其网站简明扼要地概括了它一贯的追求：为目标受众创造一个更为可信的媒介；打破媒介集中化，促进媒介多元化；保护公民对不公报道的辩驳权；保护记者自由报道的权利。这些使命意味着要改变新闻业务、媒介结构和国家政策，其潜在的条件是该组织要策划如表 3－1 所列举的大部分运动类型。新闻与广播自由运动的确推行过一系列运动，其中包括举办大量的会议和公共论坛、发行出版物、进行媒介采访、组织活动抵制报纸（作为对默多克企图分裂工会的回应）、履行媒介监督职能、支持记者及其他公民在个人案件中追究媒介责任以及组织一些立法运动，等等。

就这样，新闻与广播自由运动推行了内外兼并的策略——一方面，通过既有的政治渠道推行改革，并通过与媒介工作人员合作扩大自身在媒介机构中的影响力；另一方面，以激进的方式挑战权威政策并不时地采取对抗性策略。与此同时，英国内外策略的反差性不像美国那样明显，美国除了个别时期外（如 20 世纪 70 年代），左派已被完全排除在媒介和政策机构之外，他们主要在政治边缘空间开展组织活动。而英国和其他西欧国家强大的工人运动和社会主义政党为采纳马克思主义理论家尼科斯·保兰察斯（Nicos Poulantzas）的理念（1975：79～84），而不断对政府施加影响，西欧社会进步变迁发展过程中铭记着他们的功劳（尽管最终被驯化了）。自第二次世界大战到 1979 年的几十年间，工党执政时间几乎占了一半，并在其执政期间实行了劳工与社会立法。所以，在 1974 年险胜对手的竞选活动中，工党作出了"实现根本性的、不可逆转的权力和财富的平衡转移，使之有利于工人阶级及其家庭"的承诺，言辞之动听对美国的大党来说简直是无法想象的（参阅 www. socialistworker. co. uk/1784/sw178413. htm.）。激进党派、少数民族群体、社区及艺术项目，包括新闻与广播自由运动，均得到过首都"左"倾机构伦敦市政厅（the Greater London Council）的基金资助，一直到 1987 年撒切尔夫人废除该制度为止（Mulgan & Worpole，1986）。此外，该运动一向注重把记者纳入自己的队伍，从一开始就和全国记者联盟（NUJ）并肩战斗，并与地方新闻工作者建立了联系（包括建立地方管理委员会会员制）。例如，其中有这样一个新闻工作团队，他们录制了一个名为《世界在行动》（*World in Action*）的纪录片并在当地电视节目中播出，该片使"伯明翰六人"（the Birmingham Six）获得解救，这群人之前被误判为一起爆炸案的元凶，而事实上此案是爱尔兰共和军所为。新闻与广播自由运动初创时就期望在体制内（尤其是工党和议会选举的政治中）推行激进民主改革，有效地改造公共领域。根据英国战后的历史看来，这一想法并非不切实际。

尽管新闻与广播自由运动的策略有些变化，但回顾该组织的大型运动，便可发现，它通过组织公共运动以及立法游说活动，在倡导传播政策改革方面投入了大量精力。其中，最为持久的一场运动是围绕"辩驳权"而展开的，它提倡的原则即"如果个人或团体被报纸或杂志严重歪曲，他们应当有机会向该出版物的读者澄清事实"（Richardson & Power，1986：219）。辩驳权由一个拥有法律授权的独立委员会裁定，被认为是确立新闻可信度、准确性以及多样性的一种原则性措施，也被视为是"该组织宏观策略的一个战术切入点"（Oakley，1986：219）。

工会深受英国新闻界的宣传攻击之害，有充分的理由支持争取辩驳权，但它更有可能反映政界对英国小报哗众取宠、报道失真以及毁坏他人名誉的做法所表现出来的忧虑。新闻与广播自由运动也知道，“辩驳权”这一概念有其局限性——它是被动的。如果新闻机构给那些被错误报道的人进行辩驳的权利，它实际上会使新闻偏见制度化；它无法替代打破垄断控制的结构性改革（Power，1986：222），也无法帮助人们积极利用媒介设定自己的议程，以避免一味做权势阶层的应声虫（Oakley，1986：219）。但是 M. 保尔指出（Power，1986：222），“辩驳权运动如果取得胜利，人们便会认识到战略性变革的需求”。

辩驳权运动为一大批活动家——学者、媒介工会、工党议员以及公众提供了卓有成效的运动主题。新闻与广播自由运动举办会议、发行刊物，并通过两份小报发起罢工行动，为受到“已成了滥用权利者的固定保护堤”责难的矿工工会提供了辩驳的媒介空间（Richardson & Power，1986：200），并于 1984 年组建了一个辩驳权小组，协助人们对个别媒介抱有偏见的报道提出挑战。更为引人注目的是，在里根政府逐步取消美国广播领域公平原则的 10 年之中，新闻与广播自由运动成功地进行了游说，使支持立法的工党国会议员至少五次在下议院提出了辩驳权立法议案。尽管该议案获得了来自其他党派（包括执政的保守党）国会议员的支持，而且还在很多场合中通过了第一次和第二次正式宣读，但每次的提案在第三次宣读和最终宣读时，均被政府叫停。报纸发行人及编辑直言不讳地反对辩驳权立法，他们至少有一次曾雇佣公关公司向政府游说以反对该议案（*Free Press*，April，1989）。

新闻与广播自由运动也使英国报业评议会及其继任者英国报业投诉委员会对新闻准则及其社会责任引起关注。这两个团体由皇家新闻委员会（Royal Commission on the Press）提议成立，最初是为了提升新闻专业主义精神及公共服务意识，但后来该团体在实践中沦为大众投诉的仲裁者。人们普遍认为它无所作为，原因有三：缺乏认可、委任托管权有限、财政上过于依赖其理应监督的产业（Curran，2000：40 ~ 41）。新闻与广播自由运动于 1980 年创建了一个独立的调查委员会，由杰弗里·罗伯逊（Geoffrey Robertson）任主席，负责探讨取代英国报业评议会的问题，自那时起，调事委员会对该机构的批判就没有间断过。有时候，新闻与广播自由运动甚至还对政府发起攻击——特别是针对 1989 年成立的卡尔科特隐私等相关事务委员会（Calcutt Committee on Privacy and Related Matters）（它曾明目张胆地转移人们对新闻政策日益强烈的担忧和对于辩驳权及隐私权立法的支持），最后导致英国报业评议会被英国报业投诉委员会所取代，但它同样是一个依赖于产业的没有攻击力的组织。

新闻与广播自由运动从创建伊始就针对民主赤字现象的其他方面提出批评，有时还进行反抗运动。早在 1981 年，它曾与少数族群新闻组织合作出版宣传册，并在报刊批发体系中组建了一个专门处理市场与垄断等阻碍性事务的常务委员会。该组织认为媒介集中化和跨媒介所有权对媒介的多元化形成了极大的威胁。1986 年，该组织就媒介巨头 R. 默多克和 R. 麦克斯韦尔对工会工人实施的不公待遇（因新印刷技术该两大巨头裁员）提出了批评。

新闻与广播自由运动组织了各类活动反对产业界和政府对民主新闻事业的钳制，诸如由《官方机密法》（*Official Secrets Act*）条款所授予的直接审查权，以及长期以来针对爱尔兰军事组织特别是爱尔兰共和军政治党派新芬党（Sinn Fein）所实施的广播禁令等。尽管广播协会和言论自由团体，如“第十九条”（Article XIX）也谴责过上述禁令，但新闻与广播自由运动却通过组织活动和出版刊物，对有关北爱尔兰冲突事件的不公正报道进行了批判性分析，领导了一场积极的反禁令运动。结果是，后撒切尔保守党政府领导人约翰·梅杰（John Major）在1994年的和平谈判时悄悄地取消了这一禁令。

1984年，新闻与广播自由运动迎来了另一个新组织——信息自由运动（Campaign for Freedom of Information）的诞生。两个组织有交叉的理事会成员，二者均从事本领域立法改革的倡导活动。当工党还是在野党时，就承诺将推行一项信息自由法，但上台执政后，它却引进了被新闻与广播自由运动视为“缺乏效力、漏洞百出、比现行法令更软弱”的法案《新闻自由》（1999年7～8月）。新闻与广播自由运动组织长期以来就一直呼吁对诽谤法进行“大规模的改革”；2001年格雷格·帕拉斯特（Greg Palast）一篇关于企业渎职行为的报道遭到巴里克·戈尔德（Barrick Gold）的诽谤罪起诉，最后该案的判决对调查性报道起到了“抑制作用”，新闻与广播自由运动随之重申了以上呼吁（《新闻自由》2001年9～10月）。在战争期间——1982年发生的福克兰岛与阿根廷的战争、1991年的海湾战争、2003年入侵伊拉克等战争中——新闻与广播自由运动数次举办论坛，对恐吓持异议的新闻工作者或反对政府控制信息，及小报大肆渲染“侵略主义强硬态度”的报道口径表示反对。新闻与广播自由运动协调员巴里·怀特（Barry White）认为，布什政府在“9·11”事件后所推行的“反恐战争”具有明显的持久性，新闻报道的军事化也有可能成为一个持久的威胁。

此外，新闻与广播自由运动在极力绕开政府独裁式的新闻批准制和审查制，始终如一地呼吁争取更多的新闻自由，同时也要求新闻界承担更大的责任，践行更高的职业标准。该运动曾在1982年敦促新闻工作者们遵守全国记者联盟的行为准则，20年过后仍然还在强调这些问题，如发表付费社论等问题。媒介历史学家T. 奥玛莱认为，新闻与广播自由运动最为卓越的贡献之一就是设定了新闻职业标准的讨论方向。

到了20世纪80年代中期，由于印刷工人遭遇了失败或失业无法组织活动，而不得不从媒介研究和独立电视制作部门等领域招募工作人员来替代他们，新闻与广播自由运动工作重点由此从报纸转向广义的媒介，尤其是广播（Curran，2000）。从此，该运动组织就集中精力保护公共服务性广播免受种种威胁，这些威胁包括英国广播公司的私营化和商业化、独立电视（ITV）及其他私营广播公司的管制解除以及放开对媒介所有权封顶等政策。在1979年至1997年保守党执政的漫漫黑夜中，新闻与广播自由运动的工作任务主要是回应政府的调查、提案及立法等实际过程，其中包括1986年关于BBC财政状况的《皮考克报告》（*Peacock Report*）、1990年版、1995—1996年修订版的《广播法案》（*Broadcasting Acts*）、1991年英国独立电视台特许经营权的拍卖以及1996年BBC皇家经营权的续签等问题。然而，新闻与广播自由运动对于公共广播事业的支持也并非无可指责。在20世纪70年代，左派学者对BBC与商业媒介一样保持着意识形态的偏见提出了尖锐的批评，并因此而名噪一时；工会对BBC的报道也表示了不满［如格拉斯哥大学媒介小组的研究（Glasgow University Media Group，1976）］。在这种精神指导下，新闻与广播自由运动要求BBC提高透明度，加强责任感，并实行民主化管理，如由议会审核其董事会成员的任命、缩减其国内市场机构和商业活动，同时在政策与内容方面给予更多的地区性投入。在有线和卫星电视服务系统方面，该运动组织强调优先考虑媒介的公众服务价值。

早在1994年《新闻自由》杂志开始讨论因特网的重要性时，新闻与广播自由运动就已经将其焦点定位在“表达机制”上，而非仅限于“点对点的计算机系统或电信”媒介。但自20世纪90年代以来，新闻与广播自由运动的工作受到全球化其他方面的影响。欧洲的区域一体化使得欧洲政策与英国媒介政策的关系日益密切。特别是1997年布莱尔政府赢得大选后，推动英国法律采纳了《欧洲人权公约》（*European Convention on Human Rights*）的内容，这一做法使得新闻与广播自由运动组织与欧洲议会中支持它的成员逐渐发展为良好的合作关系，并与欧洲国家政府间的一个论坛组织——欧洲议政厅（Council of Europe）取得了联系，其媒介政策均以欧洲人权公约为指导。加里·赫尔曼（Gary Herman）在新闻与广播自由运动的全国委员会上，专门分析了欧洲政策。最近，新闻与广播自由运动开始与欧洲社会论坛及“世界基督教传播协会”联合，两者均致力于反对新自由主义对全球媒介的霸权统治。

不过，将新闻与广播自由运动描述成一群钻研政策的“呆子”就不合适了。学界的参与者（Tom O'Malley，James Curran，Mike Jempson，Jonathan Hardy）都是研究政策的专家。尤其是J. 凯然在议会工党的数个政策制定小组中工作过，并曾担任皇家新闻委员会的顾问，而最近哈代和其他人对政府的各类举动一直保持高度警惕。所以，新闻与广播自由运动绝不仅仅是为政府制定政策话语的高级书呆子。即使是处于在野党时期，工党也经常会听到代表新闻记者和产业界利益的意见。工党在布莱尔领导下的向右转、政策智囊团产业的出现、随基金拨款机会喷涌而出的意向书等取代了新闻与广播自由运动作为政策顾问的地位。但该运动组织在政策立场上长久以往地坚持反霸权政治的价值观——部分原因就是因为既定的决策领域认为理论推理是脱离实际的教条主义。用葛兰西的话来说，假如新闻与广播自由运动的学者希望成为激进民主政府的“有机知识分子”的话，那么霸权统治的发展方向恰恰是相反的。

更何况，媒介政策并不是新闻与广播自由运动的唯一职责。它还需举办接近“实际社会”的活动，关注1996年后媒介联盟所面对的社区性问题——如少数族群和边缘化群体被歪曲或者被忽略的问题、性别歧视问题、创办另类媒介和激进式媒介、媒介训练、媒介素养及媒介监控等问题。在20世纪80年代期间，新闻与广播自由运动带着“激活与调动社会各方面被媒介歪曲过的人们”的目的，与反媒介种族歧视的运动组织一起发起创建代表妇女、男女同性恋者（特别是处于艾滋病中的）、黑人和伤残人利益的“特别自治小组”（Richardson & Power，1986：202）。这些小组常常与全国记者联盟一起协助制定对各自组织成员新闻报道的指导原则、举行公众集会和发布有关新闻报道的分析（其中包括分析默多克的小报《太阳报》种族歧视问题的书）。妇女组织的研究和倡导使英国国会下议院的议员提出了控制色情刊物发行的议案，由此在新闻与广播自由运动内部引发了一场大辩论。尽管有来自三个主要党派的议员支持，该议案最终还是在1990年被否决了。该议案在左派中也引发了激烈的争论；印刷工会会员视之为对其生存的一次袭击，也有人视其为审查制度的一次演习（*Free Prees*，May/June，1999）。

原则上来说，新闻与广播自由运动拥护独立和进步媒介的扩张。它曾经在1980年协助出版了《东方末端新闻》（*East End News*），这是一份伦敦本地付费的周报，其经营模式是工人和读者合作协办。1981年，它协助复办了威尔士的另类报纸《瑞贝卡》（*Rebecca*），还帮助其他几家报社筹措资金。据T. 奥玛莱分析，该运动组织在整个20世纪80年代财力雄厚的时候，与社区媒介保持着密切的联系，但在是否要支持“社区广播”（地方性的、独立经营的专业性电台）的问题上引起了激烈的内部争论，后来被证明这是一场“政治性灾难”。正如《新闻自由》（1985年8月）总结的那样，这场争论揭示了英国激进媒介公共运动的分界线。在分界线的一面，社区电台的支持者坚持认为，包括BBC在内的传统广播被白色人种、中产阶级、男性和包括保守党政府在内的权威机构所控制，他们排斥那种认为媒介只能由政府或公司资本主义管理的“老练的斯大林主义者”（Sophisticated Stalinist）的设想，也不接受等待工党政府对BBC和独立（私营）广播公司管理层进行的改革。贾斯汀·路易斯（Justin Lewis）在其报道中指出，失业者、工人和少数族群是这个派别最狂热的支持者。“黑人”媒介公共活动的参与者也认为，社区广播是亚洲人、非洲加勒比海人和其他少数民族抵制被英国媒介边缘化的一种方式。他们不再等待政府的批准，“海盗”广播电台遍布了全国，昭示了10年后美国微型广播运动的兴起，迫使保守党政府采取措施，在1985年7月宣布了20个试验性计划。

相反，T. 奥玛莱等类似的反对派强烈反对政府认可社区广播电台。其理由是建立社区电台会为政府减少主流媒介的公共服务义务提供托词，让主流媒介变得肆无忌惮，从而产生一批不为社区服务的边缘性企业；同时也会将英国广播业分裂成由志愿者和领取低报酬的自由作者所经营的低成本单元广播电台，从而削弱了工会的力量；还可能会打开美国式的媒介商业化与集中化的闸门。保守政府已将自由市场的私有化提上议程，并计划对社区广播电台的广告不实行管制，使以上似是而非的争论一时成为热点。而新闻与广播自由运动却选择了“为人们赢得对现有体制的接近权和公众信任”而斗争。而在美国的社会背景下，以公众利益规范媒介的历史比英国要短得多，其媒介公共运动活动家心照不宣地支持另类媒介平衡，以期与无法改变的企业巨头达到平衡。

这种意识并不意味着新闻与广播自由运动完全拒绝构建新型激进媒介的策略。相反，它支持创办全国性的激进报纸。1982 年，英国劳工联合会议开始认真实施这个长期受到争论的方案。一张发行量巨大的劳工报赢得了大众的声音，使报纸系统趋于多元化，这对于立法系统的改革将是一个补充和另类的选择。这也是有先例的：从 1922 年到 20 世纪 60 年代，英国左派既发行日报，又有强大的“新闻联盟者”，使工党成了这个体制里的“赌金保管者”（Curran，2000b：38）。第一章提到过，英国劳工联合会报纸《每日先驱报》（*Daily Herald*）的关闭改变了这种状况（Curran，2002：102）。1984 年，新闻与广播自由运动就劳工报纸问题组织了一次全国性会议。尽管人们早期对英国劳工联合会议的计划表示担忧（无清晰的编辑方针，无广告客户的调查，没有对媒介工会进行过正式的咨询），新闻与广播自由运动还是在 1985 年再次举行年会时，否决了社区无线广播电台，而认可了劳工报纸。

具有左派倾向的周报——《星期天新闻》（*News on Sunday*）创办于 1987 年，然而八周后就停办了。M. 保尔在《新闻自由》（1987 年 10 月）杂志上总结说，这份报纸是一个政治性而非新闻性的项目，但是为了筹措 600 万英镑的启动资金，创办人不得不求助于“有名望”的银行家，因此而降低了这份报纸的左派立场。在内部组织上，员工们没有真正的领导阶层和共同的政治愿景，报社编辑和高级记者约翰·皮尔革（John Pilger）之间也存在着严重的分歧。媒介领域其他强大的机构，如 BBC、小报、广告商、报纸出版商协会的发行委员会都不愿报道这个激进的新贵或者给予其物质上的援助。诸多因素毁掉了该报，如与既定利益群体之间的矛盾，缺少充足的资金储备，无法克服与政界、新闻界和商界的紧张关系等。该报董事会的一名成员甚至因为批评报纸的指导方针而被开除。此前他就一直提醒说，小报的资金不足，“太过右倾、耗资过大”。《星期天新闻》的痛苦经历或许让一代人都拒绝了这种媒介策略。

其他的媒介策略如培训班、公共教育和监督项目等比较低调，因与媒介联盟的方法接近，引起的争议也较少。新闻与广播自由运动有时也主办研讨会，培训工会成员应对媒介的技能，同时也开设媒介素养和独立媒介的制作课程（与成人教育机构合作）。尽管它的大部分新闻报道来自工会和同情派的报纸，特别是《卫报》（*Guardian*），但它偶尔也在广播媒介中打开缺口。如在 1983 年，BBC 播放了一个 30 分钟的关于新闻与广播自由运动的节目，节目主持是两位著名演员茱丽叶·克里斯蒂（Julie Christie）和比利·怀特罗（Billie Whitelaw）的。该节目提出“他们的新闻为什么是坏消息”的问题，意在“鼓励人们采取行动抵制媒介中存在的偏见和歪曲报道”，引来了大量支持新闻与广播自由运动的电话和信件。

该运动的教育性及监督性活动一直持续到1990年以后，如1993年和1995年间有关英国媒介现状的大型讨论会（后一次在欧洲范围内举行）以及针对党派偏见的媒介监督活动，是由该运动和《新闻自由》的读者志愿者于1992年至1997年国家选举活动期间组织进行的。新闻与广播自由运动在1996年发表了一份媒介宣言修改稿，并于1999年与其他媒介民主组织合作，举行英国第一个“世界新闻自由日”的官方纪念会。

但不幸的是，新闻与广播自由运动的发展历程坎坷曲折。1987年至1988年期间，该运动组织遭遇了一场大的资源危机，部分原因是由于撒切尔铲除了在政治上容易惹麻烦的市政府机构（如政府相关公司）。新闻与广播自由运动不得不裁减员工，有段时间只剩下五名员工，其中有的人是专门负责媒介中性别和种族问题的。他们被迫重新评估自己的工作重点，这引发了内部激烈的争论。最终，运动组织决定捍卫它的核心使命——正如G. 威廉斯所说的那样，“必须围绕广电业规范制度的政策进行讨论”。这次捍卫行动预示着另一个挑战的来临：传统的支持力量正在丧失。

二、联盟或是放弃

虽然新闻与广播自由运动最初的打算是成为媒介改革联盟的核心，并与该运动领域的其他组织在政治领域内进行合作，但相反的是在它的头十多年里都是按照典型的英国左派模式运作——在工会组织与政治改革家之间建立联盟。非常肯定的是，该组织的一些成员在托洛茨基分子（Trotskyist）或者共产党员那里找到了自己的政治大本营，而且其目标也赢得了来自政治领域的右倾势力的支持。在其头一年里，它还得到了中立的自由党青年派的认可，即使在执政的保守党中，也有议员在一些特殊问题上与该运动组织站在一边，如在辩驳权和新闻准则的问题上。

此外，该运动组织这些年来也为其他运动（如环保运动）提供了借鉴。最早是在1984年，生态学派（Ecology Party）加入了新闻与广播自由运动；1998年，新闻与广播自由运动策划了一次公共事件，然后在《新闻自由》刊登了一批有关媒介与环境保护的文章；它还与地球之友协会（Friends of the Earth）联合研究转基因食品，与处于前沿的市民协会、世界发展运动（World Development Movement）组织共同研究《服务贸易总协定》（GATS）和世界贸易组织议程内的文化政策问题。尽管如此，新闻与广播自由运动和新的社会运动建立联系的能力仍然受到白人男性中“老左派”观点的限制，陷入是否坚持依靠自己发展壮大的两难困境。自20世纪80年代以来，运动组织开始面临资源匮乏问题，无法开展广泛的社会运动以吸引其他社会运动组织的参与。而且其他运动组织也缺少建立联盟的愿景和精力，这些组织关注的问题过于狭窄，无法将媒介纳入运动全局，或许它们也如同妇女运动一样在政治上过于沉默，这使得新闻与广播自由运动的成员非常失望。

另外一些媒介改革组织的情况如何呢？新闻与广播自由运动争取辩驳权的活动催

生了 PressWise 网站（现已改为 MediaWise，www. mediawise. org. uk），是由新闻与广播自由运动国家理事会的元老 M. 杰普森于 1993 年创办的一个附属网站。PressWise 对产业化倾向的报刊投诉委员会（PCC）来说是一个具有替补性作用的选择，它对媒介领域（新闻业务）的关注为新闻与广播自由运动的政策重点提供了补充，能够帮助一些人（如难民和寻求避难者）受到媒介的关注。杰夫·科汉（Jeff Cohen）在访问新闻与广播自由运动组织后，在美国建立了媒介监督组织——公正与准确报道组织，《新闻自由》杂志时常称之为新闻与广播自由运动的“姐妹组织”。此外，新闻与广播自由运动还与其他自由、激进组织的媒介政策改革倡导者们共同研究某些具体的问题。其他以中产阶级为基础、在政治上采取中间路线的组织和新闻与广播自由运动在维护公共广播这个问题上具有共同的利益。它们形成了一个相互关联的组织网络，每个组织特色各异，聚集了公民社会里的志愿者。这些组织包括“受众之声”、3WE（即第三世界与环境保护广播计划）、“媒介信任”、“品质电视运动”、社区广播协会等，在“大众之声”联盟的旗帜下为新闻与广播自由运动所提出的一些问题提供了解决的动力。但它们在政治圈子里与英国媒介改革家有时不可避免地成为竞争对手——如果不是因为资金问题，那就是因为与媒介还是与决策者站在一起的问题而展开争论。在这个方面，“大众之声”有其明显的优势，那便是使用精密的语言定位其政治框架（如“公民身份”这个概念）与决策者产生共鸣，使用渐变的政策而非彻底的结构性改革，支持无党派慈善团体，根据非政府组织和媒介领域的标准采取“现实主义”的、可提高可信度的措施，等等。

新闻与广播自由运动也会在媒介领域交朋友并对其产生影响吗？当然会。从一开始，新闻与广播自由运动就拥有很多新闻事业的组织成员和支持者，包括皮尔格和帕拉斯特这样的“明星人物”，而且它还在英国记者工会和媒介工会建立了基地。但它立足于新闻编辑室的做法与 1996 年之前的媒介联盟相似。它的支持者大都是激进的改革论者和工会的强硬派。但两者都不是 20 世纪 80 年代以来后撒切尔（post-Thatcher）和后瓦平（post-Wapping）时代英国新闻文化中心的人物。在酒吧和书吧，有几个英国记者和学者向我们描述了新闻与广播自由运动在联合普通记者结成媒介改革联盟时所遇到的挑战。虽然英国广电业的客观性特征多于其保守的“质量”报或者（尤其是）情色、煽情小报的特色，但主流记者仍感到来自各方面的指责，生怕与“议程”扯上关系，尤其是害怕被视为左派。媒介管理层对于来自右派的批评更为敏感，比对左派的批评反应要强烈得多。至于全国记者联盟，虽然它一直是媒介民主倡导者的堡垒，但它并没有从意识形态上反映出这个行业乃至其组织本身的成员情况。在 20 世纪 90 年代，全国记者联盟实际上更像是一个为了牛奶和面包的联盟，其工作重点是在合同纠纷中保护其成员，尤其是那些在财政上陷入困境的地方性新闻机构，如商业性的英国独立电视广播网。

新闻与广播自由运动与媒介联盟一样，也面临着一方面要向现有媒介提出尖锐批评，但另一方面又不得不寻求与新闻记者结盟的窘境。由于英国的文化产业日益受商业因素的驱使，也由于媒介文化转为迎合受众市场的口味而远离其公共服务精神，新闻与广播自由运动的政策原则和媒介现实之间的隔阂进一步加剧了。幸好新闻与广播自由运动在所有权问题上还保留了其持久性，而且多年来它已经通过转变话语来适应时代的发展（从社会主义对新闻阶级偏见的批判转变为公共领域自由主义对公共服务性广播的维护），否则，一些持不同意见的评论家就会藐视它过于注重新闻编辑的程序问题，而在思想观念及话语方面却过于僵化。有位评论家说，新闻与广播自由运动面临着被边缘化的危险，可能沦为无足轻重的“小角色”，尽管他有点歉意地补充道，也许像他这种评论家“太容易接受现状了”。

所以，尽管新闻与广播自由运动立足于新闻领域，但它主要的政治视野是由工党（虽然它们之间并没有任何正式的联系），工会（特别是早年的印刷工会），全国记者联盟以及广电、娱乐、电影技术与戏剧联盟（英国）（BECTU）组成，BECTU 的分支会长托尼·列农（Tony Lennon）同时也是新闻与广播自由运动的主席。G. 威廉姆斯宣称，虽然新闻与广播自由运动始终保持其自主性，但如果没有工会作为基础，使该运动组织具有“老工党”的特征，它是无法幸存的——“我们不会因为有这个标志而感到羞愧”。在 20 世纪 80 年代工党还是在野党的时期，它曾经与新闻与广播自由运动的政策共同合作向企业媒介巨头发起过挑战（如辩驳权、争夺媒介经营权、期刊发行改革等问题）。

但是，工党却从来没有明确地支持过这样一个政策上的挑战者。第一届工党多数政府在 1947 年任命成立了第一届“皇家新闻委员会”，但考虑到从重点企业的国有化到建立“国民保健署”（National Health Service）这一揽子范围广泛的经济与社会改革计划，工党政府还是竭力设法避免与新闻界产生更深的敌意。当媒介受到工党政策雷达的监视时，除了激进改革者，还有其他声音，包括记者和企业利益组织也会经常起主导作用。而且除结构改革外的其他策略在不同的时期也会受到吹捧和追逐，比如对亲工党的报纸所有权的直接控制，新闻业的职业化和自我规范，对那些具有社会价值但在商业竞争中不能独立生存的少数媒介实行公共补贴等“社会市场”的方法（Curran，2000b），以及通过专业的舆论导向专家而非通过立法途径来引导媒介报道，等等。

在 20 世纪 90 年代初，工党领导对激进的媒介民主改革感到害怕。1992 年，工党把它第四次连续选举失败的部分原因归咎于保守党（Tory）报纸的影响——而事实上，民意测验表明，对工党深怀敌意的默多克的小报《太阳报》的确拉拢了足够多的选民，从而左右了这场了选举（Hackett & Zhao，1998：179）。1994 年，工党举行了一个由许多工业巨头参加的会议，1995 年又突出宣传工党新领袖布莱尔与 R. 默多克在澳大利亚的岛上旅游胜地大张旗鼓地握手言欢，直截了当地表明了工党将会改变以前的媒介政策。工党议会国家遗产部（the Heritage）的批评者声称：必须放松对所有权的管制，而布莱尔（Blair）也宣称他自己"支持一个更加开放和具有竞争性的媒介市场"（O'Malley & Soley，2000：94）。在1996年有关广播法案的辩论中，工党领袖呼吁放松对媒介所有权的管制，实际上是站在有利于保守党跨媒介经营的立场之上的。

在长时间的选举失利后，工党于1997年重新执政。在令人振奋的改革愿望刺激下，新闻与广播自由运动的会员数量短时间内急剧上升。一些最初的迹象让人立刻受到鼓舞。新的遗产部长克瑞斯·史密斯（Chris Smith）（负责通信政策）在野时就对辩驳权立法表示过支持，现在转而对该运动言听计从。而工党的确通过《欧洲人权公约》改善了英国广播公司的基金组织，加强了其隐私权。但是在关系到国家与媒介公司权力的更深层的民主化过程中，却碰到了更深层次和更黑暗的势力作怪。所以很快它就明显地表明，这些意义重大的信息自由、辩驳权和反合并的立法已不再被提上议事日程。相反，新工党政府的通信政策却正在沿着新自由主义的道路前进，并对这些政策装模作样地进行了连续性的研究和磋商。

当工党政府打算采取行动制定一部新的《传播法案》（*Communications Act*），把先前五个单独的媒介管理部门合并到一个单一的英国传播处（Ofcom）的时候，新闻与广播自由运动尽最大努力集中了所有的资源和同盟，为应对这次即将进行的立法游说了好几年。新闻与广播自由运动还在《新闻自由》杂志和其他刊物、公开的演讲上、国会的听证会上以及和充满同情心的议员的会晤上，组织发起了一场强有力的批评活动。他们指出，该法案把向美国和其他国家打开了广播电视频道所有权的大门，并且将极大地加剧跨媒介的合并和媒介所有权的集中，包括默多克媒介帝国的扩张。这就可能把英国的广播体制推向美国式的商业化体制的道路上，而同时对私营广播公司的公共服务义务将降到最低。在追求利润的竞争中，节目制作会失声，电视台将以廉价的节目去吸引观众，地区性的节目制作会被砍掉，最后只剩下英国广播公司作为服务少数族群的公共媒介机构。而且还会导致议案中的英国传播处也会出现权力的过度集中，有损于英联邦内部地区和国家（苏格兰、威尔士、北爱尔兰）之间的关系；而它的董事会也只能由政府指派，并非通过广泛的民间社会机构民主提名；其使命是促进经济的竞争以及允许在媒介企业内部进行自我规范，提升消费主义的价值观而不是公民权，并要求以"蜻蜓点水式"的管理取代过于"主动"的管理。

除了具体的批评外，意识形态上的根本差别也在起作用。新一届的工党政府已经转向了一个自由主义市场的范式，而且已下决心把市场原则推广到公共生活的各个领域，同时"几乎全盘接受了撒切尔和梅杰时代遗留下来的东西"——"重商"的工会和就业法、私有化、"市场化"的公共部门、不再普遍适用的福利体制、住房私有化和被削弱权力的地方政府（Leys，2001：42~43）。

最终，《传播法案》对公共利益运动作出了细微的妥协，于2003年获得通过。尽管新闻与广播自由运动仍然与工党的后座议员维持着一些朋友关系，但与政府越来越敌对的立场表明它已经明显没有机会对政策产生影响了。

三、新闻与广播自由运动难以界定的影响力

新闻与广播自由运动走过的道路让我们想起了自己的历史，当时的社会条件是我们无法选择的：它的命运其实与宏观的政治势力和政治潮流是捆绑在一起的。新闻与广播自由运动以对现有媒介普遍的不满为前提（这种不满在 1979 年的确存在），并竭力想把这种不满转化成具体的、进步的政策，由自愿的和具备能力的政治代理人（工党）执行。那些设想在当时并非没有道理，但为什么后来没有成为现实呢？原因是什么呢？

首先，英国工会的权力和战斗力以及新闻与广播自由运动的公民社会资源从 1980 年就开始下降了。撒切尔政府拒绝了劳工组织的“战后交易”（即社会福利计划、政策征询），加上对工会法定权力进行打击，导致 1997 年产生了被托尼 · 布莱尔赞许的“西方世界针对工会最严厉的法律”（Leys，2001：39）。再者，出版技术的改变导致了印刷业工会的失败、失业率的居高不下和会员数量的急剧下降。长期以来，使得工会在传统的具有强大战斗力的就业部门（如采矿、工程、码头、公共交通）中的决断力被进一步削弱了。有理由相信，很多工会在处理劳资关系时已经从敌对立场转向了“合作”的态度。到 1997 年，仅有 13 万工人被卷入劳资纠纷，而在 20 世纪 70 年代末期，劳资纠纷的年平均数量是 165.8 万件（Hyman，1999）。

如此相对的沉默意味着，与那个“不满的冬季”或 1984 年的矿工大罢工相比，右翼的小报已经不再诽谤污蔑工会了（它们经常把诽谤的目标指向被边缘化的替罪羊，如外来移民或者难民）。新闻与广播自由运动的成员指出，在没有劳资冲突的情况下，工人们通过资本家的报纸不大可能觉察到有什么问题存在；很多工人都相信了新工党（New Labour）政府的政治规划，而且（或者）他们已经把需要优先解决的问题从政治参与转移到了生活生计问题上。同样，他们的传播策略已经从对抗转向讨好媒介；就像 Davis（2000：173）指出的那样，20 世纪 90 年代的英国工会运动吸纳专业的公共关系人士进行广泛的公关活动，作为影响企业和政治决策制定的另类攻略，它们偶尔对媒介的报道框架会产生显著影响，比如传媒工会在 1994 年就成功地发动了一次反对邮局私有化的运动。

其次，来自新自由主义的长期攻击不仅将工会和政治左派置于守势，还迫使它们被卷入形势被动的运动中来，削弱了其自信心与洞察力——这个过程在新闻与广播自由运动内部也非常明显。工党经过了出乎意料的长期在野后，终于赢得了选举，其领导层通过正式的立法和政治鼓吹技巧不仅抛弃了媒介民主改革，而且还加剧了媒介的民主赤字，如让彼特 · 曼德尔森（Peter Mandelson）和阿莱斯戴尔 · 坎贝尔（Alastair Campbell）这样的吹捧家去胁迫批评家并影响日常的新闻报道。众所周知，政府利用对 BBC 的私有化和让其他商业广播公司共同担负其执照费是一种欲盖弥彰的威胁手

段，用来惩罚它对伊拉克战争政策的批评性报道。正如伦敦大学的传播学教师德斯·弗瑞德曼（Des Freedman）所描述的工党的媒介政策那样（*Free Prees*，March/April，2004）：

> 政府在英国传播处（Ofcom）蜻蜓点水式的规范管理中，对持久性政策和日常媒介内容都扮演了高度的干涉主义和政治化的角色。不仅仅只是在唐宁街10号（首相官邸）进行政治鼓吹和不断地骚扰，而且布莱尔和主流媒介机构之间还建立了深层次的联盟。

新工党的领导不但使工党脱离了新闻与广播自由运动之类的激进改革组织，而且也脱离了本党组织。1993年至1996年期间，托尼·布莱尔对工党进行改造，绝不是为了新闻与广播自由运动，而是为整个英国描绘了另外一幅崭新的政治图景。从那以后，新闻与广播自由运动在两个层面上拥有了通向工党大门的道路。首先，它与在议会决策委员会中有影响力的关键人群保持着公开的关系，包括影子部长们（即反对党的在野内阁成员），还有许多众议院的后座议员。他们中的一部分曾经发起新闻与广播自由运动关于辩驳权的运动，还将该运动主张上书工党中的活跃分子。其次，许多人都参加了新闻与广播自由运动年度会议的分会（这是具体组织对具体问题进行讨论的非正式会议）。工党里的某些支持者协会被并入新闻与广播自由运动中。

当布莱尔和他的“新工党”支持者重塑工党时，以上两种关系都被快速地腐化，他们实现权力集中化的决策程序及专业化的选举活动，再也难以调动分支的运动参与者。1996年之后，分支的运动参与者在工党会议中的人数逐渐减少但是企业动作成员增加，从而更进一步削弱了媒介改革潜在的组织基础。同时，布莱尔开始在工党的国会领导层选举和宣言里施加个人影响。新闻与广播自由运动这时才觉察到自己不是顺应了潮流，而是已与旧工党制定的政策背道而驰。

回顾过去的一个世纪，J. 凯然（Curran，2000b）得出结论：新闻媒介改革在英国的历史是失败的。社会的市场方法（即提供补贴用以维持多样性来抵制商业的压力）已经在新自由主义占优势的年代日渐式微，如今几乎是有名无实。因为（不像挪威或瑞典）没有几家进步的或工党的报纸被保留下来。新闻业的专业化及公共服务的文化发展策略毫无进展，而公众和社会精英则对新闻媒介被滥用的现象表示了担忧和愤怒，因为它既容易导致集权主义钳制的产生，也容易引致民主的结构性变革。因此，尽管新闻与广播自由运动把新闻的政党偏见、所有权的集中和新闻报道标准的丧失都视为是民主赤字的严重表现，尽管这种政治观利用了人们的不满情绪，但仍缺少推动改革的政治机会。凯然认为，媒介从业者团结一致的力量、自由主义强大的意识形态力量以及改革运动自身的弱势等因素历史性地结合在一起，将媒介改革挤出了政治前台。

历史上，广播领域中的激进改革派有许多值得赞许之处。与美国相比，英国广播政策在培育多元化、创新性和高质量的节目制作方面取得了显著的成功，达到了自由主义关于公共领域的许多标准。部分原因是英国公共服务性广播（PSB）——包括被管制的商业频道——对撒切尔主义也有相当的应对能力。而新闻与广播自由运动和其他公众利益代表组织在削弱新自由主义对公共服务性广播的攻击方面也获得了良好的声誉。当然其他外在力量也发挥了作用——比如，公众对公共服务电视的拥戴，英国政治文化中的集体主义色彩，BBC 以独立性而著称的声望，以及政治精英只对公共服务性广播提供（Curran，2002：202）“高质量”节目所作出的支持。但公共服务性广播的力量关键在于它既是媒介民主者的资源（公共服务原则的制度化基础和公众基础，还有捍卫它的价值观及行之有效的运行模式），又是动员媒介公共运动参与者的一个障碍，因为它的相对成功能够滋生满足情绪。由于缺少像太平洋董事会“政变”那样让人惊讶的冲突或节目制作费用戏剧性地下降，新闻与广播自由运动认定它所产生的威胁显得太遥远、太虚幻而不能激起大众的抗议，这种威胁存在于其围绕着英国传播处和 BBC 重新申请许可证的运动中，或许也产生于对新自由主义所作的管理调控方面的妥协等方面。而面对右翼小报有害的政治影响，全国性日报《卫报》和《独立报》（*Independent*）却能够给予理直气壮的回击，削弱了所谓“消费者缺乏选择”的抗议声。

新闻与广播自由运动政策的孤立性的最后一个重要根源是英国媒介拥护组织的生态环境。该组织总是单枪匹马地对消费主义和所有权的集中提出猛烈的批评，尽管其批评在数量上少于初期。它在所有权议题上因恪尽职守和信守专业精神而赢得尊敬。但是产业界和基金会组织及决策者们更偏向于非党派的服务组织，或者最多也是倾向于那些中立派的政策组织，如公共服务性广播这样的“大众之声”的捍卫者；以及那些主张言论自由的团体，如“第十九条款”、“检查制度索引”或者“国际笔会”（International Pen）这样的团体。正如新闻与广播自由运动的一位成员所说，以上提到的团体，“关注点非常狭窄——只在一个安全的领域工作，停留在那里，根本不触及企业控制问题”。比较而言，新闻与广播自由运动因为各种关系盘根错节而处在危险之中。

用第三章简述过的分类学术语来解释，新闻与广播自由运动致力于对媒介领域（特别是新闻报道和业务）及其周边环境（主要是国家政策）的体制提出挑战。但它自 20 世纪 80 年代以来，就没有能力进入现实世界中强大的反霸权文化的潮流之中，其中包括另类媒介和社会运动的亚文化公共领域，从而使其挑战无法显示出效力。

新闻与广播自由运动偶尔也会越过分界线（最明显的是在 20 世纪 80 年代的社区广播和授权削减预算议案中）寻找新的落脚点，分界线位于支持独立媒介和支持公共广播之间的冲突中——或者从更宏观的层面说，这条分界线位于寻求以公共领域为主导的策略改革方面（指建立公共服务性广播）和通过独立媒介放大反大众的从属阶层之间。或许这种冲突被新闻与广播自由运动里某些教条以及被追求“分而治之”

策略的政府所恶化。例如，通过给社区广播运动参与者提供所需之部分援助——既进一步促进了政府自身的市场自由化议程，又广泛地改善了媒介资方的利益。但这些两难问题根源于当代资本主义社会中的媒介与政治的组织机构之中，比如工薪族私营的或者由政府财政拨款资助成立的媒介机构，与社区公共运动中“自动组织起来”（Atton，2003：63）的非商业性传播的运动参与者之间所存在的分歧。

有些愤世嫉俗者看到新闻与广播自由运动25年来在政策上没有取得任何胜利，因而会嘲笑它的失败，但这种判断未免太过简单。体制的制度化改革也许是成功最重要的形式，但并不是唯一的形式。新闻与广播自由运动取得的成就是微妙的，但却包含了多个层面：

首先，它对防御性政策的制定作出了杰出的贡献，抵制了商业化制度的逻辑和政治上的书报审查制度对媒介领域的进一步侵蚀。新闻与广播自由运动和其他组织一起阻止了信奉市场自由主义的撒切尔政府将BBC进一步私有化的举动，并且在废止反对新芬党的广播禁令的运动中扮演了主要角色。

其次，在组织上，新闻与广播自由运动直接地培育了PressWise之类的附属性网站，并激发了美国和加拿大的媒介公共运动成员，尤其值得一提的有如公平与准确报道组织、《新闻自由》以及新闻与广播自由运动加拿大分支机构等组织。

再次，新闻与广播自由运动向人们展示了如何围绕媒介民主化运动建立广泛的联盟，如媒介联盟等类似的组织。该运动在媒介联盟内的不同利益组织之间——甚至在曾经分散的没有参加工会组织的媒介工人与社区广播公共运动的成员之间扮演着重要的调停者角色（Richardson & Power，1986：206）。而且它在其广泛的支持者中，尤其是议会的左派和工会运动的支持者中增强了民主传播的意识。

最后，也可以说是它的主要成就，即在充满敌意的政治环境中持续地进行了各种运动、出版及援助性活动。新闻与广播自由运动自1979年以来其存在的本身就是意义重大的成功，它协助制定了关于新闻标准辩论的范畴，使此议题在公共领域长久不衰地循环辩论着。新闻与广播自由运动在普及强硬的改革措施方面也取得了成功，它甚至促使辩驳权等议题被提上议会的议程，这些成就按照后里根时代美国的标准来评判也是非常了不起的。

当然，这还不够，如果国家不改变现行规则和资源分配方法，要消除媒介的民主赤字是难以想象的。在英国，媒介民主化的斗争需要寻找新的支持者、新的动力以及新的策略，同时在新闻与广播自由运动宝贵的经验及组织关系上建立新的运动组织。以下两章将分别探讨在北大西洋社会中开展此类运动的障碍与机会。

注 释

①本章资料来自斯克特·乌兹曼（Scott Uzelman，2002）尚未出版的工作报道、新闻与广播自由运动期刊《新闻自由》以及海科特对新闻与广播自由运动成员和其他人的访问稿。

第七章

媒介公共运动面临的挑战：障碍与对手

Remaking Media

本章和下一章摘引自对美国、英国和加拿大媒介活动家近100次的深入访谈（1998—2004）的精华部分。这些谈话体现了新闻业界对公共传播民主化所面临的问题和其前景的看法。本章的焦点问题是：各方面的障碍和挑战已经把民主媒介公共运动挤到了政治领域的边缘，媒介活动家把它们当作阻碍媒介体制成功实现民主化的因素，它们直接地影响了为实现这个目标而做的动员工作。下一章的论述比较乐观些，探讨能够将媒介民主化从边缘推向政治议题中心的各种力量和资源，包括各种战略和联盟。

在第三章里介绍的资源配置观可以作为这些相关章节的一个分析框架。这种方法从实用的角度把公共运动看做是一个理性的、享有共同目标的群体，能与另外一些组织和机构进行策略上的互动。它将重点放在“设计过程，动员结构以及政治机遇”上，从而使运动得以形成、运作并且产生效果（Cormier，2004：10）。只有通过设想，即构筑诠释的框架，才能使人们理解民怨既是由社会不公造成也是可以得到纠正的。社会运动通过鼓动支持者的加入，发展群众性的机构，并利用各种机会和时机（包括建立可行的联盟和利用对手的弱点）来创造变革。

以上因素明确了进行有效运动所必备的条件，同时也暗示着关键性的困难和挑战。创建一个能使潜在的参与者和同盟产生共鸣的计划、培养共同抵制的认同感、提出建设性的政治策略等都是高屋建瓴的事业。毫无疑问，在争取传播民主化的过程中，主流媒介制度的霸权地位越来越高，它不仅是改革的目标，也是改革的障碍，不像其他一些用轰动性事件引发新闻报道以便提高媒介集团收入的运动，比如绿色和平组织和“八国生活”。媒介公共运动向媒介集团体制的合法性提出挑战，同时也面临着构建自身计划以及将计划推广到更多公众中去的困难。运动在初期动员它的支持者时，其策略的协调性也遇到了特殊的问题。尽管数字传播创新已经给媒介公共运动带来了某些机会，但是从另一方面来说，媒介公共运动因为大量根深蒂固的反对者和同一政治利益的联盟关系相对比较薄弱而受阻。

一、设计运动框架面临的挑战（framing* challenges）

社会运动利用民怨和社会的不公正来构筑群众性运动的框架，而大众媒介的民主赤字为之提供大量的原材料。但是运动框架并不是从一块完整的布上剪下来那么简

* framing 来自 frame，frame 的名词指“框架，架构；动词指“表达、制定”。framing 本用于社会学和心理学，专指个人对单词和词组的理解进行选择性地控制的过程，即人们对某个修辞进行包装，使其获得某种新的解释，从而剔除其他的解释的过程。在媒介研究中，framing 指大众传媒对媒介报道内容和立场所进行的设定和引导。比如，特殊的政治或社会运动及组织也可以制定媒介的“框架”。最早使用 framing 这个概念的人是 A. 特瓦斯基（Amos Tversky）和 D. 卡荷讷曼（Daniel Kahneman），他由此获得诺贝尔奖，他们对经济领域中的 framing 效果进行了研究（引自：http：//en. wikipedia. org/wiki/Framing_（social_ sciences），2007 -6 -30）。

单，它们是用时下流行的哲学、隐喻、意象和常识组合起来的，为了让运动框架更加有效，就必须与运动所针对的受众的情感与愿望产生共鸣（Snow et al.，1986）。我们称之为“文化机遇”[①]的话语结构界定了政治视角的范畴，运动框架根据此范畴产生作用。

对于一般性公共运动，特别是媒介公共运动，最严重的一个障碍是文化矩阵（cultural matrix），媒介活动家必须依照这个矩阵调整自己的运动框架。两股强大而又具有内在联系的力量在这里起作用：市场自由主义的政治和意识形态霸权以及媒介体制日益“归化”的商业趋势。其结果是媒介活动家所看到的民主赤字仅仅只变成了公众日常生活中一个不可避免的元素和常识。媒介在构建公共领域、维护健康社区和政治文化方面的失败，在包庇社会不公和缩小公众共识方面的同流合污，在舆论同质化和其他方面的缺陷都很容易被认为是无可争议的生活事实。我们的受访者证实了市场自由主义的霸权和媒介对集团体制的归化都是实现公共传播民主化的重重障碍。许多人悲叹，公众（包括在其他运动中的参与者）大都没有意识到媒介体制存在着严重的缺陷。《人民传播宪章》的发起人 C. 赫姆林克认为，无法认识到媒介的问题即是政治问题，就表明人们的政治素养不够。世界基督教传播协会的菲力普·李（Philip Lee）认为，就像我们呼吸的空气那样，媒介与压制以及国家权力之间的关系变得让人难以觉察。

加拿大教授 M. 瑞伯伊说，已经觉察到新闻报道被腐化的媒介活动家甚至也认为，“真正组织起来做点努力的想法还没有被广泛接受”。在英国，种族关系研究所的 H·C. 冈瑟、阿润·昆达纳尼（Arun Kundnani）很认同这个观点：当有些事情可以改变时，人们却不敢期待媒介，因为你与言论自由的争论相抵触。这种障碍在美国最大，美国是自由个人主义的堡垒。圣弗朗西斯科公共媒介中心的 H·C. 冈瑟指出，绝大多数美国人并不知道广播电视频道属于公众，也不知道电台是要办营业许可证的。事实上，媒介在误导公众，它让公众认为自己没有参与制定政策的权利。美国媒介改革家罗伯特·麦克切斯尼也认为，公众大都不知道自己有权利和能力决定自己的媒体环境，而且“企业的游说团懂得这点，并且不断地努力使人们永远都不知道他们是可以选择的”。不过他也看到了巨大的希望，“如果我们把这些提上政治议事日程，把这些作为一个实质性的问题进行讨论，我们就会取得胜利”。

如何将这些情况提上政治议事日程是问题的症结所在，但是就像我们在第四章所看到的那样，到底应该把什么提上议程，运动作为一个政治项目该如何设计运动框架连媒介活动家自己都没有一致的意见。除了对运动的本质缺乏一致认识外，许多被访者都同意“信息干扰组织”非营利性媒体培训中心 K. 笛特莱恩（Kim Deterline）的看法，他认为媒介活动家不能“用一种多数人能够理解的方式来设计问题的框架”。民权论坛的 M. 劳埃德（Mark Lloyd）说，在美国，要想领会媒介领域的意思是非常困难的，因为媒介活动家有他们自己的语言。一些学者、媒介活动家以及非政府组织人士在国际上表达了类似的困扰，因为文化、历史、政治以及纯粹的语言差异使国际上缺少一种共同而有效的运动框架。

二、动员工作所面临的挑战

动员工作能将一个群体或者利益团体从被动的旁观者变为集体的行动者（Tilly, 1978）。动员具有多种功能，如招募参与者和支持者，募集必需资源（如基金会、传播工具、技能和领导才能）以及创建维持集体行动的组织和网络。本书第三章描述的媒介公共运动类型确立了20世纪80年代以来媒介公共运动组织在英美中心地带的繁衍及扩散，但却遇到了多方面的挑战。目前的媒介民主运动浪潮是在左派势力被削弱、资本主义全球化和新自由主义政治计划大获全胜的打击下诞生的。这就是说用于维持战绩、能够转移到公共传播民主化等紧迫问题上的可用资源非常有限。无论是美国还是英国的受访者都暗示说，左派将是媒介民主化或通过媒体引导民主化进程的主要承担者。但他们同时也指出，左派的弱点将会是其主要的障碍。

很明显，分析动员工作的障碍将有助于识别目标资源的短缺，特别是人力和财力方面以及动员组织本身所存在的问题。后者包括同主流价值观的疏远、组织不力、团体之间不协调、缺乏重点和策略、下属对领导的态度问题以及领导自身的执行问题。

三、资源短缺问题

资金问题对大多数进步的公共利益团体来说是个永久性的问题。我们的采访表明，资金短缺与精力、士气、活动范围的局限性有着密不可分的关系。基金当然也可以决定组织的生死存亡。志愿者们确实给很多媒介民主团体增加了力量，特别是在响应1991年海湾战争那样的危机时，但几乎没有哪个机构能够不付报酬而生存下来。

资金紧张将导致训令不畅、因低工资和超负荷工作等人力短缺问题也导致人员的高消耗和高流动性，随之而来的是运动中断所带来的招募成本。媒介联盟的杰夫·伯尔斯泰恩指出这是一个“真正严重的困境”，甚至可以说是一场“危机”。通过从事进步性的媒介工作来谋生的确是非常困难的，这也是为什么参加媒介运动的都是没有家庭负担的年轻人。年轻人比较不容易受政策的鼓动，而倾向于选择另类媒介和直接行动，媒介运动缺少年纪大的参与者则有可能产生意想不到的政治和策略后果。[②]资金问题迫使人们优先考虑某些计划，由此而导致内部争议，本书第六章列举了20世纪80年代末新闻与广播自由运动危机的例子就很清楚地说明了这一点。

资金短缺同样使各动员组织处于相互竞争之中，特别是在美国，媒介民主团体的经济来源都高度依赖为数不多的自由派基金会。这些基金会倾向于资助那些目标明确的计划，而不愿意长期提供运作资金，从而迫使媒介运动组织将大量的时间用于构思和写作补助金申请方案。比较起来，富裕的保守派基金则会通常投资长期的机构建设项目。某些机构，如媒介联盟和另类媒介等，花费时间所培养出来的人员最后却有可能被主流媒介的高工资吸引而跳槽，这无疑是雪上加霜。

依赖基金或者政府补助金（加拿大）也会加剧资助者影响资金接受组织议事日程的困境。保持组织目标，抵制资助者的影响是一场长期的斗争。一些活动家也私下里承认他们对项目的选择受到了资助者的影响，甚至是由他们所接受的资助来决定的。K. 迪特莱恩说，基金会也应该提出更明晰的研究主题，“假如我们不适合他们的主题，就不必浪费我们的时间”。

过分悲观地看待资源短缺问题也没有必要。虽然大多数媒介民主组织由于不够权威或不够壮大而缺少资金和人员，但有的机构，比如纽约的公正与准确报道组织以及圣弗朗西斯科的独立新闻协会都曾经有过一段引人注目的扩张时期。就像股票市场一样，它们大多数经历着“牛市”和“熊市”的资金起伏期。瑞伯伊认为，“这就是一个以有限人力和有限精力为基础的运动”，正是这些有限的人能够找出问题的症结及其解决方法，但他们确实没有足够的人和力量承受压力。他同时也认为，早期阶段的运动就是这样，这并不影响运动最后的成功。

四、自我边缘化：左派需要统一步伐

我们询问了媒介运动活动家们关于阻碍动员工作成功的因素，他们对自己集体的缺点给予了坦率的批评。左派内部有个很明显的观点导致了其自身的边缘化及媒介民主运动各类举措的边缘化。我们的采访彰显了以下四个问题：

1. 与主流价值观疏远

在美国，企业霸权实际上是隐蔽的，劳埃德说：“你不得不接受令人不快的现实。”大多数人不喜欢挑战主流生活方式和价值观，而是喜欢看电视并信任本地新闻。美国左派的反抗心理将它与公共媒介中心冈瑟所说的“根本的爱国精神，即美国是民主国家中一个令人难以置信的民主大实验”的观念分离开来。正如冈瑟在 1997 年媒介与民主大会上所宣称的那样：“……我们所排斥的价值观，事实上正是激励我们理想的力量。”曾经在媒介联盟工作的弗雷德·斯考特（Fred Stout）说：“听说过这句话吗？‘抵制性文化往往毫无结果’。”“我们反对所有的东西，声嘶力竭，结果是左派政见被边缘化。”

美国左派身份认同危机的一个预兆在 1997 年的媒介与民主大会上凸显。M. 默尔（Michael Moore）将左派描绘成“国家大多数人”的代表，而另一个发言人则谴责左派“常常将自己打扮得比正常人还正常的样子，却又老是东张西望，找到一件受欢迎的事便免费搭车”。K. 笛特莱恩说，比较起来，涉及媒介问题的保守派群体实际上具有更高的媒介素养，比他们的左派同行更懂得与大众文化和谐相处。

2. 组织乏力与失调

任何动员过程的关键都是“组织起来”，这样才能有效配置人力和财力资源。我们的受访者都反复强调，需要建立更好的组织网络和协调关系。这个难题很容易形成

恶性循环，对同类组织缺乏认识将致使组织无法发展共同的策略和运动中心。缺乏共同的背景，组织之间就无法在运动中进行合作、共享资源。即使它们进行共同合作，也很难和睦相处。这并不涉及对抗或敌对的问题，有时只是简单的缺乏协调的问题。A. 迪奇特说“许多人做了大量的工作，却不知道功劳究竟应该归谁”。

缺乏协调和组织网络通常被认为是资源不足所致。圣弗朗西斯科自由电台的 R. 埃德蒙森（Richard Edmondson）说：“瞧瞧我们整天都在忙什么，大家都反对这个模式，基本上全都在压缩工作，将所有的事情都挤在一起。”另类媒体活动家、圣弗朗西斯科大学的教授 D. 基德说，另一方面，“地域性是个很大的问题”。加拿大娱乐暴力中心的 R. 迪森（Rose Dyson）也哀叹说：“我们没怎么进步，因为固执己见的人太多，我们不如右派，合作起来很困难。”

1997 年的媒介与民主大会产生了很多分歧，之后媒介联盟的 A. 巴法指出，美国媒介公共运动的问题是缺乏共同的运动项目和联系机制。人们注意到，驻华盛顿特区的公共利益团体与整个国家的基层活动家根本没有联系。有个受访者说，前者为“受压迫者”向议会和行政官员所做的游说工作通常受到了赞美，但“它们没有组织群众运动的资源、技术以及倾向”。在国际层面上也是一样，世界基督教传播协会的菲力普·李说，“各个非政府组织都在自己的那个角落里奋斗”，“他们在抽象的原则上是一致的，但协调行动则是另外一回事”。[3]

3. 缺乏共同的关注点和策略

从某种程度上说，媒介公共运动团体之间的不合作与它们之间不同的、看似不相容的运动方向和策略有关。本书前几章也提到，媒介公共运动并不是其些单个战略一起进行的。但这不一定会妨碍动员工作，因为分工也可以提高效率。但是如果活动家贬低或轻视他人的工作，就会引发问题，甚至会阻碍合作。如果缺少共同的行动计划，就更可能发生此事。

有些人把媒介当成工具，认为它仅仅是倡导社会正义的一个“副产品”，这些轻视媒介作用的人将矛头指向对媒体进行结构性改革的思想。K. 笛特莱恩也认同并说媒介和民主运动是“有用的”，但一旦它与“其他类激进运动脱离，就无法起到沟通桥梁的作用”。有些媒介活动家也认为应该优先构建另类媒体。“七个故事出版社”（Seven Stories Press）的格里格·鲁杰罗（Greg Ruggiero）认为，不要对媒介集团公司寄予什么希望，也没有必要对其施加压力。相反，我们需要创造的是“独立自主的媒介”。新闻监察工程的主任菲利普斯（Philips，1999：131）写到：“媒介财富太集中、太牢固，过于集中在企业、政府的精英手中，以至于在现行系统内进行改革变得不可能。”独立报刊协会的 J. 安纳尔也发表了类似的评论，值得详细引用：

不幸的是，当面对……这些集团企业的巨头时，能利用到你的战略中的资源总量却非常有限，以至于你能明确地发现情况非常不妙——就如你成立防震委员会，只要没有地震发生你就可以宣称自己已经成功了。我认为没人可以反对你这样做……但你必须得战斗……此外，我们的目标在变化。这些集团忙于如此大范围的交易活动，以至于不管你砍掉这条章鱼的多少只脚，对它也是毫发无损，因为它会长出新的脚来。在这个游戏里，我们赢不了美国在线和时代华纳。等到我们想出如何对付它们时，它们早已蜕变成其他东西了。

而且，依靠建立另类媒介领域也有其局限性，它使媒介活动家看不到对媒介进行结构性改革的必要性。新闻与广播自由运动的凯西·洛（Kathy Lowe）说："有时候你必须参与（主流媒介），它们会以你的名义做各种事情，你得同它们论理。"那些正设法建立另类媒介的人对自己的工作也持批评态度。一位经验丰富的组织者说，独立媒体中心简直是在"无休止地自我倾诉"。那些新创立的另类刊物，如《优涅读者》（*Utne Reader*）、《国家》（*The Nation*）、《母亲琼斯》（*Mother Jones*），虽然有些"左"倾，却仅仅是"精英之间的对话"。独立新闻协会的 D. 哈曾（Don Hazen）指出，同样，同性恋的"另类"刊物因依赖广告而被其拉拢，从而削弱了自己的政治力量。

除了媒介改革和创立另类媒介的区别外，哈曾还注意到了与之相关的分歧，有些人试图进入主流媒体行列以便能够扩大激进性信息的受众数量，而另一些人则担心扩大读者群将会冲淡他们的观点。这种差异与明显的代沟相重叠，使独立媒介中心这样的创新机构中年长的与年轻的媒介活动家之间产生了隔阂。

当然了，媒介活动家对其他组织所采用的方法也不乏批评。很多受访者批评其他组织缺少支持者，在媒介改革的组织生态中没有找到适合自己的位置，或者没能够将其指导思想和口号转变为有效的行动，也没能够抑或是不愿帮助其缔造联盟。毫无疑问，是他们之间的政治分歧在作怪。少数民族和少数性别组织坚持不懈地要求主流联合组织在创建过程中关注他们的身份认同，并重视他们的问题，这其中体现了"新闻自由"和"媒介公正"运动框架间的紧张关系。

彻底的对抗给媒介改革的宣传工作带来了问题。许多受访者都提到了各组织间对有限资金和支持者进行的"争夺地盘战"（turf wars）。美国的情况尤其如此，毋庸置疑，该国媒介公共运动的组织环境中竞争过于激烈。

运动组织内部出现了同样紧张的关系。媒介联盟的 L. 本斯凯提到，在运动组织内对成员结构及其职员是否具有足够的代表性都产生了争执。我们采访过的几位女士谈到，在工会和进步的另类媒介中男性占据支配地位的情况十分严重。然而冲突本身，尤其是在挑战等级制度时，不一定具有破坏性，就如本书第五章提到的 1996 年媒介联盟董事会的选举激活了该组织的例子那样。而且对于整个媒介改革运动来说，这样的批评并不一定会使整个媒介改革运动瘫痪或减弱。相反，它体现了这场运动的健康状态：人们明白了其差异性、他们和其他组织的区别以及为什么他们选择了其中的一个位置。

无论如何，策略是维持一场运动的根本。哈曾指出，“我们需要一个蓝图，即我们为之奋斗的东西”，但正如安纳尔所说“如果找不到实现目标的路径，这个蓝图也就黯淡无光”。

假如你不知道这种（持续）战斗的资源从哪儿来、支持者是谁……你如何管理你的组织成员？你获胜的可能性多大？你的同盟军和敌人是谁？你有什么战略战术可以进行这样的运动？这些问题你都不知道的话，你就等于没有策略，你只是模糊地以为自己做的事情没有错。

我们的受访者对侧重于短期策略的做法提出了批评，比如致力于改变主流媒体对具体问题的报道，而忽略以持续的运动来取得媒介和国家政策的结构性变化。赫姆林克指出，人们都倾向于兴奋地发表一个宣言，宣告一场运动开始了，之后便置身事外。

4. 领导阶层的问题

对于任何以民主化为主要目标的运动而言，设计一个能够预设民主化未来的领导层是一个挑战。在未来与现实之间有一个鸿沟，我们的受访者称之为“强势创始人综合征”，就是群众性组织总是围绕着某个能干和卓有见识的“优秀男性”转。④

成功的组织需要超越它的创始人而成长。公正与准确报道组织得以繁荣 20 年的部分原因归在于他们精心设计的一项战略，即让该组织的奠基人 J. 科汉退居幕后，让有能力的小团队自己作决定。相反，文化环境运动（CEM）立下雄心壮志，要为教化媒介系统成立一个常设性组织，但却举步维艰，部分原因是它被笼罩在其主要奠基人传播学者 G. 格伯纳（George Gerbner）的公共影响力和个性的阴影中。⑤

除了“强势创始人综合征”之外，媒介民主化因为领导层的效率问题而陷入困境。独立新闻协会的林达·菊和杰里米·史密斯（Jeremy Smith）提出，对领导阶层的矛盾心理，部分原因是政治风格的隔代差异化，即倾向于组织权利集中的“老警卫”（old guard）左派和“对领导阶层、等级制度有着深刻病态恐惧心理”的“年青一代活动家”之间的分歧。领导阶层的民主协调矛盾从没间断过。

五、错过的机遇和人为的障碍

正如 W. 盖姆森（William Gamson，1987：2）所指出的，某个领域一旦开展运动就不再死气沉沉，它充满着积极的社会力量，或引导、或影响、或包容、或破坏这一运动。表面看来，群体性运动的领域呈现出一种结构性的、充满活力的“政治机会”，它由支持派和反对派组成多级领域。B. 科兰德曼斯（Bert Klandermans，1992：95）提到，前者是运动组织的“联盟系统”，即支持它的群体和组织，后者是个冲突系统，它的反对者，包括敌对运动的组织。“联盟系统提供资源、创造政治机会；而冲突系统消耗资源、限制机会。”简而言之，民主媒介公共运动由于其联盟系统过于弱小，而以媒介集团为中心的冲突系统过于强大而受阻。下面，我们将讨论两个具有潜力的同盟：工会与新闻工作者。它们与媒介公共运动的关系还没有得到全面的发展，之后我们将讨论与公共运动对抗的冲突系统。

建立联盟的过程在本质上是一个充满挑战的过程。媒介改革者面临的一个挑战就是需要说服潜在同盟者不要仅仅把注意力都放在改变主流媒体报道之上。媒介联盟的B·克拉克说，“这个问题很棘手”，“因为在日常生活中，人们需要的是让自己的信息挤进主流媒体，但只能偶尔挤进去”。J. 安纳尔 1998 年提出过建议说，少数民族和穷人与媒介以及民主组织基本上没有关系，“因为运动机构并没有考虑到建立群众基础的问题……如果你宣称某些人受到媒介不公正的对待，而这些人却不加入你的阵营中发展他们，那你的运动方式一定有问题”。然而，正如我们在第五章提到的，有一种新的参与方式出现了，媒体联盟的 J. 伯尔斯泰恩描述了一种策略：有的城市正在讨论电视许可证和与媒介使用权相关的政策问题，可以鼓励那些创办自己媒介的少数民族青年活动家参与媒介政策制定者的活动。

1. 缺席的合作伙伴与文化分歧

相对于英国和加拿大来说，美国媒介改革缺少重要的伙伴，即劳工运动。彼特·菲利普斯（Peter Phillips）指出，新闻监察工程在本地获得了工会会员的支持，但却没有形成更大范围的工作联盟。迈克切斯尼和尼科尔斯（Nichols, 2002: 127）把劳工组织、教师、图书馆管理人员、主张公民自由的人、艺术家、宗教派别、民权捍卫者等都当作“天然同盟”，而他们已经“缺席了太长一段时间”。巴法认为，美国工会不再严肃对待媒体环境问题，也没有在政治上投入媒体改革[⑥]。一名海湾地区的社会活动者说，美国劳工“过于纷繁多样，很难使他们在一下子就能够站到一起来，他们之间的分歧太多”，而且在克林顿执政时期，“他们在现实中有既得利益，有时与权力非常接近”。

不过，正如在第二章中所讨论过的，根深蒂固的历史因素所起的作用更大。工党相对缺席表明了在美国工会中，冷战时期的保守主义仍存在，美国左派内部的历史性分裂问题依然严峻。越战时期反战的学生和蓝领工人之间互不相让的习性仍在作怪。英国的主流左派从劳动阶级中孕育而来，而美国当代的左派却从少数民族、学生和学术界等“非美国中层”之中产生。其结果是，美国媒介民主化的联盟系统因长期缺少左派劳工而遭到削弱。媒介联盟的 J. 史密斯认为，从历史角度来看，美国的劳工运动支撑着最进步的立法运动，因此，“一旦失去他们的支持，我们将失去运动的基础，从而使其他运动也陷入困境”。J. 杰克逊则指出，美国工会为了保持媒介对他们的正面报道而不愿意批判媒体。[⑦]

新闻与广播自由运动的凯西·达比（Kathy Darby）认为，英国劳工运动在历史上起到了推动媒介改革的作用，但现代的年轻活动家却认为工会已过时，再不像以前那样踊跃加入工会或工党。她的同事凯西·洛也指出，英国许多青年排斥现存的政治制度，因而激进派与改革派之间有分歧。同样，新闻与广播自由运动中的巴里·怀特也认同这个说法，在英国的青年中正在蔓延一种行为准则，即对政治论坛不感兴趣的自由主义，但他表示，更令人担心的是青年活动家过于关注狭隘的个体，而忽略了“更广阔的全景”。

或许，年轻人不愿加入工会或遵循传统的改革方法是情有可原的。英国有个工会会员发现，追求媒介的民主化，而不追求劳工运动民主化的做法令人沮丧。一个观察家私下里说，连全国新闻记者联盟的会员也越来越少了，它已经无法真正代表其成员，但全国新闻记者联盟的官方说明与此相反，称其会员人数正在增加。自相矛盾的是，有位持相同意见的学者也说，工会缺少相对民主对新闻与广播自由运动来说是有利的，它可从工会获得基金，因为工会会员在决定是否支持该运动方面还不是很主动。

在新闻编辑室以外，有个非常致命的鸿沟将新闻工作者与非业界媒介活动家隔绝开来。新闻工作者作为潜在的改革动因，其杠杆作用比外界大部分群体更大。当他们的工作条件、职业地位与理想遭到侵害时，新闻工作者承受着媒介领域里的企业合并、经济效益衡量原则和临时雇佣制的巨大压力。正是这些因素削弱了新闻记者的力量，使他们无力抵抗。此外，虽然北美新闻界的“客观性原则”有其积极的一面，但它在总体上却极力混淆新闻生产的整体性与商业的强制性，从而在新闻叙述中对现实作出了非常霸道的定义，由此让新闻记者放弃了挑战企业控制，也放弃了与坚持这种挑战行为的进步团体的合作（Hackett，2000：69；Hackett & Zhao，1998；McChesney & Hackett，2005：229）。

在新闻记者和民主媒体的拥护者之间难以建立联盟的部分原因还在于后者常常批评那些被新闻工作者认为是（新闻）专业主义特征的行为。新闻记者和媒介活动家对构成专业主义、民主新闻业的模式有不同的理解。公正与准确报道组织的J. 杰克逊说，新闻工作者在新闻院校学到的是一种官僚政治的、从上而下管理严密的新闻学，因此他们不会觉察到要顾及政策终端受众的看法。简而言之，客观性精神是新闻工作者参与政治活动的最大障碍。在某程度上，这种障碍是上层强加的，比如许多新闻组织严格限制新闻记者参与公共鼓动活动或市民运动。《圣弗朗西斯科日报》的一个编辑说：“我不愿意我的记者到市政厅向某些委员会求证某个问题，我认为这种事情对我们报纸的声誉和我们客观性的声誉有害。”“新闻记者非常敏感，生怕被认为怀有偏见”，媒介联盟的巴法说，“特别怕被以为偏向左派”。“一想到会与某个在媒介问题上采取强硬政治态度的组织扯上关系……所有新闻记者都会被吓跑了”。巴法指出媒介联盟被捆住了手脚，它认为自己是一个进步的公共组织，却不愿冒“完全失去记者”的风险。

加拿大广播公司（CBC）的一位记者指出，加拿大广播公司管理层对“参与或联系任何与自身无关的联盟都十分勉强”，因而不愿意报道加拿大广播之友（Friends of Canadian Broadcasting）对其公司裁员的抗议活动。但是，新闻工作者自己却将客观性作为专业主义的一个特征。[⑧]这种情况在英国也一样，由新闻记者参加的工会运动已经衰落。达比声称，许多新闻工作者宁愿加入与专业伦理问题有关的全国记者协会，他们认为新闻与广播自由运动过于政治化而退避三舍。国家记者协会的官员也遗憾地表示，英国的新闻记者期盼自己是独立和富有专业主义精神的，因而不愿意加入工会或涉足政治。

在温哥华，在线杂志 *Tyee* 的创始编辑大卫·比尔斯(David Beers）担忧地说，新闻文化由于新闻业的“奖赏和处罚体系”而陷入“委靡”。新闻记者是“一个悲哀的群体”，他们拥有前沿的民主理想，他们期待可因自身的前沿性和创造力得到期盼的回报和奖励，而这些实际上与他们的工作单位受市场驱使的现实正好相冲突。但他们却不能把不满化为动力，因为他们自己“选择不成为那类人；而那些选择行动的人……已经决定走人了”。况且，媒介集团有许多年轻记者并不是出身于新闻学，而是来自于商学院，比尔斯说，批评根本“不会在他们的雷达上显示出来”。

《温哥华省报》（*Vancouver Province*）的编辑迈克·沃尔西（Mike Walsh）将这类被新闻界吸引的人称为“ 孤独的游荡者”：

> 这种情况使他们在从事新闻报道时控制信息过多的重复报道，因为大家毕竟处于竞争中……它也会妨碍人们走近联盟……因为他们不想被看做是被他人利用的工具。

加拿大传播、能源与造纸工人联盟的彼得·默多克（Peter Murdoch）评论道，新闻工作者并不怎么担心“企业的‘长手’”，却一致忧虑国家对新闻编辑的干涉。自由记者弗朗西斯·罗素（Frances Russell）说，“‘大象’在屋子里，但是他们却视而不见”，或许他们害怕失去自己的工作而不愿多说。

公正与准确报道组织和媒介联盟的活动家都谈到了“在胡萝卜与大棒政策”之间，以及在新闻媒体的内外策略之间很难寻求到平衡点。J. 伯尔斯泰恩说，“我们应该与新闻记者合作，打通这些机构，而不是简单地将他们一笔勾销”。有迹象表明，两者是可以和睦相处的。科恩评论道，新闻工作者不愿公开认同公正与准确报道组织，但在私下却对该组织的工作表示欣赏，并且在必要的时候愿意接受它的援助。格兰威尔·威廉姆斯（Granville Williams）承认新闻与广播自由运动对新闻业是持批评态度的，但该运动在某种程度上却赢得了新闻工作者的尊敬，因为该运动组织保护了新闻记者免受政府攻击。所以，在涉及不同问题时，联盟的性质是会改变的。

此外，有的活动家却对过于重视联盟的建设持怀疑态度。斯考特说，“与穿千元丝质西装并乘坐豪华轿车的工会领袖”建立联盟是一种笼络行为。“业务工程”

（Praxis Project）的执行主任，M. 瑟木芭－尼克森认为，多重组织从多种角度“削弱”了媒介制度。事实上，她的论点引人入胜。确实，一项运动不一定非得具有凝聚性。比如，媒介与民主协会的“混乱和矛盾”“震出了一批人”，但也暴露了媒介活动的“团结假象”，取而代之的是人们认识到一场运动的广泛性，“任何人都无法独占”。与其他运动相比较，长期的联合对媒介民主化而言并不合适。珍妮·杰克逊指出，公正与准确报道组织与其他团体的合作项目大多是短期的，集中在单一的问题上。部分原因是与相对稳定的问题（如环境问题）相比较而言，媒介问题更复杂多变。

毫无疑问，大部分的文化分歧来自种族与性别。正如谚语中说的客厅中的大象一样，活动家很难提出并讨论这些问题，至少与白人男性的对话很难。有些人，例如迪奇特曾建议，有必要在媒介和公共运动的活动中，重新强调种族、性别以及阶级等这些最根本性的问题。特别是在美国（Gitlin，1995），这种由物质和文化地位确定的根深蒂固的等级制以及由此带来的紧张关系和反响，即“相关影响”，包括所谓的身份认同政治，形成了以进步性社会运动为表现形式的底层社会凹陷区。社会的分裂使媒介民主化运动所面对的框架建设、联盟以及领导层问题更为恶化。

2. 媒介民主化的反对者

既得利益集团对媒介民主改革有明显的阻碍作用，他们得忍受失去由于控制公共传播而获得的权力和利益。那些世界最大的传播联合企业总是站在全球性的“讲道坛”上鼓吹私有化的“福音”，宣扬“大众没有能力为自己做主”（Hamelink，1995：32～33）。

媒介民主化的“冲突系统”在本质上超越了媒介领域本身，表现了媒介在报道社会公平与相关政策等问题上的挣扎和斗争心理。独立新闻协会的 N. 所罗门（Norm Solomon）援引了“美国主要智囊团，例如美国传统基金会、美国企业研究所以及卡托研究所”的支配作用。工会会员在媒介和民主代表大会上谈到，全国劳资关系委员会和一些公司竟花费数千美元每票的价格来否决工会组织的目标提案。公众健康与反暴力委员会的成员将烟草业、酒业、政府及其机构、快餐连锁店以及国家枪支协会界定为该委员会反对的目标范畴。但总体上，被荷兰传播学教授 C. 赫姆林克（1995：31）称为“民主理想的敌人”的媒介集团，其联合机构以及它们的政治和知识界盟友是关键的反对者。

在国际上，媒介民主化的反对力量和规模都远远超过了 20 世纪 70 年代他们在“世界信息与传播新秩序”辩论期间的水平。当时，“联合报刊、国际新闻协会等组织给人们留下了深刻的印象，现在它们都已经破产了”，赫姆林克说，“现在我们面对的是像美国在线和时代华纳这样的公司，它们的股票价值相当于整个荷兰的经济”。

媒介集团公司也是强大的对手，这其中有许多原因。首先，它们控制了重要的财政资源，使其能够作出有利于自己的战略选择。比如，有关集团收购方面的研究一直无人问津，这是因为存在着一个意图十分明显的战略，即通过美国在线基金会这样的机构，只资助有关数字鸿沟的研究，而排斥与控制媒介的所有权和与远景有关的研究。世界基督教传播协会的P. 托马斯特别描述了这些组织是如何成功地使有关媒介作用和信息技术的宏观辩论是如何被边缘化的。他提到，凡是对信息技术提出质疑的、引起人们关注私营企业和政府部门的项目立即被当作卢德分子*（Luddites）而遭到否决。瑞伯伊指出，拥护全球化的势力中已经形成了一种“囊括”信息资源的“动向”，而信息资源来自独立媒介运作。世界基督教传播协会的菲普·李补充说，“环顾世界上任何一个地方，你都找不到传播民主化的倾向”。“事实上，现在的趋势是保护现有的权力阶层、业主以及整个体制。”

其次，媒介集团比其他行业的集团公司更直接地控制着宣传活动，以提升自身的地位或诋毁和胁迫那些敢向他们挑战的人⑨。媒介企业的一个权力维度是对政治和政府产生巨大的影响。“加拿大新民主党”议员温笛·李尔（Wendy Lill）提到了加西环球传播集团（CanWest Global，简称“加西环讯”）和贝尔加拿大投资公司（BCE）给执政的自由党捐款以及媒介企业的说客在政府中所产生的影响。美国的受访者也提到，2000年以来美国国会削减了许多微型电台广播运动的预付款。此外，人们甚至滥用《宪法第一修正案》来推广企业的概念，使得媒体更加难以履行其责任。在英国，巴瑞·怀特说，“政府和媒介所有者之间形成了一致的意见”，要阻止人们对媒介政策进行质询。他以R. 默多克和托尼·布莱尔在1997年大选之前达成的协议为例，默多克同意取消批评性的新闻报道以换取布莱尔撤销工党对媒介进行民主改革的计划。

媒介企业另一个权力维度是对劳动力的支配。加拿大媒介工会的一名会员指出，与大型媒介联合企业进行商讨是很难取得大成果的。例如，在《卡尔加里先驱报》（*Calgary Herald*）罢工期间，霍林格国际报业集团从美国引进了工人，破坏了罢工。此外，由于媒介所有权的集中，如果雇员与老板发生矛盾的话，媒介公司就可以使该雇员在本行业其他地方都找不到工作。

有的被访者把“有组织的政治保守派”也定义为媒介改革的反对者。保守派向来擅长创建自己的媒介，圣弗朗西斯科的一位进步的传播界律师指出，保守宗教团体利用不公平的微型广播的部分合法性而申请的新执照远远超过了公共运动组织，因为这些宗教团体的组织能力强，并拥有更多资金来从事宣传活动。美国右派的另一个有力武器是媒介“左派自由主义”的神话。理智地来看，那个神话是站不住脚的：它

* 卢德分子意指仇视新奇发明的人。内德·卢德是19世纪初期的英国纺织工人，他砸毁了许多新奇的发明——那些快让他失业、快让他无法再用自己的特殊才能养家糊口的织布机。1813年英国政府以所谓的“破坏机器”重大罪行将十七个人处以吊死之刑。参见：库尔特·冯内古特 http://www.wenjingbook.com/books/bkview.asp? bkid=120463&cid=358813。2006-11-09 9:55:45。

设想由新闻记者控制着新闻，在政治上属于中间偏左派，并且滥用权力来推广自己的政见，而不是“客观地”报道。而这所谓的“客观”不过是与保守派评论家的世界观保持一致。这些设想在本书第二章概述的研究理论中受到尖锐批评。然而神话仍在继续，因为有雄厚资金做后盾的政治保守派，包括那些专门批评媒介所谓“左派”偏见的机构持续而积极地推广这个神话。[10]有趣的是，很少有受访者认为这个神话或右翼机构是媒介民主化的障碍，这表明也许这两者之间几乎没有直接的联系。然而，左派自由主义神话的政治后果是很明确的：美国主流新闻界在批评报道保守派立场和政客的时候变得更加胆怯，公众对“媒介问题”的理解被保守派错误百出的评论所歪曲。因此，2003 年的一个调查显示，45% 的美国人认为媒介“太自由”，比较而言，15% 的人认为媒体“太保守”（McChesney，2004：114）。[11]

3. 后“9·11”的政治气候

“9·11”事件以后多变的政治气候，加上布什政府的“反恐战争”，海外的军事冒险以及“爱国者法案”中的国内监视计划（包括异议的非法化），改变了媒介民主化的冲突系统。怀特所描述的英国的“报道军事化”对新闻媒介产生的影响也远远超出了美国本土。然而，英国报刊提出了强烈的批评，特别是《卫报》和《每日镜报》对 2003 年美国入侵伊拉克的政策及英国对此事的参与提出了尖锐的批评。

北美的情况不同。在加拿大，2001 年 10 月女权主义教授索巴尼发表演说，严厉指责美国的外交政策。比尔斯也认为，媒介对此演说的反应体现了新的麦卡锡主义（McCathyism）。在右翼的《国家邮报》（*National Post*）领导下，国内的专栏作家不仅指责索巴尼，还连带指责联邦内阁部长何笛·芙莱（Hedy Fry）出席那次演讲。这个趋势对美国媒体影响更深远。《圣弗朗西斯科纪事报》解雇了索特，他发出了该报纸本地专版最进步的声音。媒介联盟的伯尔斯泰恩认为这是“这个趋势为扼杀了那些‘9·11’记者的声音，他们企图为反恐战争留出发人深省的讨论空间”。另一个典型的例子是在第五章中已经讨论过的清晰频道（Clear Channel）海湾地区分公司解雇电台音乐节目主持人达维·D（Davey D）的事件。

我们不应该夸大“9·11”事件所带来的政治局限性。在伊拉克、新奥尔良和其他地方，布什政府自那以后已经毁掉了他们的一些政治资本。与此同时，保守势力在政治上利用“9·11”事件及该事件本身已经改变了媒介民主化的前景。尽管经济停滞和发动了不受欢迎的战争，但是一种恐惧的氛围无疑帮助布什赢得了 2004 年的再次选举。美国国内媒体对于美国外交政策中的压迫与暴力倾向多年来没有批评的报道或者根本不报道，为保守派的政治统治铺平了道路。虽然美国媒介对伊拉克政策持异议，但“它仍然是来自民主新闻界的一声遥远的呼喊”；“美国媒介仍然被掌权者向新闻工作者颁发的文件所束缚”（McChesney & Hackett，2005：232）。

综观国际大背景，艾丹·怀特（Aidan White）认为，“民主国家已着手收回不久前还显得如此重要的、基本的自由”，在欧盟和美国还包括“仓促立法、电话窃听、警察监视、加密技术、拘留移民、网络巡查、对自由运动的（限制）”等。这样的压制甚至产生了多重效应，正如“反恐战争”加强了独裁政权对西方社会人权原则的冷嘲热讽一样，它同时也为那些在正常时期都会迫害和恐吓记者的国家提供了发动新一轮媒体压迫的机会。

总的来说，“9·11”事件可能减少了媒介改革政治动员的空间，但它加剧了国家政策和媒介结构中的民主赤字问题以及处理这些问题的紧迫性，在下一章我们将探讨可以为媒介民主运动提供机会的资源和策略。

注 释

①我们感谢海尔加·霍尔格里姆斯多蒂尔（Helga Hallgrimsdottir，2002）在个别交流中提出的这个概念。

②然而，环保运动向我们证明，这个时期的美国特征强于欧洲特性，可能与美国文化的“物质主义”有关（Dale，1996）。在我们的受访者中，年龄超过40岁的媒介活动家在美国很少见，但是在英国新闻与广播自由运动中却常见。

③有时候不和谐是由表象而非真正的对抗所致：李就对世界基督教传播协会有时被“完全拒绝”而感到困惑，因为人们从这个协会名称中的“基督教”几个字里猜测它是一个福音传道者的协会。

④这看起来似乎是一个特有的美国现象；经常被人们提到的美国文化的企业精神即使在左翼团体里也非常明显。

⑤P. 佛兰克（Peter Franck）认为，文化环境运动还存在着其他方面的问题。在文件上它有很多附属机构，但却没有明确的行动方向或运动主题。J. 安纳尔指出，与其说它是一个组织，不如说是“一个高效的公共教育运动”。在这样一个意见各不相同的联盟里面很难对运动主题达成共识。董事会太庞大，难以控制且不能有效运作。运动无法培养一群拥有持续性和适当技能的支持型员工。该机构的风格如它的“罗伯特规则”（Robert's Rules）的烦琐程序那样，对年轻的运动参与者没有吸引力。鼓动会员热情和创造性的必要性难敌格伯纳的最后否决权。格伯纳认为文化环境运动与人民阵线（Popular Front）是类似的组织，人民阵线在欧洲交战时期是对抗法西斯主义的一支民主力量，但对目前的任务来说或许是一个错误的历史比喻。文化环境运动同盟差异性太大，使单一的组织无法有效运作。总之，文化环境运动昭示着大批的组织将对媒介改革发生兴趣，它培育了一个媒介教育和参与运动的学者网络，对其他组织起到归类的作用（Dichter，2005：4～5）。同时，它提供了影响组织持续发展的经验教训。

⑥有位活动家认为，部分问题在于另类报刊没有商业报刊那么团结。

⑦正如M. 戴维斯（Mike Davis，1986：8）二十年前注意到的那样，美国工人阶级由于其“内部阶层（特别是种族）、消费的私有化以及在政治和工会官僚制的无序状态”，而奇怪地融入了企业资本主义。戴维斯提议将西欧改革派的工人阶级（或许还可以加上加拿大）与“‘无组织的’、越来越‘远离政治’的美国工人阶级”区分开来（同上，在同一章原文已强调过）。

⑧ 7位被访的加拿大记者中有5位提到“客观性”（无论它是否内化的或是由管理层实施的）是他们参加政治组织的障碍。

⑨英国工党议员索雷（Clive Soley）是新闻改革的支持者，也是议会有关媒介责任咨询部的主席，关于他私生活的负面（不准确的）报道使他成了被嘲讽的对象：默多克旗下的《太阳报》（*Sun*）把他描述成一个同性恋者，并将他的照片篡改成“拉长我的牙齿使它们看上去更像吸血鬼德古拉（Dracula）那样”。伊安·莫里森（Ian Morrison）也宣称，他的私生活曾经被媒介企业跟踪过，加拿大广播之友也曾在加拿大广播电视与电信委员会（CRTC）的听证会上提出过抗议。

⑩右翼的媒体研究中心拥有60名雇员和1 500万美元的年预算，就此一个组织所占的资源就多过本书中所

列的所有关注媒介改革的激进组织（McChesney，2004：111）。

⑪相比较而言，左派自由主义的论文在英国很少有市场，科林·雷斯（Colin Leys）（在私下交流中）说可能有三种原因。第一，20 世纪 70 年代到 90 年代，保守派在作为其后盾的大部分日报中感受到了安全；他们也许不是出于自身的利益而强化媒体偏见。第二，英国广播公司在政治上非常敏锐，甚至在保守派的议会议员都有很多支持者，他们中许多人都倾向于支持自己的首相撒切尔去吸引 BBC 的注意。第三，进步的机构如格拉斯格大学媒介小组（1976）成功地宣传了左派对英国广播公司及其他媒体中存在的固有偏见所提出的批评。

第八章

媒介公共运动之跳板：机遇、资源、战略及盟友

Remaking Media

重塑媒介的确有种种障碍，但必须承认障碍与机遇之间存在着一种辩证关系。刺激各类社会运动产生的催化剂正是那些阻碍崇高理想实现的障碍物。因此，找出造成不公正状态长期存在的反派或对手是号召群众性运动的一个重要的行动性纲领。媒介体系采用的与民主价值相左并阻碍社会运动目标实现的方式恰恰成了促使大众参与以媒介改革为导向运动的动因。对少许人而言，这种阻碍恰恰是一种动力。民权论坛组织的马克·罗拉得认为，美国许多左翼公共运动参与者在反抗具体的对象时，就会处于最佳的工作状态。

当然，如果这些阻碍势不可当，将更可能诱发其他的反应，从适应（尤其是享有经济特权的群体）到顺从默许（Gaventa，1980）、沮丧失望直至愤世嫉俗，在当前全球化秩序中的贫困和暴力边缘区域甚至将出现社会内部分裂。

分崩离析的社会结构和社会性的疏远缺乏社会运动所必需的市民储备力量。但是如果在障碍和运动的起始之间存在大致的均衡，那么媒介的民主赤字，即阻碍社会运动实现其眼前政治目标的因素也能够成为运动的催化剂。英美民主的发展就是如此。[①]本章将探讨媒介激进运动活动家所指认的传播民主化运动中的关键性跳级及其策略。

一、公共运动的“拨火棍”

带有负面影响的政治事件将刺激公共运动的产生，就如被火烫的拨火棍贴在人身上会产生剧烈反应一样。受访者给我们列举出许多拨火棍的例子。谈论得最多的是新自由主义的胜利。公民独立公共广播组织（Citizens for Independent Public Broadcasting）的杰瑞·司达（Jerry Starr）认为：“资本的日益全球化及公共机构的私有化为我们营造了一种情境。人们坚信，在企业利益日趋主导政府行为的大众社会中必须加强民主的力量。”

2000年乔治·布什在选举中极具争议性的获胜也是一个具有刺激性的“拨火棍”。战略进步信息网的霍里·明奇（Holly Minch）说，选举的失效向人们展示了媒介使用权与竞选中财政问题之间是如何联系的。更微妙的是，对于包括劳工在内的很多进步性组织来说，布什在2000年的胜出打破了他们在克林顿时期的要在谈判席上拥有发言权的幻想，这使他们不再犹豫而是公开地反对政府。

媒介产业的雇员也遇到过激起他们采取行动的“拨火棍”。加拿大以及英国的新闻记者和工会的官员提到，“下岗”和商业对社论的公正性有很大的威胁。据加拿大传播、能源与造纸工人联盟的一个官员说，公然以商业目的作为报纸经营模式的迈科报系（McNewspaper）成为加拿大报纸编辑部工会组织的一个催化剂。同样，报纸业者对社论的强势干预，如艾斯柏家族强迫编辑部在其加西集团（CanWest）报纸上刊登集中的社论，也激起了编辑部尤其是持不同政见者的抵制。

我们采访的公共运动活动家谈到过一些具有催化剂作用的特殊事件及媒介生态环

境中发生的宏观性变化。20 世纪 80 年代加拿大某个新的付费电视频道对《花花公子》的常规颁奖激起了女权主义者对媒介事件的强烈关注。美国的受访者也谈到了企业滥用《知识产权法》、学校在教室里播放广告、新型的独立杂志遭遇发行阻碍、电信法解除管制出台的规定为媒介大规模的兼并集中铺平了道路却对广告管制不力、美国通信委员会对低功率调频广播的压制、地方广播的衰落、公共广播的财政减缩及私有化、记者失去了追求公众利益的新闻报道能力以及劳工在主流媒介中被边缘化等问题。这些不合理的事情看起来没有联系却都由资本主义传播的政治经济体制所造成。

作家芭芭拉·艾伦若茨（Barbara Ehrenreich）认为，唯有将主流媒介与“绝大部分的美国人”分割开来，我们才有机会。她在媒介与民主代表大会上说：“人们看不到媒介反映他们的生活，也看不到他们关注的事情和他们的斗争。”罗伯特·布雷（Robert Bray）也声称，多次的调查研究表明，“美国人认为自己无法获知为自身、家庭及其所在社区作出决策所需要的新闻”。

当然，历史不会作出任何承诺。在消费主义的社会里，对主流媒介不满意的受众很有可能转而选择那些为之提供即时安慰的另类媒体，而不是参加媒介改革运动。媒介的民主赤字也许更有可能会培养出对政治无知和淡漠的民众，重现 20 世纪 60 年代瘾君子的口号：退避三舍、不闻不问。但公众对媒介问题的认识与不满的增长在总体上仍有助于媒介公共运动的发展。

独立新闻协会的琳达·菊说：“社会运动通常都是由那些受负面影响最大的群体发起的。”在传媒领域，这些群体包括消费者和社会活动家。但是，如果没有另一类媒体提供参照系，消费者就可能无法意识到企业性媒体的不足和其漏报的问题，但这种情形也许马上就要改变了。据安迪·欧佩（Andy Opel）教授称，建立低功率社区广播的努力为理解“媒介合并和多元化问题”创造了机会。微波广播运动的力量来自于它与人们的基本需求之间的联系，比如告知非洲裔美国居民警方在他们的居住区野蛮值勤的行为。同样，紧随全美广播巨头清晰频道的扩张之后，地方节目遭到肆无忌惮的大幅删减，成为点燃 2003 年公众强烈抗议联邦通信委员会放开对媒介集中与跨媒介经营权限制的新“火药”。对很多人来说，清晰频道使他们看到了实施媒介改革的具体案例。

正如群众运动框架理论所预言的那样，当某个邪恶的事物出现时，动员就变得容易多了。在加拿大，坎若德·布莱克给企业集团化问题带上了一副招来骂名的面具。他是霍林格（Hollinger）国际公司的负责人，于 1996 年收购了享有极高声誉的索瑟姆（Southam）报系，此举引发了加拿大新闻与广播自由运动的形成。该运动组织率先向法院提起诉讼，对此举提出挑战，其理由是此次收购侵犯了《人权法案》中规定的出版自由。

尽管联邦法院不出所料地拒绝受理此案，但这个开端成功地聚集了一批拥有共同兴趣反对媒介集中的群体。更具运动催化剂作用的是可贵的媒介服务精神的丧失，本书第五章讨论过的太平洋广播组织的转型就与此有关。该组织的斗争鼓舞了全美的媒介活动家，独立报刊协会的 J. 安纳尔说，原因是它使人们参与了一场有具体目标、意义深远的战斗，同时也向他们证明自己拥有一批支持者。

通常其他社会运动在处理媒介关系时所受到的挫折是媒介公共运动发展主要而持久的催化剂。马克·瑞伯伊教授认为，为数众多的反 WTO 运动活动家就是一个跳板，因为“他们终将认识到媒介在解决以上问题方面的局限性”。出于同样的原因，种族群体由于被排除在主流大众媒介之外，也变得更为积极。马克·罗拉德因此认为，媒介改革者应该依靠那些在现行法律制度下寻求平等的不同族群。似乎是为了证实这个观点，“9·11”事件之后，那些被妖魔化的阿拉伯裔美国人成为媒介联盟及其传播战略培训班的新成员。

正如本书第四章所言，重塑媒介的运动缺乏统一的行动框架和明确的集体身份认同感。然而，正如我们所见，民怨的不断产生也刺激着各种社会群体采取行动，只有通过行动才能逐渐形成运动的发展框架。同样地，尽管可获得的资源和机会十分有限（参见第七章），媒介民主化运动仍能够吸收社会政治性资源和社会环境中的有益成分，包括那些具有发展前景的联盟。下文将在转入战略性的关键议题前，将对这些问题进行概述。

二、积极起跳

1. 寻找良性结构

开展一个新的社会运动总是存在着不同形式。媒介运动领域受政治、文化、技术、经济和地域条件的制约，但其中的一些因素为运动的产生提供了适宜的土壤，或者说提供了一种“良性结构”（Smelser，1962）。

例如，政治系统能够为提倡以国家为中心的活动家提供方便。英国与加拿大的政治体制比美国的政治体制较易于接纳第三政党，议会在辩论中也允许表达更多的观点。加拿大媒介改革者对加拿大主权和过度的企业权力非常担忧，在“左”倾的新民主党内找到了愿意倾听其意见的知音。公众征询与议会听证委员会也为公众利益的倡导者们大开方便之门。英国工党领导层不再像之前那样支持媒介民主的改革，但该党的核心阶层中仍有新闻与广播自由运动的支持者，而且政府对某些问题（如对 BBC 的财政支持方面）与保守党执政时期相比其敌意已经减少了许多。即使美国实质上实行的是由金钱主宰选举的两党专政，其政治制度仍然会为媒介改革者提供条件。马克·罗拉德在华盛顿哥伦比亚特区有着长期的游说经验，他坚持认为在国会和联邦通信委员会中有支持者，如果他们能经常听取进步组织的意见，就会增强其政治影响力。

主流媒体机构本身也可以为自己创造机会。正如美国公正与准确报道组织的珍妮·杰克逊所说，“媒介不是单片电路”，“并非所有批判性或激进的东西都无法通过”。她的同事吉姆·诺里克斯（Jim Naureckas）补充道：“记者的确拥有一定的自主权，为理解他们本质角色的组织创造了许多制度内的机会。”即使他们不愿意加入像媒介联盟等带有明确政治意向的运动或组织，他们职业方面的担忧，如对新闻自由的担忧肯定与媒介公共运动活动家所关注的问题一致。

来自商业化的压力也并非一模一样，为大量利基（niche）市场提供专业化或“非主流式”的节目也有可能会充分赢利。从电视来说，“市场力量在某些方面有助于多元化的发展”，圣弗朗西斯科新闻改良与整合中心的一位学者说，“如果人们觉得新闻没有报道自己的观点，他们最终将关掉电视”。然而这种观点只适用于人们在文化方面的需求和接受有偿服务的目标观众。这有助于我们理解，为什么贫穷的美国黑人其媒介形象在富有的男同性恋者的媒介形象衬托之下相形见绌。

英国一位前沿学者认为大西洋彼岸的美国大学极具英国公共知识分子所缺乏的媒介批判传统，这着实让他羡慕不已。但鉴于美国新闻教育的产业化定位，他们追求媒介企业所提供的基金，同时沉迷于“客观性制度”，人们也没有必要过分乐观。不过，仍有一股生机勃勃的媒介批判浪潮在诸如哥伦比亚大学之类的新闻院校出现，同时大学也已成为媒介监察项目的主要基地，如加利福尼亚的新闻监察工程和它在北部相类似的机构“加拿大新闻观察”组织（News Watch Canada）。

在本书第三章讨论过，数字媒介的兴起也可以算作是媒介公共运动的开端之一。就像“棒球奇人”约基·贝拉（Yogi Berra）曾经说过的，“当你来到岔路口时，勇敢地走吧”。关于数字传播网络，媒介公共运动活动家们选择了岔路口的两条路：使用互联网并使之民主化。

一方面，我们的受访者认为互联网作为一种工具因其交流方便快捷、成本低廉而使公众具有授权感。在网络世界里，一个成功的运动或鼓舞人心的模式会直接产生更多的共鸣，鼓舞他人模仿或加入。另一方面，公共运动活动家将互联网作为整个媒介系统的一部分及政治斗争的场所，但这个功能不是很确定。互联网作为一个被争夺的领域，带来了诸如使用权、控制及其与社会、政治、经济不平等关系（Patelis，2000）等新议题。它同时也为年青一代的公共运动活动家构筑了一个新的社会活动平台。媒介教育中心的卡特琳·蒙哥马利（Kathryn Montgomery）发现美国的年轻人正有效地利用网络的“民用”功能创造了新的对抗阵地，特别是在“9·11”事件发生之后。温哥华的编辑 M·沃尔西提到，“有人欲将之转换成购物中心”。如果之后它仍能存活，“才会是一股正义的力量”。现在独立媒介行动中心的 L. 迪奇特却担心，如果人们对技术过于兴奋或者想当然地以为可以按照自己的意图来使用它，那么针对传统媒介的所有权集中和新闻报道偏见等问题的政策工作将会被摒弃。

也有人把经济、社会和政治进程的普遍“媒介化”看成是媒介公共运动的一个机遇。马克·瑞伯伊却认为：“当人们开始意识到媒介和传播的核心问题与他们生活中的所有事情都将产生联系时，他们就会更积极地参与到与媒介和传播有关的议题中去。”温哥华的一位新闻从业者也认为，由于正规媒介教育与“知识产业”中劳动力所占的比例都有所增加，大众的媒介怀疑论也正在上升，尽管这种媒介怀疑论还没有上升为对媒介政治经济学的深刻认识，也没有“从公民的角度来考虑应该作出什么回应”。我们的大部分受访者都是通过成人教育课程来对色情和媒介暴力等与性别相关的媒介问题进行关注的，有的人也通过新闻学、政治学或传播及文化研究学的学习来关注这些问题。高等教育的普及、社会的媒介化有可能成为培育未来媒介公共运动的土壤。

全球化开启了媒介民主化之门，尽管人们认为它是资本主义制度模式中对人类福利和民主的一个威胁。反对企业操纵的全球化跨国运动已经成为另类媒介的一股强劲的推动力。尽管运动参与者不承认新自由主义经济，但他们（如伦敦的基督教传播协会成员）却承认，全球化能够把社区与“首次感觉到住在同一个世界的人”联系起来。同时，全球化将引进西化的道德规范，这对于提高“没有女性发言权”国家中的妇女地位是有利的。

最后，某些国际化大都市所扮演的公共运动“孵化器”的角色也是增强良性结构的因素之一。另类媒介和媒介公共运动在这些城市中得到了蓬勃发展，圣弗朗西斯科就是一个重要的例子（见第五章中的详细讨论），另外，第九章也将讨论温哥华所扮演的与之相似的角色。

2. **资源**

社会运动并非建立在抽象的力量之上，而是由对自身处境有所认识并且力争影响这种处境的人们所发起的。是什么样的体验、动机及目的成为吸引公民参与媒介公共运动并保持长期兴趣的首要因素？媒介公共运动赖以生存的资源是什么？我们的访谈在此问题上得出了几个答案，但不是最终的答案。

除了第七章提到的资源缺乏问题，受访者还描述了其运动组织可以直接获取的大量资源。这些资源包括经济上的（资金和人力），心理上的（激情和自信）以及文化方面（专业技能、信誉与公众的认同）等。这些资源均可以用于组建群众性组织、为参与者提供激励（减少“搭便车”问题的发生）、惩罚或打击反对者、发起并取得媒介运动的胜利并对媒介领域或更广泛的权力领域中的其他社会角色产生直接影响。

或许，最先需要考虑的根本问题是谁会为媒介运动提供资金。资本主义新自由主义的政治经济体制对资本拥有者过度补偿，它鼓励生产和个人消费，尽管消费这些产品对社会或环境产生了巨大的危害，而对寻求集体利益和非商品利益的运动，如民主媒介的物质奖励却远远不够。在这样一种体制下，公共利益组织连生存都是一个问题，更不用说成功了。

对于媒介民主运动的成员来说，基金资源的总量太少，它仅包括小部分自由主义左派的慈善基金会的赞助（在美国尤为重要）及工会的大量会费和捐款（在英国更为常见）。加拿大和英国的地方政府或国家政府机构给予民主文化事业的捐助比患有交税恐惧症的美国多。本书第六章所提到的大伦敦议政厅就是一个最好的例子。20世纪60年代及70年代早期，由加拿大联邦政府财政补贴的国家电影局在当地社区承办了“将电影作为社会改革工具”（Henaut，1991：48）的工程。离现在较近的是20世纪90年代早期安大略省的新民主党政府资助加拿大广播之友20 000美元。

在以上三个国家中，会员交纳的会费与资助者的捐赠是重要的资金来源。这些资助者中有无私的捐赠者（在组织建立之初和金融危机时期显得尤为重要），也有的是为了换取某项好处（如杂志、课程学习甚至是医疗保险等）。在右翼基督教原教旨主义时期，人们很容易忽略宗教组织可以作为进步公共运动的一项资源。但在北半球和美国天主教的主教大会上，新教教会分别帮助媒介公共运动成立了世界基督教传播协会和民权论坛。

有些媒介公共运动在资本主义的政治经济领域中找到了生存空间，通过商品化的服务和产品的商品化开拓了一个收入渠道。最显著的是，从《国家》杂志到迈克尔·默尔（Michael Moore）在商业上获得成功的纪录片，另类媒介已为对抗性的意识形态武器开辟了一个市场。我们在1978年和2001年的两次采访中观察到，J. 安纳尔的独立新闻协会通过为独立的另类杂志提供营销和发行服务，已有显著的发展，从一个由两人组成的阁楼办公室已经发展到了现在的宽敞明亮的办公大厦，其职员也增加到17人。该组织当时已为有资金需要的杂志筹集了500 000美元的周转性贷款，为它们的前期宣传准备了充足的资金（如邮寄杂志的费用标准等问题）。公正与准确报道组织通过经营《号外》杂志开辟了商品化（但不登广告）的创收渠道，在2000年付费订阅数量已达16 000份。

在前文提到过，媒介联盟等组织利用此类收入交叉资助各类组织工作，抵制资本积累的逻辑与诱惑。例如，马卡尼·瑟木芭—尼克森组织除了筹集资金开展实践项目外，还常常利用为有支付能力的公司做咨询工作，来补贴那些无力支付宣传费用的组织。这种来自市场的生财之道尽管不是按照生产适销商品寻找赢利空间的模式，却也减少了运动组织对基金会或工会的依赖。但即使有交叉性补贴，与同领域拥有数十亿美元的广告商、媒介企业和其他政治人物相比较，媒介民主组织的资金来源真是少得可怜。媒介联盟1986年有3 000到4 000名会员，其会费收入在新闻与广播自由运动的全盛期达56 000英镑；加拿大广播之友在2000年为公正与准确报道组织募集了800 000美元（160万加元），但这些与政府的信息部门、企业的公关部或者全国性政党竞选的预算比较起来全都黯然失色。资源上的差异或多或少地直接转化为文化资源的差异。尤其是媒介活动家所进行的努力并不能使另类媒介和挑战政治制度的媒介改革者让人们在主流的声音之外听到他们的呼声。新闻与广播自由运动主办的《新闻自由》发行量达到5 000份，《号外》拥有16 000名读者，加拿大传播、能源与造纸工人联盟的20 000名会员以及“加拿大广播之友”在2000年拥有51 000名的直接邮寄资金的赞助者，这些都只是黄金时段“现实电视”节目的受众人数中极小的一部分而已。

稳健的资金来源固然很重要，但组织的生存与影响关键还得依赖其成员投入的精力和奉献，依赖于人际关系网和相互间的支持以及具有杠杆作用的现有资源。俗话说，谋钱不如谋人，我们的受访者用其经验证明了这个道理。许多创举能够成功，其原因是建立在现存的制度资源与关系网的基础之上，如基金会、大学、工会或者已有共同目标的运动组织。

也有的组织几乎是白手起家，仅仅是依靠一个或几个极具奉献精神的专业活动家组建而成的。杰夫·科汉描述了他在20世纪80年代创办公正与准确报道组织时的情况。他通过洛杉矶的朋友帮助筹集了往返纽约的机票费。在纽约，他连续数个月每周都是工作80个小时，投身于社会交际，与有可能捐助其组织的资助家会面，用自己的积蓄和朋友的捐赠与一个由志愿者组成的小团队一起工作，其中包括实习生安迪·布莱斯洛（Andy Breslaw），他因为拥有一笔遗产而可以不计报酬地工作。公正与准确报道组织现在已远远超过了它初建时的规模，但如果没有杰夫·科汉最初的奉献，它就不可能存在。

同样，如果没有新闻与广播自由运动组织的R. 威廉姆斯和汤姆O. 马磊（Tom O'Malley）及媒介联盟的安德雷·巴法等人的努力，以上组织也可能夭折了，或者仍然在艰难地挣扎。以上活动家们赢得了同行的钦佩。

对于许多人来说，媒介公共运动是他们前期政治生涯的一个延伸。媒介公共运动均源自于激进主义的品性（Crossley，2003），如女权主义团体，为实现医疗保健体制和残疾服务等社会公正所作的斗争，包括抗议削减艺术投入、反越战运动、环境保护运动、第三世界的发展运动及（英国）工会等运动。有的人为了这些目标明确的事业而接触或投身媒介，有的人则将媒介（如记者、媒介制作商或媒介批评家）当作实现普遍价值的途径。温哥华的自由记者大卫·比尔斯（David Beers）成长于美国的越战时期，这导致他在很小的年纪便感觉到自己“正处于宏大的斗争旋涡，投入其中的生活才会有价值，才会有趣”。

有一点不足为奇，即大部分媒介公共运动都是起因于那些认为媒介没有充分报道或者扭曲了他们的事业的人。大西洋广播电台的播音员拉里·本斯凯曾预言过民怨的威力：媒介集团无法“告知人们有关政治、环境和社会问题的真相”，因而才导致产生了“我们这样的一个星球……一个不平等且可耻的社会……它充满了歧视，令人发狂，毒害人们的身心健康”。

在美国，我们采访的媒介活动家多数都有另类媒体而非主流媒体工作的背景。而在加拿大和英国，媒介工会则更直接地加入对媒介企业权力提出挑战的联盟。英国较强的工会和社会主义传统解释了两者之间的区别，即新闻与广播自由运动中有的领导成员已具备新闻学和社会主义或马克思主义政治学派的科班经验，而其他人（特别在加拿大）似乎是因为在工作场所遭遇了理想幻灭之后才加入工会组织的公共运动的。

媒介公共运动与其他许多社会运动一样，通常意味着低工资或零工资、工作时间长、每日都得面对令人不快的政治现实，并且其政治结果非常不确定。是什么原因激励人们坚持参与媒介公共运动呢？从组织层面上看，媒介联盟等组织如果不为其成员提供激励的话，它将无法持续运作数十年，从它早年的社会活动到为记者和自由作家提供专业上的支持、物质上的激励，如提供课程班学习、招聘信息及医疗保险等都属于其激励成员的方式。董事会与职员的关系融洽、参与性的决策制定程序、明确的政治愿景、为职员收藏连续的公共档案、由公众的议题引发的公共事件等都有利于维持士气和员工的积极性。当然，积极且显著的成就，如太平洋“政变”必定能激活一个组织。但在新自由主义霸权横行世界的气候下，这种胜利还不够。与 20 世纪六、七十年代相比，北大西洋的左翼要是随波逐流就失去了意义，所以媒介联盟组织还必须寻找其他方面的激励方式。根据媒介联盟的成员介绍，对于个人来说“成为某个有价值的团体成员”将有助于激发个人主动与公共运动合作的愿望。有位 60 岁退休教授成了媒介改革的老将，他解释道，一般来说人们对取得政治上的结果都不是很有把握，所以只能依靠享受参加组织和运动的过程本身来持续参与公共运动。

3. **结盟与联合**

结盟与联合的方式扩大了媒介公共运动的范围。尽管在第七章提到过社会运动与社会力量的薄弱关系阻碍了它的发展，但这些社会力量本应成为其重要的组成部分。我们的受访者指出，联盟出现的局面存在多种可能性。许多受访者至少在原则上对跨组织联盟和专业联盟持支持态度。最常被提及的组织包括新闻记者、另类媒介制作商、学术界人士、工会团体、公共利益政策倡导组织、来自基层的社会正义团体以及更为广泛的社区团体。虽然表达过的想法不一定会转化为实际行动，但人们提出来的联合愿望至少表明人们都希望具有广泛基础的社会运动拥有一种持久力。

我们曾让受访者列出他们认为实际上已经是或者将要成为盟友的组织。“我们”该和谁结盟的问题自然也假定了“我们”是谁这样一个概念。特定的组织在寻找盟友时部分是依据盟友在社会和政治“地图”上所处的位置来决定的，而这张“地图”本身就由一个关系网构成。但事实上，可结盟的团体并不全在这张“地图”上，而是分成几个非常团结的群体：

（1）其他媒介激进主义运动活动家和基于传播主题的组织。

媒介组织之间在地理位置上或各自关注的主题与专业技能方面经常可以取长补短。举例来说，电台广播运动的参与者和激进派律师虽然背景不同，但都共同致力于维护言论自由和公民对电视广播的使用权。甚至有着相似“组织蓝图”的组织（Mueller et al.，2004：19）也可就同一运动项目的不同方面进行合作。伯克利媒介研究组织与公共媒介中心都是通过媒介来鼓动、倡导保健宣传活动，但后者专门负责付费广告事务。

有过“争夺地盘运动”历史的组织之间产生合作关系的可能性相对较小。不断争夺同一项目资金和客户的组织有可能会消失，或者考虑将运动使命转向竞争较少的领域。这个结论刚提出时虽然只是一种推测，却得到了穆勒（Mueller，2004：25）的证实，他在研究中发现，美国的政治、经济，环境现状，人力、财政及公众对传播政策问题的关注等都非常有限，只能在该领域中支持不超过100个全国性公共利益组织。同时，这种观点也许过于偏颇，有可能导致产生毫无根据的零和战略观点。战略进步信息网的霍利·鸣齐认为，“任务很重，未来的路还很长”。战略性进步信息网站让其他社会正义组织关注传播问题，从而增加人们对媒介相关组织（如传播工厂Communication Works）服务方面的需求。社会运动在公共议程和政治议程的推动下，其数量和规模也将大大增长。

（2）公民社会中关注进步性社会改革的非媒介宣传团体。

在美国，针对公共利益政策的运动参与者在广大的非官方组织中，特别是环境领域、公民权利、妇女平等等领域找到了自己的盟友，如公民权利组织领导层会议，全国妇女组织、工会、教会团体（包括在其他社会事务上持保守态度的美国天主教会）、一位神论普世主义者教会、儿科医师组织、公共保健组织、残疾人保护组织，主流教育和文化机构（如家长教师协会、全国教育协会和全国宗教理事会）等。还有驻华盛顿的政策倡导性组织，如美国消费者联合会和数字民主中心、激进政策研究学会，又如政策动议中心（Center for Policy Initiatives）、育儿投资基金会或防止暴力和毒品及酗酒基金会和学会、非裔美国人和拉丁美洲人协会、居民会与地方联盟以及如皮特·菲利浦斯（Peter Phillips）在“新闻监察项目”中所提到的“任何关注人权和社会正义的人士”。

（3）工会。

工会在之前的章节中被认为是美国联盟系统中的一个薄弱环节，但它们还是有支持媒介民主化的潜在动机的。工会在代表媒介产业内部员工方面，对就业保障、工作环境、（某种程度上的）新闻品格以及针对所有权、政府和商业压力等方面保护新闻记者自主权等能够起到一定的桥头堡作用。媒介产业之外的工会组织通常被大众媒介丑化的形象所困扰，但工会另有其工作重心，在公共关系方面的投资也使其无法持续地专注于媒介改革运动。曾经发生过的一次重大事件是个例外，20世纪七八十年代，英国公共部门的工作人员及参加罢工的煤矿工人对右派及亲撒切尔政府的新闻界的不公正报道表达了强烈的愤怒。由此，民怨推动了早期新闻与广播自由运动的发展。如果工会主义者们视自己为波澜壮阔的社会运动的一部分，他们就会支持媒介改革，至少对社会改革提供原则性支持。

（4）政府、政党和国家机构。

C. 赫姆林克认为一些长期性的联盟组织完全可以将政府也包括进来，因为政府机构有时与媒介民主存在着一致的利益。他本人已经与瑞士政府合作从事媒介教育的推广工作，而该政府正寻求在联合国体系中扮演不同的角色。

政治党派无论执政与否，通常都有通向政府的入口。在英国，新闻与广播自由运动曾长期视工党为其主要政治盟友。在加拿大，联邦新民主党（The federal NDP）尽管没有如一些党内成员所期望的那样优先考虑媒介问题，但还是能在议会的平台上发出媒介民主改革的呼声。温哥华有个记者提到，加拿大广电管制机构——加拿大广电委员会不能算是政治盟友，但至少是“一个出现问题时可以投诉的地方”，比较而言，“新闻理事会却起不了什么作用”。在美国，R. 纳德领导的绿党在2000年将媒介改革纳入其政纲的主要部分时，媒介公共运动者却不得不向个别政客而非政治党派求助。麦克·科普斯（Michael Copps）和乔纳森·安德斯坦（Jonathan Adelstein）是五人制联邦通信委员会中的两个民主党成员，他们曾经协助过2003年的反媒介集中化“起义”（McChesney，2004：261 ~264）。2003年媒介改革全国会议在威斯康星州的麦迪逊举行，当杰西·杰克逊（Jesse Jackson）等一些民主党党员发表演说时，共和党党员们故意不出席。然而，民主党在媒介改革的问题上几乎难以形成统一的力量。同时，美国媒介公共运动者似乎也没有将民主党作为可以结盟的组织。

（5）与媒介产业集团进行战术结盟。

有时，媒介改革宣传组织发现自己在某些特定事务上与商业利益站在一边。伊恩·莫里森（Ian Morrison）说，尽管“我们的价值观不同”，但加拿大广播之友将会与加拿大广告协会就保留加拿大广播公司区域新闻节目方面进行“合作”。双方在反对加西集团向管理部门提出的“每小时的广播时段增加几分钟广告时间”的问题上，也有共同的利益。广播之友关注的是媒介过度商业化的问题，而广告协会则担忧“与观众接触的实质效果越来越差”。媒介公共运动者有时得到了企业慈善事业的资助，乔治·索罗斯（George Soros）的“开放社会学院”（Open Society Institute）及其对苏联政治集团的媒介民主化的支持行为广为人知。另外一个例子是西雅图的年轻人网站（Youthful dot. com），他们中的百万富翁在1999年反世界贸易组织的浪潮中，因给启动独立媒介中心提供资助而广受赞誉。

有时候帮助年轻的新手其实就是一桩好生意。J. 安纳尔颇感自豪，他的独立新闻协会与阪斯（Barnes）和诺博尔（Noble）达成过协议，为独立新闻协会的期刊以“独立思考者的无党派杂志”为营销主题举办过一次大型的展览。对于以商业化方式发行的另类媒介，在媒介产业内部进行交易是其使命的直接产物。它提醒人们，唯有市场的力量，唯有开发赢利产品，才能维持媒介的多元化。

（6）与保守派实行战术结盟。

与保守派在战术上的结盟同样有效，无论在有关自由主义或是言论自由的问题上，还是在反对广播中咄咄逼人的商业化方面，如过多的暴力及劣质儿童节目等。通过对地方市镇委员施加压力，让他们将为人们提供社区节目的使用权作为地方有线电视许可证的申请条件。有位活动家在媒介教育行动联盟的峰会上将“保守派的广播、反政府类型的组织”描述为“我们最大的盟友之一”，他们将为谈判增加合法性并起到杠杆作用。

英国广电、娱乐、电影技术与戏剧联盟的格里·莫里斯（Gerry Morrissey）提到在社交方面比较保守的压力集团“英国传媒观察”（Media，Watch，UK）时说：“我们不是一有问题就与他们接触，但我们总能在某些问题上找到共同的‘调子’，一起合作。”

2003 年的反抗美国联邦通信委员会的“起义”充分证明了社会与经济保守派作为战术性盟友的重要性。当时，那些具有影响力的右翼组织（如“全国枪支协会”）用 300 万条激愤的言辞将矛头直指国会。保守派的怨言包括竞争力的衰退、地方所有权及节目制作等问题。他们都认为“公众憎恶广播电视的恶俗节目”，而媒介经营权的集中加剧了节目的恶俗性，原因就是大型媒介公司尽可能地削减制作费用，并对地方社区抱着极不负责任的态度（McChesney，2004：280）。或许某些保守派既相信他们自己那些关于左翼自由主义媒介的神话，同时又害怕媒介的集中会成为“左”倾新闻广播人员及媒介巨头的工具。

4. 联盟的远景

回顾以上联盟与联合的历史，我们得到以下四点启发：

第一，就我们所提出的问题，活动家们认为“盟友”是按照一定范围发展的，即从在同一议题上态度一致而偶尔地联合，到就某一项目进行短期合作，再到建立一个长期合作的伙伴关系，最终相互团结并自觉地相互支持、互惠互利。最后的这种结盟情况至今还没出现过。

在英国，新闻与广播自由运动组织得到了工会会员的长期资助。而在美国，媒介公共运动如美国人在生活中那样，很难与他人建立长期的伙伴关系。大多数的联盟都是聚焦于单项议题的短期合作，与其他组织合作是件艰难的事情，珍妮特·杰克逊提到的公正与准确报道组织也是这样。媒介民主大会和文化环境运动努力让不同的组织同处一室开个两天以上的会议都惨遭失败。圣安娜·约翰援引独立新闻协会的一句格言说：“没有永远的敌人，也没有永远的朋友。”

活动家的回答诠释了美国过去 20 年分裂的“身份认同政治”的影响，也是由美国强势公共利益运动激发产生的“占山为王”特性的副产品。或许还有其他原因，如公共运动组织只负责根据自己的使命或原则行事，再加上媒介问题复杂而抽象（珍妮特·杰克逊也认为如此）。

与工会和职业性协会比较而言，无论是什么原因，美国传播政策领域的公众利益倡导组织宁愿选择消亡也不愿选择被合并或接纳其他组织的指令［如根据焦点问题的变化而将数字媒体纳入自己的组织（Mueller et al.，2004：28）］。

第二，受访者收集的盟友名单，虽然不是很确切，但勾勒出了有可能形成的媒介民主联盟的框架，也勾勒出了我们在现实生活中应该考虑但却被漏掉的合作伙伴和关系。尽管有几个受访者（如罗伯特·麦克切斯尼）将那些“自诩为保守派的政治人士”算作潜在的盟友，但很少有迹象表明他们会主动开拓企业资本和国家部门的关系。

当我们要求受访者指出那些为媒介改革而有可能被调动的潜在组织时，他们实质上只是重复那些已存在的盟友名单，还重新强调了宗教、反全球化组织及学术团体。

同性恋者由于人口比例和在历史上就被边缘化的原因，媒介民主化运动似乎也把他们忘了。令人深思的是，大众文化对男同性恋的态度有所改善（如《艾伦，奇怪的人，看那丑角的奇怪眼神》），都市周刊瞄准了富裕的同性恋市场、同性恋反诽谤联盟（GLAAD）依靠与媒体巨头（如迪斯尼）合作而非对抗的政策所得到的成功，减弱了同性恋维权运动中间派对媒介企业发起批判的动力。同时，同性恋者对其他进步组织的工作重点不满意也降低了他们加入联盟并致力于媒介结构改革的意愿，这种媒介结构性改革被认为无法解决同性恋者的不平。有个活动家还哀叹说：“为什么乔姆斯基不写写媒介里存在的同性恋偏见呢?”

回溯到20世纪90年代晚期，有一个环节被遗漏了——几乎没有受访者提到在致力于改革本国传播政策的市民组织与致力于国际层面传播政策的组织（如世界基督教传播协会）之间的合作。但是，随着西雅图抗议世界贸易组织事件和1993年召开的第一届世界信息社会峰会所带来的政治机遇（仍有争议），国内公共利益媒介组织已经开始将注意力转向国际传播政策，并将其作为越来越重要的政策干预阵地。

第三，纵然现有的合作极为有限，但人们对建立联盟的必要性已取得了广泛的共识。我们在访问中就实实在在地感受到了有一批拥有成功合作关系的组织，以及人们在情况需要时还是愿意跨过各自的界线，从自己熟悉的战略计划转向更重要的领域（虽然对此领域不是很喜欢）。有两个起到桥梁作用的组织值得一提：

①公正与准确报道组织曾经促成主流媒介联合性运动。该运动联合起来掩盖由加里·韦伯（Gary Webb）于1996年揭露的中央情报局涉足尼加拉瓜压制反叛者，同时还牵涉可卡因交易（该交易给黑人社区造成了灾难性的后果）等情况。这场代号为“白雪任务”的运动包括了之前从来没有在一起合作过的美国黑人和中美洲团结组织，它展示了媒介公共运动在不同利益团体之间构建桥梁的潜力。公正与准确报道组织成员汤姆·布雷哲（Tom Blazer）在媒介民主代表大会上指出：“从其他组织那里获得支持是很容易的，无论何时提出某一议题都能获得关注，因为谁都知道我们的工作对他们的事业也非常重要。”

②加拿大新闻自由运动抵制报业合并的“共同阵线”主要包括英语媒介协会，加拿大传播、能源与造纸工人联盟（图片传播国际协会、加拿大媒介行业协会、报纸行业协会），主要公共部门的工会包括几个省的教师联盟、邮政工作者以及加拿大工职雇员工会、私营部门工会（加拿大汽车工作者协会）、两个省劳工委员会和全国

劳工委员会、媒介问题研究及倡导组织（加拿大广播之友、传媒观察）及其他进步宣传组织，如乡村尊严、全国农民联盟、社会信仰与正义天主教修会中心、全国反贫困组织、加拿大战斗网（Action Canada Network）等，另外还有加拿大最大的激进庇护组织加拿大理事会。尽管这些组织的普通成员并不是为了特别阻止康拉德·布莱克才加入以上组织，但它表明媒介改革有着广泛的组织潜力。

第四，本章与最后一章所描述的情况显示，媒介民主化成员组成的“同心圆”（详见本书第三章）发生了变化。我们曾提到，在同心圆中心的是新闻记者和其他媒介产业工作者，他们在日常工作中对劳动力的受剥削状况、僵化的创造力、资源枯竭、自主权的削弱以及新闻从业者所宣称的职业道德“客观性原则”提出挑战。但可论证的是，媒介民主化公共运动的主要力量不是来自于媒介领域的圆中心（其影响力的模糊性在第七章讨论过），而是来自于同心圈的第二圈，即那些有一定社会地位和文化资本（教育、技能、网络和政治分析）的个人和团体，这部分人需要公共表达机制，但同时又受到这个机制的限制。像其他许多社会运动一样，这个向制度挑战的推动力不是来自于社会的最顶端或最底层，也不是来自于核心部分或最外延部分，而来自于被边缘化的特权阶级。

三、战略

如第三章所述，媒介民主公共运动包含了几条不同的战略路线——通过立法改革或战略性传播直接挑战主流媒介体系及其政治经济框架，也可在现实社会中置入另类系统尤其是另类媒介。这一节，笔者从访谈中概括了一套综合行动方案，同时将之作为一个衡量民主媒介公共运动不同派别之间的竞争或者隔绝或者相互协作的关系。我们将以“政治—经济”系统为中心的运动与以现实世界“心理—文化”为中心的运动区别开来，以便突出几类公共运动形式的战略重要性。它包括了媒介企业内部的（例如由记者发起的）行动、贯穿于体制与现实世界的联盟、媒介教育、文化干扰以及各种让人们能够接受另类媒介或制作另类媒介的思维及行为。

1. 构建另类媒介

媒介民主大会（Media Democracy Congress）的一位研究小组成员提出，另类媒介有双重作用：首先，它可以揭开及弥补主流媒介的报道盲点；其次，可以为其受众提供“鼓动性信息”（为读者积极参与新闻所报道的问题之中提供详细的情况及其背景），并武装其受众，使之“面对各种问题时能够行动起来”（Stanfield & Lemert，1987；Atton，2002：86）。这两种作用分别近似于媒介民主化与通过媒介实行民主化之间的区别。

我们在访谈中并没有集中讨论另类媒介，但人们似乎远没有意识到其挑战媒介企业的公信力及在媒介企业受众市场份额方面还有强大的潜能。另类媒介并非一定要反霸权或向体制发起挑战。英国的另类媒介主要是保护某些特殊组织的利益，如数以百计的基层组织教授如何使用相机来制止警察暴力的“暗流”工程，或者组建“公众之声”之类的组织，为慈善机构及广电业志愿者团体的利益而奔走呼告等。不过，公共运动还存在一种趋势，即建设无党派独立媒介是与企业性媒体争夺公众意识控制力的最好途径。彼得·菲利浦斯（Peter Phillips）的“新闻监察工程”组织假设：如果有5%或10%的人口能从独立媒介中获得“真实新闻”，随之而来的将是广泛而强烈的媒介改革呼声。当然，另类媒介与非企业性媒介更有可能对媒介改革给予支持与关注。在温哥华，拥有另类新闻传统的独资周刊《率直的乔治》（*Georgia Straight*），其专栏中所刊登的有关“加拿大新闻观察”和“媒介民主日”的新闻比两家媒介公司的报道总数还多。

另类媒介吸纳了大量的传播技术。媒介民主团体创造性地整合了新数字、媒介和传统的大众媒体。出版刊物，如《号外》、《新闻自由》、《媒介档案》等仍是许多组织的活动核心，各类加强人际传播的集会也是，尤其是全体会议、董事会及分会等。某些组织（如公正与准确报道组织）则既为传统广播制作节目，也为网络广播制作节目。诺姆·所罗门（Norm Solomon）为报纸专栏撰写媒介批评分析文章，他的文章通过报业辛迪加在大约15家日报上发表，同时，他的“公共准确性协会”（Institute for Public Accuracy）协调网络为报纸和其他新闻媒体提供进步消息来源。

2. 媒介教育、文化干扰

以现实世界为中心的公共运动，如批判性的媒介教育，可以提高人们的文化敏锐性，为媒介民主运动的蓬勃发展奠定基础。组织成员很明确地强调了媒介教育的批判性元素（在日常生活中对媒介提出质疑）以及它对于正规的学校教育或其他类型教育的重要性。

座谈会、庆典、会议之类的公共活动是提高公共曝光率及活动家士气的绝佳机会，同时也可在与媒介民主化有着利害关系的组织和个人之间建立联系，给人们一种大集体的归属感。这也正是20世纪90年代媒介与民主代表大会、文化环境运动及最近10年来全国媒介改革会议的目的。

此外，受尼科尔斯与麦克切斯尼（Nichols & McChesney，2000）所倡导的“地球日”（类似于媒介改革）的启发，多伦多和温哥华的活动家于2001年10月组织了“媒介民主日”活动。

独立媒介中心向全世界传播了这个概念，到2002年10月，印有“媒介民主日”标志的T恤衫在巴塞罗那出售。尽管媒介民主日还没有在世界上普及，但在城市市立图书馆、各大工会和教育机构的支持下，它已成为温哥华每年一度的传统节日。

还有一些策略运用壮观的表演场面或幽默方式构筑批判意识，这些策略容易引起人们的积极关注。这样的例子不胜枚举，如2002年3月，抗议者们打扮成天使，模仿赞美诗唱着“上帝祝福你，粗鲁的专员”，讽刺联邦通信委员会主席迈克尔·鲍威尔，因为他曾经发表言论说，没有所谓的“代表大众利益的天使”对他表示过反对他解除管制的政策；“公共广播公司”（CPBS）圣弗朗西斯科站（KQED）拒播反对1991海湾战争的系列节目后，活动家许诺要让这些节目“上”，即用一个电影放映机将这些节目投射到该电台大楼的墙面上。

3. **与媒介集团公司抗争**

主流媒介使新闻公共运动活动家们的抗争之路充满了荆棘。一个重要的抗争手段就是对媒介业务及其产品进行严格的监督和记录。批判性的学术研究让人们认识到“媒介是政治控制及政治活动的客体”。正如《落基山媒介观察》对当地电视新闻内容的统计分析所证实的那样，记录媒介民主赤字，并向公众提供报道，其公信力至少对媒介业务及政策结果产生微弱的影响力。进步的媒介监督组织（有几个受访者认为，这些组织应该成立永久性的地方组织，如有可能应吸收记者参加）对媒体的内容或节目提出了具体的整改建议，得到了相关媒体的积极回应。但主流媒体也常常会受到来自“内部矛盾”的挑战。记者自身也可以运用“内部战略”来扩展新闻节目的议程表，甚至改变编辑部文化。我们的受访者所提出的战术包括追寻小规模的新闻报道、使记者参与媒介分析与批评、建立核心小组、“学会反驳管理层”等。加拿大广播公司驻温哥华的一位记者认为，要想成为公共运动者，有三个潜在的方法可供记者使用：第一，利用其新闻报道及所获取的资源；第二，通过工会和工作单位的劳资协议；第三，与工作单位之外的组织建立社会活动联盟。更令人憧憬的是，有的记者和学者已就构建全新的新闻学范式展开过讨论。例如，“公共新闻学”与“和平新闻学”运动（见第二章）以及大卫·比尔提出的另类未来新闻学（着重于推测“未来的蓝图”，而非探究“过去的错误”）。

处于主流之外的活动家应该通过与记者及其他媒介内部人士培养良好的关系来“理顺媒介脉络”，而不是与媒介对峙。令人惊奇的是，媒介运动参与者几乎没有人说自己与新闻媒介的关系不好。我们推断有以下两个原因：第一，以政策为导向的媒介改革极少引起新闻界的关注，因而缺少产生摩擦的基础。迈克切斯尼对笔者说，媒介运动活动家因认为“新闻报道永远是这场社会运动的薄弱环节”而早已放弃了努力。第二，媒介民主化运动将大部分精力放在寻找机会让媒介系统报道更多的激进性信息上。实际上，像战略进步信息网和公正与准确报道组织这样的团体，扮演了社会运动参与者与新闻记者之间调停者的角色。我们的访谈获得了各种战术性的方案：

（1）与记者进行个别谈话。

（2）与记者建立联系。

（3）用记者的语言风格与之交谈（客观性、平衡性、完整性）。

（4）提供新闻报道具有倾向性的例证，并为平衡性报道提供建议。

（5）在某些特定问题上指导记者。

这些方案可以通过针对记者召开会议、举行示威游行、分发手册等方式而得以实现。活动家们可以共同主办会议，以唤起记者的“职业性”关注，或者最好由记者主持此类论坛（尽管媒介联盟的杰夫·伯尔斯登承认，将这种论坛打造成一个政治空间同时又能让主流记者感到舒适自然绝非易事）。此外，利用“信息补贴”的方法（Gandy,1982），即通过给记者提供调查研究和文档资料的方法来降低报道的门槛。按照伯克利研究小组的观点，活动家可以制作手册为记者从公共保健角度报道暴力等问题提供消息来源，也可以授予主流记者免费订阅另类杂志（如萨斯喀彻温省的 *Briarpatch*）的权利，或者以一种诙谐的方式组织一次具有新闻价值“悬念”的游行示威活动。最后，活动家可以像公正与准确报道组织那样，在记者遇到公开的审查时支持他们，一般这都是“幕后”进行的，以免在场的记者在报道新闻时与其雇主达成妥协。

奖励杰出的新闻作品也是有效的犒赏方式。据报道，同性恋反诽谤联盟在 2000 年从其 200 万的年度预算中抽出 1/3 作为年度奖，颁发给“以积极态度报道同性恋”的媒介。同样的情况，媒介联盟在形成初期为调查性新闻颁发的“媒介联盟巨大成就奖”受到海湾地区新闻记者的青睐。当这些奖励与媒介组织公认的专业标准及捐赠组织的社会、政治目的相一致时，就会发挥出最佳的效果。

可是，许多组织都采取了“胡萝卜加大棒”的政策。后者直接针对媒介管理层和媒介从业者。公正与准确报道组织对新闻记者与媒介所有者给予严格的区别对待。他们一直批判后者。“我们追逐大鱼（指媒介管理层）时，是通过羞辱与使之难堪的方式。”例如，在发行量较大的日报上批评电视媒体。“挑战权威的最好方法就是在他们重视的新闻媒体上羞辱他们。”此类对抗方法还包括“开发利用”不同媒体之间的竞争敌对关系（特别是在电视和报纸之间）、在媒体门口组织抗议、以那些在经济上依赖社区而非全国性媒体的地方媒体为重点、雇用专业的组织开展提升媒介可信度的运动、利用新闻机构“表现出客观性”的经济诱因等。

“创造对抗性矛盾”，如抗议性的集会、游行、召开市政厅会议等可以吸引媒介的报道，迫使媒介集团和政府对民怨予以关注。加拿大传播、能源与造纸工人联盟为了在年度股东大会上增加筹码，购买了霍林格公司的股票（该公司雇佣了许多该组织的成员），该战术即属于此例。这种对抗行为作为扩大运动、设计运动行动框架的有效途径，对运动参与者公开选择、界定敌对者也颇有助益，此举出自奥斯卡·王尔德的教导，他说，选择敌人时再小心也不为过。

赢取媒介企业的最后一个策略是培养战略性传播技巧，即指导社会运动组织成员提高新闻报道技能。从具体的战术层面来说，这意味着给潜在的盟友制作针对新闻界和政客的信件模板。罗伯特·布雷解释道，更具策略性的是，以圣弗朗西斯科为基地的战略进步信息网为运动组织提供以下培训：与新闻界合作、做称职的新闻发言人、写新闻通稿、为来信及社论版撰文、策划媒介事件以及给记者写新闻摘要等。战略进步信息网不仅有效地发起了社区媒介公共运动，“增强了社区成员就自身所关注的问题发表意见的能力”，而且以新的方式将不同的基层组织联合起来。从媒介民主化的观点来看，长期的效果是进步组织能够对媒介体制进行更深刻的分析，并将媒介关系作为自己战略计划的一部分，而不仅仅只是一个事后反思。

最后，战略性传播不仅需要专业技能，更需要政治智慧，即具备在至关重要的问题上能够挑战与改变媒介报道框架的能力。例如，在艾仁·威廉姆（Erin William）被刺杀之后，“信息干扰组织”及其在圣弗朗西斯科的各盟友发动了一场成功的运动，将媒介关注的焦点从受害者所谓的犯罪行为转移到了警察的暴行之上。战略传播通常意味着为了迎合媒介喜欢的新闻角度、幽默、人情味、煽情效应等而有意识地引导新闻报道。

5. 改变游戏规则

许多公共运动者（特别是老者，但不仅仅是年老的）提倡采用现有的司法手段和政治渠道来达到改革目的。这可能包括游说政府在立法议程中优先考虑的媒介问题，同时也包括加强激进式民主运动，如改进公共广播、言论自由、网络世界中儿童的隐私问题、公众对有线电视及因特网的使用权等问题的地位。罗伯特·麦克切斯尼认为，非常有必要“让所有的政治候选人，无论他属于什么政治党派、什么职务，都要对媒介改革问题作出回应，从而使媒介改革问题成为一个政治问题”。

有趣的是，英国和美国的媒介公共运动者几乎没有谁将政治党派视为他们开展公共活动的主要领域，这大概反映了左派对“新”工党和民主党派各自的发展方向普遍存在的失望情绪。公共活动家与这些政党中有同情心的政治家确实有些联系，但看来缺少一个系统的核心小组对激进的媒介改革进行研究和重点考虑。

相比之下，加拿大联邦新民主党内部于 1995 年成立了一个由基层民众构成的核心小组，专攻以上目标。此外，作为解决突出媒介问题的途径之一，加拿大许多受访者都以候选人身份参加联邦大选，既不为新民主党也不为进步的保守党竞选，该党直到 2004 年并入保守党后才显示出它的国家主义（即独立于美国）和社会进步派立场。尽管对抗媒介集团公司将妨碍政治党派的选举活动，新民主党的议员、传播批判家温迪·里尔 2002 年非常自信地说：“议院中 50 ~ 60 个新民主党人愿意将媒介改革变成‘一个非常难以从议程中除掉的问题’。”可是，令媒介核心小组会议创始人感到困惑的是，媒介问题在新民主党最近举行的选举活动中显著度非常低，这说明了参加竞选的政党很不情愿向媒介集团发起挑战。

“民主媒介法律”组织的成员亨利·科洛尔（Henry Kroll）提倡，在美国“应建立法律阵线改造媒介”，使媒介与政治力量联手，从而得到发展，因为法院不是在政治真空中运作的。有个例子很成功，国家律师行业协会的民主传播委员会为电台广播的从业者们提供合法权利方面的咨询，协助他们将广播波段的“盗版”问题转变为宪法权利的问题。该委员会有位成员说：“我们利用法院协助社会运动向有效的方向发展……使电台广播合法化……让它最终能够得到美国联邦通信委员会的承认。”

6. 扩展与深化社会正义运动

受访者提出的大部分策略性建议都适合笔者提出的媒介公共运动模式的类型，但有个关键的主题却超越了以上范畴。D. 纪德（Dorothy Kidd）指出，如果要“深层次媒介民主运动”的话，独立媒介就得听从社会运动的领导，而不是反过来。L·迪奇特指出：关键是为媒介改革创建一个选区，方法有倾听其他社会运动的主张，领会“单个的媒体”如何嵌入社会活动的议程之中，这正是“倾听计划”组织的工作原理（www. omgcenter. org/listen/，2005）。

通过“倾听”，媒介公共运动就能超越纯粹的媒介领域而得以扩展。几位受访者都强调，以此为目标，公共运动者必须以根本问题为基点，吸收那些目前仍没有参加媒介改革运动的团体，如少数族裔群，他们将得益于媒介体制的改革，亦可吸收“有着更重要关怀价值”的教会加入运动中来。提供服务和宣传是赢得支持者的有效途径，海湾地区的自由记者在与地方新闻机构打交道的时候，就是仰仗着媒介联盟“做他们制度上的代言人”。

同样，L. 笛奇特等公共运动参与者还强调，应该以种族、阶级和性别等“极其根本的问题”为中心，这些问题中就蕴涵着媒介民主化。物质和文化地位有着根深蒂固的等级关系，这两者造成了无法调和的冲突，包括“身份认同政治”，都构筑起支撑所有进步社会运动的坐标线，这在美国尤为突出（Gitlin，1995）。本书第七章提到过，在美国，许多公共利益机构由“优秀的男性”所领导，女性员工所占比例小，她们感到自己的贡献没有得到充分的认可。媒介企业编辑部管理层女性比例也小，但是媒介公共运动中却充满了希望的征兆。由女性构成核心小组、结成组织网络，并召开女性会议，甚至开始组建自己的组织。有的媒介改革组织有意识地追求性别平等，加强女性的发言权。公正与准确报道组织制订了“女性职业计划”，其主管就是一位非裔美国女性。英国新闻与广播自由运动的男性占压倒性多数，他们也在有意识地吸纳女性进入其全国理事会。根据七故事出版社（Seven Stories Press）的格雷格·鲁杰罗（Greg Ruggiero）所说，微型广播电台的女性节目比商业广播电台多，独立新闻协会的定期另类杂志也刊登了更多支持女权主义的观点。

四、分歧性的观点

综观各类战略，媒介公共运动发展轨迹及目前的情形可以概括分为三个种类：第一，正在实施中的战略与第三章概括的计划相一致。有的战略集中于媒介制作，在内容和发行领域打造另类媒介或转变、挑战媒介报道框架；有的战略致力于改变环境条件，尤其是由政府及其各部门制定的条例和掌控的资源；大部分的举措都致力于增强公众意识，以便激发公众参加向媒介内容及国家政策发起挑战并使之转变的运动。第二，选择不同的战略并非媒介公共运动内部工作的简单分工，在某种程度上它由不同的政治立场、风格和敏感性所决定。第三，尽管在以公民社会为重点和以国家为导向的策略之间、在对抗性与建立共识的道路之间存在着强烈的差异，但绝大多数的人支持多元化，偶尔也支持在各种策略中取长补短、协同合作。

任何一方都不应被夸大。独立新闻协会的杰里米·史密斯认为，不同策略之间能够相互补充，成为“媒介民主公共运动”的核心。但是迄今为止，“每个人都只注重经营他们自己的小圈子”。然而，人们已经越来越认识到，不同的支持者和公共运动应该组合成连贯性的运动。1998 年，约翰·安纳尔提出，有必要界定具体的问题和清晰的目标，“必须选择性地进行战斗”，实行各个击破的策略，制定具体的目标，制定比“媒介民主”更具体的目标。令他很痛心的是，没有看到谁制定了以上策略。不过，2003 年，在美国联邦通信委员会发动公共运动期间，美国媒介公共运动组织似乎已经能够结合各种战术以适应环境的需要了。

美国媒介公共运动者们不仅搜集了各种运动方案，对最有可能获得成功的方案也有了深刻的认识。在公正与准确报道组织工作的彼得·哈特（Peter Hart）指出，媒介公共运动需要同时发挥桥梁性作用和扮演对抗性的角色。

> 对这件事我们得斟酌、再斟酌……因为我们要让编辑……认识到我们有充分的理由批评他们，是值得信任的组织。同时，“我们还有权利在《纽约时报》报业大厦前组织人们游行示威”。但是，一旦你这样做，就会失去一些公信力。所以说，这是个需要不断均衡的工作，需要同时分饰两角。

因此，社会运动得以持续发展的关键在于综合各种方法。也可按杰夫·科汉提出的：“建立一个足够大的联盟，让其中某些组织从事强硬的行动，另外的组织则可为媒介提供消息来源。”在媒介联盟工作的杰夫·伯尔斯泰恩提出，可以以地方社区和另类媒介组织为基点实行“逐渐扩大民众对政策问题参与度的步骤”，在此步骤中，“教育过程……与公共运动都具有改革的能力”。一旦社会运动聚集了在媒介领域及其周围环境从事运动的能量，障碍甚至都能成为公共运动的跳板。

注　释

①如在圣弗朗西斯科，绝望的买不起住房的人们、警察暴力的受害者、“要食物不要炸弹”组织的成员们名义上给公园里无家可归者提供食物实际上构成了对他们的骚扰，地方媒体（包括条件较好的另类媒体）的冷漠，等等，都很容易导致人们产生绝望的情绪。它同时也能激起愤怒，引发了 1993 年美国第一个最具活力的微波电台——圣弗朗西斯科自由电台的诞生（Edmondson，2000）。城市的住房危机也为海湾地区另类媒体网络的创办构建了桥梁。通过报道贫民窟房主“前 10 名”这样的活动，该网络发起的住房运动吸引了人们对住房问题的注意。

第九章

全球化城市公共运动的形成与反霸权问题

Remaking Media

第七及第八章如果是探讨民主媒介公共运动取得成功的一般条件，那么本章和下一章将讨论此种运动的特征及其政治属性。主要资料取自于和加拿大温哥华学者的一组访谈。温哥华人口超过200万，有很高的“全球性”意识：它是亚洲和北美之间贸易、投资和移民的门户，是富翁们风景秀丽的游乐场地，也是20世纪最重要的社会运动的堡垒。从20世纪30年代开始，温哥华就是一个劳工斗争和社会主义运动的大本营（Phillips，1967）。在20世纪70年代，这里诞生了绿色和平组织，现在它可以称得上是当今世界最有影响的环境组织（Dale，1996）；就在同一年代，温哥华成了新自由主义最成功的智囊团之一——弗雷泽研究所的发源地。20世纪80年代，这个城市举办了规模最大的年度和平集会（Hackett，1991），在80年代中期进行的城市改革运动还得到了政府的积极响应，并在2002年选举产生了一个左派加拿大议政厅（Vogel，2003）。20世纪90年代，温哥华的激进运动研究记录了“新社会运动”与劳工运动的亲缘关系和区别（Carroll & Ratner，1995），他们从不同的社会视角探究了激进运动的“跨运动”网络组织（Carroll & Ratner，1996），把绿色和平组织的媒介策略和各地的反贫穷运动与男女同性恋、双性恋、异性恋团体进行了对比（Carroll & Ratner，1999），记录了社会运动中各种不同的“对立文化”（oppositional culture）的持续性（Carroll & Ratner，2001）。

温哥华像圣弗朗西斯科一样，已经成为媒介公共运动的发源地。它是许多另类媒介的诞生地，比如合作社广播电台（Co-Op Radio），它是由听众资助的电台，自20世纪70年代就认同批判性的社会运动。温哥华也是国际知名的反消费主义杂志《广告克星》的诞生地，还是1999年世界贸易组织峰会上自“西雅图之战”后，第一批在加拿大建立独立媒介中心的城市之一。基于以上这些因素，温哥华为探索媒介公共民主化运动的形成提供了最佳场所。

以温哥华为背景的人口学研究以2001年底进行的54次深度访谈为基础，其中还包括对主要媒介公共运动团体的场域和文件（包括网络站点）的研究。我们采访了那些寻求改变媒介活动领域及另类运动的活动家（如环保运动），他们在政治传播实践中要与媒介发生联系，也会与媒介产生冲突。我们的样本是由30名参与媒介民主化运动和24名其他领域的受访者组成的。[①]其实并不存在一个温哥华媒介问题的组织或个人综合名单。我们收集了温哥华一些有影响力的组织及其参与者的资料，在此基础上作出判断与选择。换言之，我们的研究采用了目标性抽样方法，而非随机抽样方法。[②]每个受访者都被问到其政治背景、社会活动、观点和策略、其运动组织的核心团队以及受访者是否参与过其他运动组织或与之有过联系等。

本章首先概述主要的媒介公共运动组织，然后再逐一描述8个关键组织，最后将对激进组织的社会网络作用进行评判。这个分析将突出媒介公共运动的社会组织过程。通过分析有关媒介的公共运动与其他类型运动之间的关系，我们可以判断一个与众不同的媒介民主化运动已经发展到了何种程度，如只是刚刚起步，或是已发展到了前所未有的程度，或是命中注定只能充当其他社会运动的一个附属物或者补充而已。

一、温哥华局势：媒介公共运动的地方性场域[③]

总结我们访谈的结果，可以从书中得出被访问者对温哥华与大众媒介有关的最重要运动组织的评价。54 名受访者总共提到 296 个具体的主要媒介公共运动组织；总共有 93 类不同的组织，其中 63 类组织只被提到过一次，而另外 11 类则被提到过两次。表 9 - 1 列举了 19 个被提到三次以上的组织。[④]而媒介运动的参与者也认为，这些组织基本代表了温哥华媒介民主化运动的主要机构。其中被受访者提到过 10 次以上的组织占总提名的 54.4%，它们是全力投入温哥华民主媒介运动的组织。值得注意的是，54 个被访者中有 34 人都认定独立媒体是最重要的组织，这表明网络传播及开放性新闻工程在公共运动参与者心目中的显著作用。

这 19 个团体大致可以归入第三章中提到的简化类型学的四个区域，一方面形成了以真实世界为中心的运动与以制度为中心的公共运动之间的对比关系，另一方面，是针对媒介领域的运动与针对环境而进行的公共运动之间的比较（表 9 - 1，A 栏）。

我们从研究另类媒介（即那些将改革媒介领域作为主要目标、以现实世界为中心的媒体）着手，找到了公共运动最大的一个分支。上文中说的被受访者提到过 10 次以上的组织中有 7 个、被提到过 19 次的那些组织中有 11 个组织都正在致力于创办和维持现实生活中的民主传播媒介。它们以不同形式创立了独立媒体，如印刷媒体和电视，这其中有独立媒体、合作社广播电台、《哥伦比亚杂志》、《拉丁美洲人联合起来》、《红色电信》、社区独立电视台、Working TV，以及三个参与制作的组织：为“另类记者”而设立的太平洋另类记者中心（见下文）；“Tao. ca”，一个主张无政府主义的组织，致力于“建立自治的电信业”，最近把域名改为“resist. ca”；温哥华社区网，免费的。这些独立媒介的制作活动很明显构成了温哥华媒介公共运动领域的主要部分。

在以改变现实世界环境状况为目标的运动组织中，“广告克星”是被访者提到次数排第三的公共运动组织，它通过提高人们的媒介素养和批判精神而致力于环境状况的改善，所发行的杂志其实是温哥华发行量最大的另类杂志。也就是说，它以文化干扰的形式服务于反消费主义的目标，它成了一个举足轻重的独立媒体之后才完成此项使命。有个规模较小的地方组织“媒介游击队”（排在第 12 位）专门采取直接的行动进行文化干扰，例如在印刷媒介和互联网上篡改广告牌，嘲弄当地垄断性报纸上的新闻作品。

其余两个公共运动组织与民主媒介运动关系不大，却也被归入这四个扇形区。另外，有 5 个受访者提到了“动脑俱乐部”（Check Your Head），这是一个由青年人发起的大众教育组织，它以在各地高中举办专题研讨会而出名，涉及的主题有全球化、血汗工厂、教育的商业化和媒介觉醒等方面（http：//www. checkyourhead. org）。虽然西蒙弗雷泽大学的传播学院本身并不是一个媒介活动家的组织，但它在温哥华地区为培养媒介运动参与者和媒介运动组织起到了非常重要的催化作用（有几个受访者在这里接受过教育，或毕业于该校，或留校任教）。与伯明翰当代文化研究中心（Richard Hoggart & Stuart Hall, et al.）、波士顿媒介研究与媒介行动计划学院（William Gamson & Charlotte Ryan）等其他的学术机构一样，该学院已经具备独立媒体的生产能力，为加强媒介民主素养而作出了贡献。此外，部分教职人员（包括本书第一作者）开创了"加拿大新闻观察"组织（现仍设在该校内）和新闻与广播自由联盟。虽然本身也不是民主媒介公共运动组织，但它对温哥华媒介公共运动的四个方面作出了贡献。一方面它立足于现实世界，唤起公众的批评意识；另一方面，在制度领域，它为工薪阶层提供培训并颁发资格证书。它在公共运动领域里有着独特的地位。

在温哥华，很少有专门的组织将矛头直指霸权机构和那些对民主传播产生威胁与阻碍的体制。而且，在五个针对体制的组织中，有两个与"媒介公共运动"组织没有多大的关系。它们都关注媒介领域及其环境状况，对媒介企业持批评态度。其中，加拿大另类政策研究中心成立于1980年，是第四个被提及次数最多的媒介公共运动组织，也是加拿大主要的左派智囊团。它的月刊《监控者》就是独立媒介以自己的方式运作的重要例子，它的发行量达10 000多份。虽然加拿大另类政策研究中心对新闻与广播自由运动和媒介民主日（下文将予讨论）在后勤上提供低调的支持，但是它的主要功能不是媒介公共运动，而是政策导向研究。它不断发表各种研究成果（http://www.policyalternatives.ca），研究范围从土著问题到农业、税收政策、妇女平等。该中心的不列颠哥伦比亚省办公室坐落在温哥华市中心，有9个职员，建于1997年。该组织从1997年1月到2005年5月已经发表了360篇研究论文和报告。它的活动还包括制定高度前瞻性的媒介策略，从而获得了主流媒介对该中心的立场和观点的广泛报道。从这个意义上讲，加拿大另类政策研究中心致力于影响主流媒体的政治观点。同样，加拿大议政厅（http://www.canadians.org, 1985）也如此，是一个具有广泛基础的民主左派联盟，它与主流媒介和另类媒介都保持着密切的联系，但是它并不是媒介公共运动的主要参与者——尽管它在加拿大新闻与广播自由运动成立的初期阶段的确实发挥过巨大的作用。我们的受访者只以这两个组织为例的事实，说明公共运动参与者对诸如加拿大另类政策中心的媒介策略与加拿大议政厅和媒介民主运动实际活动之间界限的理解非常模糊。

在温哥华的19个目标明确的组织中，仅有3个（每一个的资料下文将分别介绍）可以被称为是媒介公共运动组织，它们的目标是反对霸权机构（"制度"），目的是改变这些机构的运作方式。媒介、政策和市民社会研究所以及新闻观察组织一直关注如何影响主流媒介的生产活动。温哥华新闻与广播自由分会是受令人尊敬的英国同名组织的鼓舞而建立的加拿大组织，该组织主要通过国家对新闻运作和媒介企业的规范进行管理，实现媒介改革策略。

下面，我们简略地描述构成温哥华媒介民主运动领域中不可缺少的 8 个组织，我们从 3 个专门研究创办另类媒介的组织开始。

1. **合作社广播电台**（Co-op Radio）

温哥华合作社广播电台的目标是提供主流媒体遗漏的节目和观点。该台于 1974 年在 60 年代公共运动浪潮的末期创建，由 3 万名股东共同拥有，其性质是非商业性的，由听众出资，400 多名志愿者和几个职员负责其日常运转。它的信号覆盖了整个大温哥华地区，通过光缆传遍整个不列颠哥伦比亚省，还可以在线收听（http：// www. coopradio. org/about/index. html）。合作社广播电台聚集了大批另类和左派听众群体，其播放内容包括公共事件、艺术、音乐以及多元文化（少数民族语言）节目。有位受访者告诉我们：

> 我们为人们提供了一个论坛或者……一种声音。人们可以在这里发表自己的见解，无论他是想传播另类音乐或试验性声音或政治观点，也不管他是来自难民营……或是只对劳工问题感兴趣，想发表自己的见解，也不管他（她）们是否来自同性恋群体。各类具有不同兴趣的人们都可以来这里向世界传播自己的想法，我们的任务就是为失语者传播声音。

因此，合作社广播电台的使命是既要充当社区广播电台，又要成为媒介民主运动的一部分，以表达那些特别是被企业控制的媒体所遗漏的观点。另一位受访者说：

> 民主是个常用术语，但并没有得到充分的实行，只处于初级阶段，其效用非常有限。扩大民主的总体构想是给人们更多的信息。这还不够，应让人们拥有一个途径表达自己的观点。这才是我们的终极目标……任何媒介都应该以公共教育、开展合作和相互尊重为目标进行信息、思想和观点的自由交流。

合作社广播电台由全体会员在年会上选举出来的一个董事会管理，除了选举外，成员对电台的运营关注不多。管理权相当分散，几乎没有形成清晰的编辑控制层。节目研发者《即来自相应社区的志愿者们）在基本方针不变的前提下依照自己的观点制作节目。从这个意义上来说，电台的业务体现了唐宁等人（2001）提出的另类媒介的参与式经营模式，而电台的内容则证明另类媒介可以充当“抵制信息”的承办者。

2. **独立媒体**（IndyMedia）

温哥华独立媒体中心是加拿大全国机构的一个分支，也是世界性的独立媒体运动的一部分。温哥华分部把自己描述成“温哥华独立媒体制作机构与媒介渠道，非商业性、非营利的民主组织”。其使命是：

（1）在因特网上报道那些被媒介企业忽略或报道不充分的地方事件；

（2）鼓励、促进、援助独立的新闻采访及其组织的建立；

（3）通过因特网和媒介技术提供社区课程；

（4）建立与另类媒介、活动人士和研究团体的联系；

（5）直接从人民的视角报道人民为争取社会、经济及环境公正所作的斗争，指明该斗争的全球化性质；

（6）促进多样性及相互合作的全球化，排斥“同质化及掠夺”。

（Vancouver. indymedia. org/process/about. php）

正如一位受访者所说，独立媒体的职责是给人们权利，让他们说出自己认为重要的东西，而非告诉他们什么东西是重要的，将责任归还给人民，告诉他们“你来创造媒体，我们提供设施和帮助，我们支持你、鼓励你”。主流媒介利用“反全球化”的定调来评论与独立媒体类似的组织时显得很有讽刺意味。另一个受访者也表示，尽管独立媒体常被描述成“反全球化运动”的组成部分，事实上，这个组织却从底层开始全力投入全球化运动（Brecher，2000）。“我们希望民主媒介尽可能快地扩展到全世界，并提供一个另类的媒介渠道，使运动参与者及其他关心全球化的人……能够分享、交流，并在某些情况下可以进行组织与协调活动。”

独立媒体的民主实践活动含有一个不可缺少的部分，即“开放的新闻业”，这一政策曾经由唐宁等人（2003）做过详细讨论。该政策包括“为人们提供一些空间，让他们可以发表自己的意见。在集权的官僚组织结构中，新闻记者所报道的新闻，往往是依赖资深专家构建的所谓‘现实’图景”。三位来自独立媒体的知情人都强调独立媒体中心不会将“真理”等某一种想法强加给人们。与主流媒介制度相反的是，独立媒体中心允许讨论任何事物，虽然它有时也会掩盖或隐藏一些冒犯性或者与其所述使命相抵触的材料。

2005 年 3 月，几个城市的媒介活动家集体创建了不列颠哥伦比亚省独立媒体温哥华分部（http：//bc. indymedia. org）。它继续致力于报道全球化背景下的地方事务，促进人们大范围、多角度地讨论政治问题。受访者认为，这正是哈贝马斯关于构建民主公共领域的计划之一。人们在这个领域里“可以商讨有关知识和信息是民主的命脉”等问题。独立媒体确实证明了媒介民主运动中哈贝马斯的有关理论，在独立媒体的会员和投稿者间不用区分编辑与“专家”意见。有位受访者是这样描述独立媒体的：

它是民主媒介的一个试验，在这里，人们——你、我、每个人，专家或非专家都获得了讲述自己故事的权利，通过这一过程提升自己的技能，用自己的方式去理解世界，使世界变得更加有意义，并能将自己的感受告知他人。

独立媒体强调给人民权利，让人民成为“媒体”。为此，它举办过几次关于另类媒介制作的研讨会。虽然有人担心，在以男性为主的参与者模式中会产生性别歧视（Rodgers，2004），但独立媒体在其内部运作和组织方式上都自觉地向民主靠拢：

任何事物都尽量通过集体商议，这就意味着是形成舆论、营造舆论……会议记录都公布在网上，以便那些不能参加会议的人们无论在何时都可以发表意见。

这种非集权化的组织结构使独立媒体变得特别民主，同时使其周围环境产生了持续的紧张气氛。一位知情人士说，在其周围环境里充满等级、争夺和对专家的依赖。独立媒体的挑战就是，在保障一个体制有效运营的前提下，如何保持其公开性和民主集中制的实现。

3. **太平洋另类记者中心**（Pacific Centre for Alternative Journalists）

太平洋另类记者中心是一个非营性组织，其中的六位核心活动家主要致力于发展基层的媒体技能。该组织由来自合作社广播电台及西蒙弗雷泽大学传播学院的一些人于1998年组建，其目标是成为另类媒介，积蓄自身的传播能力。据知情者所述，其工作重点不再“重复强调精英阶层”，而是培育基层的“技能与媒介素养”。也就是说，太平洋另类记者中心的资源与目标都以现实世界为中心。该组织的研究项目包括培育具有批判精神的媒介受众（有些讲习班以媒介素养为主题），集中培养“另类媒介工作者、社区组织，并为其他有兴趣的个人提供廉价、方便的媒介培训”（Abbs，2000：2）。该中心的培训不仅强调要提高新闻写作、编辑、报道、制作和筹资技能，还要开展由活动家参加的“另类新闻原理与实践”的社区大讨论。

为了实现这个目标，太平洋另类记者中心举办了几次关于民主与另类媒介制作的研讨会，还时不时地召开轻松的茶话会。“结束法律造成的贫困”（End Legislated Poverty）、“拉美人联合起来”（Latin American Connexions）以及各种反全球化组织和环境保护主义组织都参加了该中心举行的会议。在我们进行实地调查时，该中心正计划举办一个有关另类媒介与本土斗争进行联合的茶话会。在会上，土著社区居民与另类媒介记者就另类媒体如何支持土著居民的斗争进行沟通和交流。该组织还为基层提供培训，教授他们在主流媒介中获得正面报道的策略。同时，该中心还为另类媒介组织制作了一本手册，现已广泛发行。总之，太平洋另类记者中心对各类批判性运动来说，发挥了技能培训、促进团结的功能，它充分体现了媒介民主运动的外向型特征。

4. **广告克星**（Adbusters）

“广告克星”的总部位于温哥华，但它并不局限于温哥华。“广告克星”媒介基金会［包括《文化干扰波》（Culture Jammers）杂志的网站（http：//adbusters. org）和一个名叫“权力转移”（Powershift）的广告推动机构］自1989年创建以来，通过旗下在世界范围内发行量超过120 000册的精装杂志，在文化干扰的前沿产生了波及全球的影响力。尽管“广告克星”媒介基金会是非营性组织，其资金来源于读者，但其结构却呈等级状态。其创始人 K. 拉森（Kalle Lasn）担任主席职位。“广告克星”内部人士告诉我们，“它不组织社会运动，就是说，它不制造统一的舆论；它也不用志愿者或其他人推动。该组织的主要动力来自于那些与实际产品有密切联系的人们所进行的创造性工作”。同时，“广告克星”还通过它的网站为广泛而分散的媒介公共运动参与者提供资源，并制作本地新闻，然后在杂志或网站论坛上对新闻进行讨论。“文化干扰波”网站目前在全世界拥有 75 000 名用户，他们可以定期收到最新的运动计划、活动材料及其他信息。“广告克星”和它所提供的网络服务互相倚重：“广告克星”为运动参与者提供重要的文化和战略资源，与此同时，由运动参与者组成的网络则确保“广告克星”所发起的运动能够进行。有位卓越的活动家说：

> 这个网络使我们可以发起国际性的运动，就像“无消费日”（Buy Nothing Day）一样……突然之间我们在世界范围内增加了 150 位组织者，他们在各自的城市召集参与者，他们自己制作海报或用我们的形象创作海报。他们组织自行车竞赛，组织批评性的民众集会，或者冲击商店，或者抵制信用卡……他们中有很多口才很好的演说家，会出现在广播和电视上。

“广告克星”网站上还详细登载了“减速周”（Slow Down Week）、“关电视周”（TV Turnoff Week）等活动内容，粗略地阅读其中的内容就可感觉到，《广告克星》的奋斗目标是通过批判资本主义的消费观，鼓励人们以另一种生活方式来改变现实世界。“广告克星”作为一本“精神环境杂志”，也举办了“文化环境”项目（第四章提到过），把资本主义消费文化比作各种污染物的母体，用拉森的话来说，将之根除需要一种“新心智生态”。这一计划的核心是批评主流商业媒体在商品化的日常生活中所宣扬的两种议题：广告在驱动媒介内容方面的作用和媒介将消费主义奉为人类最后的生活方式。

“广告克星”以其讽刺广告而著名。这些广告成为文化干扰的经典范例（http：//www. adbusters. org/spoofads/），它们对商业性媒体的攻击近来已经激起法庭对商业媒介权威的挑战。2004 年，“广告克星”两次购买美国和加拿大主流电视网的广告时段失败后，发起了一场“媒介大篷车运动”，该运动计划分四步实现媒介民主化。第一步是尽力废除“企业广告垄断”，这种垄断阻止了像“广告克星”一类批判者的言论，而将电视广播频道专门留给了企业赞助商，让他们以比“广告克星”更强烈的意识形态批判方式，肆无忌惮地颂扬资本主义的消费文化。在媒介大篷车网站上，作者以真诚而乐观的叙述，描述了第一步将准备以更激进的方式来规范商业媒介，包括为市民开辟言论渠道以打破企业的垄断：

只有打破企业的广告垄断，我们才能获得免费的广播时段，赢得对媒介体系的控制，我们将会向媒介民主迈出最重要的一步。我们将使信息时代的新人权、传播权成为神明，每个人都有使用世界上最强大的传播媒介的权利。(adbusters. org/metas/psycho/mediacarta/tour-step4. html)

媒介大篷车运动使得“广告克星”偏离了它长期以来的行动轨道（已往是通过文化干扰和制作另类媒体来改革现实世界），现在，它利用法律制度来开创新政治领域。它的另一个转变是在2003年开始接受“黑点”（Black Spot）跑鞋的订单，这是一种反名牌商品，暗指耐克和其他公司产品的“落伍”。这样，“广告克星”的范围开始延伸到了资本主义经济本身，用投资的方式“反对经济神经中枢”，其目的是为了自下而上变革市场体制：

我们讨论的是自上而下地建立一种新的企业价值，其运作方式与以往不同。它追求伦理价值而非利润，注重内涵而非形象，推崇理想主义而非天花乱坠的宣传。我们信仰的是草根式的资本主义品牌，它只生产我们所需要的产品，不要血汗工厂，不要蛊惑人心的广告。我们要自己承办可以持续发展的并对社会负责的公司。

想象一下我们的连锁餐馆只卖当地产的食品，广播网络仅由艺术家管理。不穿耐克鞋，只穿黑点，不吃麦当劳，不听华纳的音乐，不用微软。请在论坛上告诉我们你的意见。(adbusters. org/metas/politico/antipreneur/)

这些激进的举动受到了约瑟夫·希斯（Joseph Heath）和安德鲁·波特（Andrew Potter）的质疑，他们认为“广告克星”在创造自己的黑点（反）品牌中，不仅“一样利用了企业精神”（用广告克星自己的话来讲），而且也是在追随反文化政治的一般性运动，从批判“体制”转变成批判体制本身。

反文化运动的价值观与资本主义经济制度的功能性需求之间从来都没存在过矛盾。反文化运动从一开始就具有强烈的企业性质。就像《广告克星》一样，它反映了最真实的资本主义精神。(Heath & Potter，2004：3)

“广告克星”确实发生了质的转变，从批判推广资本主义消费的广告转向了商品的生产与营销（利用葡萄牙工会的劳工），他们的目标很显然是为了以消费行为抵制商业主义。尽管“广告克星”在这个方面出现了漏洞，但它通过其旗下的杂志、网络和相关运动对商业价值观和消费主义的生活方式提出了挑战。

5. 媒介游击队（Guerilla Media）

“广告克星”和媒介游击队在媒介公共运动领域里有相似的地域背景，但它们的实体结构却完全不同。“广告克星”规模大、专业化程度高、资金雄厚、等级分明、立足于全球化。而媒介游击队规模小、属于半地下性质，它只有两个核心成员和一个涉及面广的网络；它时有时无，完全靠志愿者管理，没有一个明确的组织，更不用说等级制度；它以开展省内活动为主，偶尔也开展全国范围的活动。这两个组织在战略上也存在着差异，媒介游击队明确地将自己定位为左派。该组织有个成员说：

> 我想他们（广告克星）采用的是一种消费者至上的方法，你提到的左派政治才是我们与他们不同的地方。我们对于权利的分析与他们不同。他们分析权利是建立在个人决策基础上的，而我们的分析要复杂得多……我们都采用嘲讽的方式，我喜欢他们某些方面的工作，非常好，但是总体而言，我们之间是非常不同的。

媒介游击队把讥讽作为其主要的政治工具，在纸质媒体或电子网络上用滑稽嘲弄的方式模仿、恶搞日报和政府发布的新闻及其他“官方”话语（http：//globalbs. 8k. com）。这种做法其实是将幽默与大众教育中的社会公正问题相结合，以这种方式把信息传递给那些通过其他渠道找不到此类批判性分析的人。一位知情人士解释说，“我们的任务是哪里有立场不坚定的人就向哪里的人进行宣讲”。媒体游击队采取“被动反击战略”，即通过回应媒介报道引导社会活动。该组织最著名的作品是模仿温哥华地方报纸《太阳报》（*Sun*）和《省报》（*Province*）（属于同家母公司）而制作的大幅“伪装报”，在战略的紧要关头，比如竞选运动的初期派发给成千上万的深信不疑的读者。

“媒介游击队”从1993年成立至今制造过以下五起政治嘲弄事件：

（1）批评新闻机构对环境保护抗议运动和社会福利的报道方式，如用《普罗维登斯省》（*Providence*）装扮成《温哥华省报》（*Province*），以抨击福利制度（1994）。

（2）嘲弄烟草公司发起的所谓文化活动（此活动到1998年被联邦政府禁止），如赞助温哥华国际爵士乐艺术节。

（3）讽刺报道1997年在温哥华举办的亚太经合组织会议。印度尼西亚独裁统治者苏哈托参加了这次会议，这期间的抗议者遭到了胡椒粉喷雾剂的袭击，此活动后来成为1999年西雅图战斗的一次彩排。

（4）制作了五集因特网卡通片《日人》（*Daywatch*），将加拿大右翼民粹主义的联盟党领导人斯托克韦尔·戴（Stockwell Day）装扮成成富人的卫兵（2001）。

（5）时不时地模仿报纸，揭示企业兼并问题及其渗透着意识形态的报道内容。

“媒介游击队”的干预方式幽默而又具有严谨的战略性。他们的活动牵涉到政治领域内“巨大的中间派”，不左也不右；正是他们将另类媒体的观念输入到公众领域，用其核心成员的话来说就是：

"媒介游击队"尽力使人们接触到批判性观念，这些观念与他们所生存的世界的本质相关，同时努力扩大他们的期待视野，揭露现实生活中企业资本主义的内在矛盾。告诉人们我们所看到的事实，使他们产生共鸣，并请他们参与到我们中来。

"媒介游击队"的核心任务是推出公众领域中的另类观念，从某种意义上来说，就是削弱主流媒介的同质化和霸权。"使这项任务有乐趣是核心任务的一部分，可以引起志愿者的兴趣，并投入全部时间与我们一起工作……引用著名的哥德曼（Emma Goldman）的话来说，"没有我参与的改革就不是属于我的"。

6. 加拿大新闻观察（Newswatch Canada）

正如第三章所提到的那样，民主媒介运动的参与者为媒介传播中的体制改革与转型设计了各种方案。有的方案倾向于直接影响传媒领域，有的则以改变该领域中的周边环境为主，尤其是国家的政策调控。温哥华本地有两家属于前者的组织，但它们的运动规模和范畴却截然不同。加拿大新闻观察成立于1993年，最初由在西蒙弗雷泽大学传播学院的R. 海克特和D. 古斯丁（Donald Gutstein）共同管理［自从冈斯特（Shane Gunster）加入后］，其目标是调动学术界的资源参与媒介监控计划，该组织是受美国"新闻监察工程"的启发而成立的。"新闻观察对加拿大媒介新闻报道的多样性和全面性进行独立的调查研究，重点关注报道中的盲点和双重标准"（http://www.sfu.ca/cmns/research/newswatch/）。该组织是依靠选修媒介批评研究课的在校大学生进行连续的媒体监控研究，主要是搜集报道不充分或报道过度的新闻范例。其方法可以指出那些对大部分人都具有重大意义或能够产生兴趣的国家新闻或国际新闻在主流媒介中却很少报道的原因。通过记录媒体偏向和审查制度，媒体监察活动向主流媒介施加压力，使其趋向于公正，从而给在主流媒介机构工作的进步记者以支持。新闻观察的监控活动也是一种媒介教育的形式，它引起社会对主流媒介的民主赤字和改革紧迫性的注意。

新出版的《漏掉的新闻：加拿大新闻界的过滤器和盲点》（Hackett et al.，2000）将"新闻观察"组织及相关的研究项目在20世纪90年代所获得的观察数据集于一书。2003年，"新闻观察"在加拿大另类政策中心举办的《守望者》期刊中发表了一个插页，对温哥华一些大报中的右翼偏见进行了内容分析。插页中还包括一篇论文，该论文对美国主流媒介报道的"抗击恐怖主义战争"提出了十个问题，另一篇文章则分析了加西全球传播集团媒介帝国在鼓动大众支持以"教育券"为形式的公共教育私有化的过程中所起到的议程设置作用。"新闻观察"以用各类分析来揭示事实真相作为自己的职责，该组织还增加了由媒介运动成员和研究者参加的培训班，为媒介民主运动培育了激进的氛围。西蒙弗雷泽大学传播学院的本科生和研究生大都通过实习阶段，继而能够在太平洋另类记者中心、独立媒体、新闻与广播自由运动等组织中就职。

7. **媒介、政策与市民社会研究所**（IMPACS）

媒介、政策与市民社会研究所成立于1997年，是一个注册的加拿大慈善机构，其职责是加强国际非营利组织、政府与主流媒介之间的交流。有位受访者描述了这个组织的核心任务是“通过与媒介合作来提高市民社会组织参与公共政策的实效性”。该研究所的关注重点是制度：它通过标榜非营利性的目的来实现媒介民主，从而致力于改善社会活动团体接触到的报道，以此来重塑媒介、促进市民社会的繁荣兴盛。与温哥华的其他团体不同，媒介、政策与市民社会研究所的工作范畴主要是在政治体制内，以增强媒介在民主发展、改善政府管理及增强公共部门公信力等方面的作用。该组织的基金资源和管理模式也体现了“从堡垒内部进攻”的策略（该组织得到了加拿大国际开发署的大量基金），它由一个董事会经营，（据一知情者透露，这是一个“内部更新循环”的寡头机构，包括了国内三大政党的“关键人物”）。研究所设有一个独立于董事会的会员基地，由14位带薪的专业人员主持。研究所保留着130多名“媒体从业者”的名册，是会员基地成员的候选人，他们有着新闻工作以及相关领域如媒介和选举、媒介和法律、媒介管理、战略传播等方面的专业经验，其专业训练和专业技能足以应付“全球媒介环境的复杂性”（http：//impacs. org/media）。研究所与“制度”有着千丝万缕的联系——其国内外的网络、资金、董事会及其组织活动通过与主流媒介内部成员进行教育性的讨论来对媒介内容施加影响。

我们在媒介前沿阵地发展了一个非常强大的全国性媒介关系网……媒介有许多人都与我们合作过。如要召开圆桌会议研究主流新闻界中的种族问题时……编辑和其他人都会为我们提供高水平的述评，使问题得到详尽的讨论……我是说，新闻媒体有数百人在幕后支持我们的工作，他们的名字不会出现在研究所的名单上。他们偶尔参加研究所的酒会，为我们组织关于猎杀灰熊、西岸、关爱儿童及反贫穷等问题的运动提出建议。

媒介、政策与市民社会研究所的组织计划超过了媒介民主化运动，媒介民主化是该组织“创造一个崇尚民主价值观的环境”（http：//impacs. org）运动中的重要项目。该研究所在网站描述了其在媒介民主运动领域内正在进行的两项活动：

（1）为非营性组织提供传播业务的培训和服务，“使人们能清晰表达自己的观点并使其新闻报道更有影响力”。

（2）为“正在进行民主转型的国家建立自由、公开和可信的媒体”提供援助。

研究所借助传播中心的在线研讨班提供公关培训，以增强非政府组织和公共运动组织的知名度。其重点是改进媒体战略，使得观众能够通过主流媒介了解公共运动组织。传播中心为非营利组织提供的“前沿性服务”也属于其传播战略的重点。另外，该研究所还可提供战略性传播策划与实施、媒介公关、广告发行、品牌塑造。（“研究所将开展具有高度影响力的市场营销活动，通过出版物、广播、电视、网络和户外广告，将各组织的观念传播给公众”。“同时，研究所将帮助某些组织改变、提高或加强公众对它的印象及地位。”）（impacs. org/communications/CommunicationsServices）

显然，媒介、政策与市民社会研究所的传播中心是在主流媒介的逻辑内进行运作的。它不是挑战霸权，而是寻求改变市民社会的权力平衡，以使自己的委托人能够为更多的公众所知。该组织这样做不仅将精英主义等强权行为视为正常，而且还加强了精英传播和工具主义（注重于信息的营销，而忽略对话式的传播方法）及商品性（注重“品牌塑造”）的涵化。奥黛丽·洛德（Audrey Lorde）提出的问题“能用主人的工具拆除主人的房子吗”将被重新提出。媒介、政策与市民社会研究所用实例证明了开展媒介公共运动的可行方法，这个方法为现实主义和即刻的时效性而抛弃了乌托邦式的空想。

研究所的媒介中心还将公共运动扩展到了国际媒介发展领域，在此领域中还有“传播创举”（http：//www. comminit. com/）和伦敦的反贫困网站 PANOS（http：//www. panos. org. uk/）等国际组织。它为民主转型国家的新闻记者和其他媒体从业人员提供两个方面的培训：“媒介与和平建设”及“媒介与选举”。研究所认为，媒介素养、媒介培训与媒介伦理、人权状况、增强政府民主形式等方面都存在着一种联系。正如有位受访者所叙，知情权是民主不可缺少的一个部分，“民主社会最重要的是尽可能多地让人们知道他们所处的世界正在发生什么，知道哪些问题对他们产生影响或者至少是知道有些问题将会对他们产生影响”。不过，研究所的国际活动对加拿大国际开发署的财政依赖是个法律问题。比较清楚的是，该研究所提倡的自由主义的参与式民主远远落后于我们在第四章中所探讨的激进式民主的前景。

8. 新闻与广播自由运动

新闻与广播自由运动于 1995 年初创，总部设在渥太华，是媒介工会、加拿大议政厅和其他进步组织的全国性联盟组织。该组织的首创运动就是在法庭上向收购索瑟姆报系（Southam Press）的康拉德·布莱克提出挑战。联邦法院拒绝立案后，新闻与广播自由运动的全国性活动陷入停顿。1999 年，温哥华的社会活动家重新起用这个名字，并自信地将自己定位为“对媒体所有权越来越集中的现象有所关注的读者、观众、媒体工作者、工人和社团组织的共同阵线”（http：//www. presscampaign. org/vancouver. htm）。两年后，多伦多支部成立，但现在以另一个名字运作。

温哥华支部的第一个项目是建设一个网站，专门转载媒介分析家的文章、当地媒介工作者和受众的评论及地方支持机构提供的最新消息等。紧接着，该组织对温哥华《太阳报》和《温哥华省报》社论版上存在的政治偏见进行了内容分析，并由此举办了由新闻与广播自由运动的代表团和《太阳报》观点版（社论版）（op-ed page）编辑参加的会议；随后它向不列颠哥伦比亚省报业理事会提出政策改革的书面报告，促使它扩大了职权并加强了报业的独立性。从 2001 年起，该组织开始举办一年一度的

"媒介民主日"。

新闻与广播自由运动的核心目标与英国同名组织的目标类似，即提高公众对当前大众媒介制度问题的了解，推动媒介改革并创立另类媒介。其组织成员从几人发展到几十人，其工作重点是变革制度而非改造现实世界。但它的"共同阵线"组织的主要角色定位是通过举办"媒介民主日"整合媒介公共运动的地方领域（包括更多关注和改造现实世界的团体），该运动不仅得到了各类运动组织和独立媒介的支持，而且还赢得了温哥华公共图书馆、不列颠哥伦比亚省图书馆协会、职业学院和工会的支持。

和温哥华的其他组织相比，新闻与广播自由运动更注重将媒体民主化作为运动的核心部分。它不是呼吁废除企业的所有制，而是与凯然（Curran，2002）一样，提倡一种更加多元化的媒介制度，使媒介集团的权力同时受制于政府管制和复兴的公共领域，公共领域促使新闻媒介坚守高标准的职业规范，并对大部分的激进观点给予支持。该运动组织认为，主流媒介中缺少不同的观点是民主赤字的基本表现。实现政治目标的关键在于，在鼓励媒介所有权的多元化、增强媒介企业的责任感并促进媒介内容多样化的同时，利用政府管制权来限制和彻底改变媒介所有权的集中。

2005 年 3 月加拿大参议院新闻媒介委员会（Senate Committee on the Canadian News Media）访问温哥华的时候，新闻与广播自由运动组织成员向该委员会发表的演讲正是该组织公共运动的一种典型风格。他们通过新闻与广播自由运动的网站和当地的一份另类报纸《哥伦比亚新闻》（*Columbia Journal*）的网站（http：//www. columbiajournal. ca）给委员会发出了一封"公开信"，在信中请求委员会采取五个"预备"措施及最终行动规划——这些措施和行动规划蕴涵着媒介民主化的前景，即通过限制媒介集团的权力、鼓励多元化来促使媒介民主化：

（1）"设立市场控制的上限"，制定法规减缓媒介的过度集中，抑制不合理的跨媒介经营权。

（2）"保障加拿大人的媒介所有权规定"，以阻止国外企业的控制，因国外企业几乎没有兴趣报道加拿大人的民主利益。

（3）"加强公共广播的作用"，如加拿大广播公司。

（4）"让社区负责社区媒体的资金和节目"，如把社区电视的责任从有线电视公司转移到当地社区组织。

（5）通过税收鼓励政策"培养社区媒体"，或为合作制和会员制的媒体提供支持并援助社区媒体的慈善事业及媒介素养项目。

新闻与广播自由运动最终的（也是最重要的）行动方案是呼吁民众深入参与到加拿大媒介的制度建设中来："只有当市民拥有理解、使用、信任及创办媒体的工具和权力时，联邦政府新的研究才不会再像过去的报告那样迅速地被人遗忘。"

围绕这些以国家为取向的新方案，该运动与其他媒介运动组织密切合作。有位受访者称，这种“松散的网络”维系着他们与温哥华区域大部分其他组织的联系。其结果是新闻与广播自由运动将处于其他组织与运动成员（包括由加拿大传播、能源与造纸工人联盟中的工人）的中心。它的作用就是把来自于不同群体的成员松散地联合在一起，每个人不仅仅是代表他“本来的”组织，还能在有需要时利用该组织的资源。该组织基本上依靠志愿者按项目计划工作，因而其活动频率各有不同；而另一个年度项目是构成该组织地方身份认同不可分割的一部分并传播到其他的城市。该组织温哥华支部与多伦多的盟友是每年十月一次的“媒介民主日”主要发起者。另外，自2001年起，每年由温哥华、芝加哥、多伦多等城市举办另类媒体博览会（这是该组织日渐重要的一个工作）。2004年民主媒介活动日宣传海报的口号是“了解媒体，变革媒体，成为媒体”，它概括了媒介活动日的三个主题：教育（理解媒体是如何重塑社会生活的，包括民主）、抗议（反对基于媒介体制上的商业主义和享乐主义）、改革（创办独立媒体，推进媒介改革，促进多样化，确保媒体的代表性与可信度）（www. mediademocracyday. org）。

二、媒介公共运动作为政治场域：网络组织分析

上文简要介绍的八个组织证实了一种运动在形式上的多样性。它们在规模上有所不同：从几个人的媒介游击队和加拿大新闻观察到资源充足的中等规模媒介组织，如“广告克星”和媒介、政策与市民社会研究所。它们有各种不同的结构，有非正式的伙伴关系（媒介游击队、加拿大新闻观察），合作性质的（合作社广播电台），集体性质的（独立媒体、太平洋另类记者中心），联合性质的（新闻与广播自由运动）和正式的媒介组织（广告克星，媒介、政策与市民社会研究所）。它们体现了公共传播民主化政治运动的多样性，以上组织囊括了社会活动中各个复杂的分支。

（1）独立媒体、合作社广播电台和太平洋另类记者中心（与其他组织）通过创办独立媒体来促进公共领域的复兴（并培养另类公共领域）；

（2）“广告克星”和“媒介游击队”树立抵制与反对主流媒介典范；

（3）新闻观察和媒介、政策与市民社会研究所则致力于影响或至少（对于“新闻观察”来说）批判主流媒介的内容和他们的业务活动；

（4）新闻与广播自由运动则追求以国家管制促进媒体的多元化及提升可信度，同时在地方性媒介民主组织中发挥枢纽作用。

很显然，这些错综复杂的媒介公共运动形式为地方性社会运动的形成树立了榜样。当然，在温哥华区域处处都是革新组织，它们调动各类活动资源，动员人们抓住媒介公共运动新出现的机会，无论是全球性的（如媒介、政策与市民社会研究所，独立媒体，广告克星）还是地方性的（如太平洋另类记者中心、合作社广播电台、媒介游击队等）的社会组织都直接对令人不满的民主赤字作出反击。但是，一场运动并不仅仅是对民怨作系列的回应，不只是要调动资源，也并不仅仅只是把握某个机会，

尽管这些因素都很重要（Klandermans，2001：276）。正如 C. 蒂莉（Charles Tilly，1978）所指出的那样，运动的形成需要获得某种凝聚力，即结合所创建的各种运动组织，让运动参与者形成集体身份认同和组织网络，从而融合为一个整体，它的作用远远大于各部分之和。

表 9－1 温哥华地区与媒介问题相关的主要激进性组织

团体名称	A 运动的类型	B 提名	C 入度
温哥华独立媒体中心	生活世界，媒介领域	34	24
Co-op 电台	生活世界，媒介领域	21	19
广告克星	生活世界，条件	19	8
加拿大另类政策中心	体制，混合	17	15
新闻与广播自由运动	体制，条件	15	11
《哥伦比亚周刊》	生活世界，媒介领域	12	9
社区独立电视	生活世界，媒介领域	12	10
Working TV	生活世界，媒介领域	11	9
太平洋另类记者中心	生活世界，媒介领域	10	5
Tao. ca	生活世界，媒介领域	10	8
加拿大新闻观察	体制，媒介领域	9	6
媒体游击队	体制，媒介领域	7	6
媒介、政策与市民社会研究所	体制，媒介领域	7	4
西蒙弗雷泽大学传播学院	混合，混合*	6	3
拉丁美洲联盟	生活世界，媒介领域	5	5
动脑俱乐部	生活世界，条件*	5	3
红色电线	生活世界，媒介领域	5	3
温哥华社区网络	生活世界，媒介领域	3	3
加拿大人委员会	体制，混合*	3	2
所有其他团体		85	46
合计		286	197

注：活动和资源不主要在媒介公共运动的基础之上进行的团体

媒介公共运动如何融入宏观的公共运动领域之中？探索此问题的一个途径就是网络组织分析。社会网络由各种复杂的社会关系构成，一个衡量的标准就是看某个组织中的参与者是否与另一个组织的参与者有联系。当受访者被问及除了他们提到的几个主要公共运动组织外，他们还和什么有联系时，54 位受访者提到了他们与各类不同组织的 199 种联系。他们之间的联系强度和方式不尽相同：55 种（18.6%）联系只是偶尔的沟通；19 种（6.4%）联系有正常的沟通；28 种（9.5%）联系只涉及一次性合作；43 种（14.5%）联系是正在进行的合作关系；15 种（5.1%）联系是共享资源性的合作；31 种（10.4%）联系有共同的会员资格或是互相关联的委员会。表 9－1 中的 C 栏显示了最突出的 19 个组织与其他组织联系的总次数。接受其他组织联系的资料是该组织在公共运动中的向心性（centrality）的尺度，与被提名的次数相匹配。但有一个例外，即"广告克星"在最显著的公共新闻运动组织中排第三，但它在向心性方面却排在第八位。显然，作为一种杂志和以网络为基地的"文化干扰者总部"，"广告克星"更显示其国际性网络的特征，而非温哥华的地域性特征。不过"广告克星"与当地网络有八种"走进来"的联系，它将温哥华的运动参与者吸引到一个更为"全球性"的文化政治领域之中。

综上所述，199 种连通关系将 71 个运动组织引入同一网络系统，但是还有 35 个组织仅保持着单一的网络联系，剩下的 15 个组织则非常的边缘化。这个网络系统集中了 21 个社会运动组织，除表 9－1 中列出来的 19 个以外，还包括不列颠哥伦比亚教师联盟（BC Teachers Federation）（该组织发起数次进步性文化政治活动）和"全球正义组织温哥华支部"（MobBlob），后者是一个反企业性的全球化组织，与媒介公共运动有过密切联系。表 9－1 已详细列出了 21 种核心组织间的联系。相对于上文中列出的 8 个组织，另类媒介制作单位——独立媒体和合作社广播电台处于该网络系统的核心。实际上，合作社广播电台和其他的所有组织都有直接联系（一个组织除外），独立媒体也只与其中的两个组织没有联系。作为另类文化和另类政治观念的生产者，这些组织不仅在整合媒介民主运动领域方面发挥了重要作用，在社区发展方面也起到了广泛的推动作用，如制作反霸权文化产品。它们没有将主力部分投入到媒介民主运动中，却对加拿大另类政策中心、全球正义组织温哥华支部，动脑俱乐部及加拿大议政厅等组织给予了支持。

社区独立电视和 Working TV 这两家另类媒介也同样居于中心位置。相反，两个小型组织——媒介游击队和新闻观察（分别只有两个长驻成员）则处于边缘地带。媒介、政策与市民社会研究所组织庞大、资源丰富，它不太关注地方性问题，而采取与主流一致的策略。"广告克星"在地方性组织的网络中也处于非常边缘的位置，八个组织中只有四个提到它。它只与加拿大国家另类政策中心维持单一的联系。太平洋另类记者中心和新闻与广播自由运动全力投入到媒介民主化的政治进程之中，其结构相对来说不是很正规，规模也小，但它在整个网络系统中却占据着相当重要的位置，尤其是后者制订了"共同阵线"计划，与各类不同组织，如媒介、政策与市民社会研究所，新闻观察，合作社广播电台，"广告克星"及太平洋另类记者中心等关系密切，扮演着不可或缺的角色。

各网络组织没有分群的趋向，虽然各组织的政治策略有所不同（如“广告克星”与“广告游击队”），却没有直接的联系，虽然它们参与相同的活动。媒介运动组织属于网络组织的核心部分，在运动政治中与起到重要作用的两个组织合作密切。加拿大另类政策中心是左派文集制作中心，与劳工组织、环境保护等运动都有“引进来”的合作关系；加拿大议政厅则是左派市民团体，其活动基本是“走出去”的，即主动与其他运动组织产生密切联系。媒介运动组织与左派组织之间广泛的联系表明传播民主化运动与左派公共运动相互渗透。

两个运动组织之间可能存在交叉会员，这样受访者与不同组织之间的联系就有了新的意义。之前的一项研究显示，媒介运动成员常常参与多种运动组织，有时是不同性质的运动组织。这种“世界性的”组织成员在整合公共运动领域（Carroll & Ratner，1996）时扮演着反霸权主义的角色。这种现象使人们明白媒介改革运动具有欣欣向荣的前景。媒介公共运动成员的交叉从属关系在形式上与其他人有什么区别？媒介公共运动超越了“媒介”的范围延伸到其他领域了吗？我们的调查结果显示，媒介运动成员将自己的渠道扩展到另外的两三个组织，54 位受访者中只有 6 位仅在一个组织中进行政治工作。有多个会员资格的多数媒介运动组织成员（27 人中有 19 人）至少活跃于非媒介运动组织。就是说，超过 2/3 以上的媒介运动成员参与了环保主义、女权运动、和平运动、劳工运动、青少年问题及反全球化的运动。此外，有多重会员资格的大多数运动参与者并不属于媒体运动组织（22 人中有 18 人），他们在其他运动中非常活跃。从某种意义上来说，这种差异反映了除媒介公共运动以外，还存在着大范围的社会运动事业及组织。这也说明媒介运动组织成员在有关的政治事业进程中比较“外向”，具有国际性趋向，其特色就是与其他运动相结合。

表 9－2　根据不同的活动家特征分类的运动组织之间的联系

活动家主要的从属关系	活动家的第二层从属关系		
	媒介活动家团体（个）	其他活动家团体（个）	合计（个）
媒介活动家团体	21	41	62
其他活动家团体	7	60	67
合计（个）	28	101	129

我们发现，同时拥有两个运动组织会员资格的模式大体相同。表 9－2 是在受访者提供的 129 种从属关系的基础上描绘出的以一个组织为主，与相同部门或不同部门运动组织所发展的第二个组织交叉关系。分析单位是关系（link），而不是相互联系的人。交叉会员中有许多人是从媒介公共运动组织到其他公共运动组织的（41 个），

逆向的流动不太多（交叉会员仅有7种）。无论是由运动组织的成员还是由运动组织之间的联系构成的公共运动的网络，其模式都很明了：具有“世界性”的媒介运动成员广泛而深入地加入到各类社会运动之中，媒体运动与其他社会运动正在相互渗透。

温哥华当地的网络组织就存在着两种融合性特征。媒介运动组织通过占据本领域的不同层面实现了内部的整体性（如独立媒体、合作社广播电台、新闻与广播自由运动、太平洋另类记者中心）。同时，媒介组织成员通过国际性的联系和多重会员资格向外发展。当不同派别的媒介公共运动聚集在一起时，即使都有自己的追求目标，其内部整体性也表明社会运动形成的组织基础。不过，媒介公共运动渗透于其他运动的联合网络后，可能会削弱集体身份认同的特征基础。那些认为媒介公共运动属于多元的政治运动之一的人，会将自己列入媒介民主化运动的成员。这种运动组织成员的网络似乎具有反霸权的潜能，能将不同派别的公共运动聚合成传播民主化的共同工程，但也许就是这种潜能会限制集体认同的形成。

根据蒂莉（Tilly，1978：64）所说，一个高度组织化的群体意味着它强大的内部网络可以推动其成员间共同身份的认同（从而形成了凝聚力），所以，“它吸引其成员投入了全部的生命”。根据这个标准，温哥华媒介公共运动网络缺乏一个“组织”，具体地说是缺乏能提供单一集体认同的基础，就像好战的工会一样，其成员为建立一个强大运动联盟而奉献其一生。温哥华的运动组织体现了另外一种组织形式，即媒介公共运动充当了一个枢纽，它一部分是通过以上提到的组织和个人的联系，一部分是通过左派的政治运动和运用各种传播媒介的另类社区，还有一部分则是通过一些团体的结盟运动（尤其是新闻与广播自由运动）及能量积累将所有范围内的公共运动组织聚集在一起。

这个枢纽中普遍存在的集体认同、社会视角和战略结构就是下一章将要探讨的主题。

注　释

①在这个样本里，男性以32:22超过女性，受访者的平均年龄是43岁。尽管有一半的抽样对象已经在温哥华生活了二十年或更久，被访者报告了多个出生地点，只有8个出生在温哥华，其他19个出生在加拿大西部的安大略省，14个出生在加拿大以外的地区。这个样本里的种族差异性大。当问到一个关于他们种族背景的完全开放性问题时，只有11个受访者的描述与加拿大主要的种族群体的设想一致（如白种欧洲人，祖先是英国新教徒的美国人、英籍加拿大人、英国人）。与这种新的社会运动活动家们典型的社会学特征相一致的是，我们的受访者大体上都受过良好的教育。他们中只有三个没有接受过高中教育，23个人曾经受过某种类型的研究生培训，其中19个有硕士或博士学位。

②选择案例的方法很适合我们的研究目的。“这种目的性抽样的逻辑性和益处在于，可以选择信息量丰富的案例来做深入的研究。信息量丰富的案例即根据研究目的从中掌握与核心问题有关的大量资料的案例（Patton，1990：169）。”

③我们用“场域”来讨论温哥华当地情景的方法受到了克偌斯利（Crossley）的启发，他把社会运动看做是

"竞争场域"，把宏观社会运动看做是一个包含了竞争的交叉领域的更大场域。这样的一种概念促使我们"去探索这些场域与经济、政治、媒介等场域之间的相互渗透"（crossley，2003：62）。

④这个表建立在以下问题的基础上：B栏：受访者被问到："在温哥华，目前围绕大众媒介的最关键的公共运动组织是哪个？"C栏：受访者被问到："这些组织中哪一个（即被受访者提名为'关键'的组织，如果有的话）是你作为属于自己的公共运动而参与的？"

第十章

媒介民主化反霸权：身份认同、政治愿景与战略

Remaking Media

第九章对温哥华公共运动领域中的各社会组织展开了论述，本章将对其进行文化和意识形态方面的分析。在第三、四章中提到过，反霸权政治运动要求在激进民主化过程中不同运动组织和底层民众之间寻求到共同利益。媒介运动成员围绕着另一种社会愿景该如何在多样性的状态中建立一个联合体呢？这是一个非常大的问题，本章仅能叙述其中的一个重要方面，即温哥华媒介活动家所共同分享的身份认同、社会愿景和战略构思与社会正义方面的综合性政治的吻合程度。

一、植根于内心深处的身份认同

前一章提到过媒介公共运动的深层特性，即它作为各类运动的“纽带”地位。在我们的受访者对其身份认同和政治发展轨道的描述里可以很明显地看到这种根植于其内心的特性。有的人，尤其是从事独立媒介制作的运动参与者，经常被民主媒介运动所吸引，这正是渗入其他组织、发展运动实际而有效的常规做法。有位运动参与者说，20 世纪 80 年代中期的反贫困运动到 80 年代末发展成为中美洲反对美帝国主义的和平运动，其主要运动方式就是制作关于全球公平问题的有线电视节目。合作社广播电台有位节目制作人也认为：

> 我基本上是个劳工运动的参与者，一直没有改变过，但也积极参加联合性的运动，这正是媒介民主应该包含的部分。有进步思想的环境运动我也参加……我是城市生态学家。一开始，我主要参加这三种活动……到 80 年代，我大部分时间都从事反种族主义和反歧视的工作，我做了很多与劳工运动和合作运动都有联系的工作。

有些运动参与者在跻身于反对主流机构中权力与知识结构的运动之后又活跃于有关媒介问题的运动。女性媒介监控小组有个参与者因为在公关公司练了三年，“为那些花费数百万美元维护形象的公司做产品和服务方面的新闻报道”，之后变得非常激进——在此期间，她逐渐意识到许多新闻报道是强大的代理商们进行战略促销的产物。另一个在绿色和平组织工作过的受访者回忆，他是如何在一家大型跨国传播咨询公司工作，后加入独立媒体组织。他的工作主要是代表公司客户的利益，系统地监控成员们的讨论版面，而这个工作使他加入了独立媒介组织。还有些人由于媒介民主运动受到的如潮好评而被吸引，正如太平洋电影协会会员所说，“一想到当今的政治运动，就会想到它与媒介报道情景之间的关系”。

无论受访者是通过什么途径加入媒介公共运动，他们都很清楚，涉及传播问题的组织并非“单打独斗”，而是置身于一项大型的事业之中。在开放式的题目中让他们写出其运动组织的名称，30 位运动参与者中只有 3 个用“媒介公共运动”来界定自己的组织。[①]其他受访者只将媒介民主运动当作激进民主大型项目中的一部分时才提到。例如，太平洋另类记者中心的一位工作人员声称，“我不会在媒介民主运动中投入太多的精力，但较多关注宏观的参与式民主和社会公共运动”等。媒介运动组织成员大多将自己的活动描述为“反全球化”一种形式（30人中有10人），他们还缺少识别这种身份认同复杂性的能力。受访者们提到反全球化时用了一些替代性的术语，如“在全球化日益严重的世界里进行的一次社会公平运动”，“颠覆全球化的秩序”，“一个全球化的民主运动”，“打击企业贪婪性，追求社会正义的运动”以及“实现全球性公平的运动”等。媒介运动组织成员中缺乏集体身份的认同感也许不仅反映了媒介运动组织成员在广阔的运动网络中所表现的世界大同主义，也反映了这些运动的幼稚性。在加拿大，“媒介民主化”甚至还没有在公共话语中找到立足点；此运动也还没有能够成为一种文化现实，还没有形成可以被很快识别的集体符号。[②]

比较而言，不足为奇的是运动参与者们首要选择参与那些早已建立起集体身份认同的运动，如环境保护运动、女权运动和劳工运动。这些运动更明确地界定了自己的活动内容，“反资本主义”、“亲民主主义”和“左”派等类别甚至也被列入其中，表明此类运动不仅仅是“局限”在某个确切范围内的单一运动。简而言之，接受采访的媒介运动参与者都倾向于将自己的活动定义为民主左派性质，而不愿意被列入有界限的某个社会运动。被访者非常明显地将自己从某个单一的政治身份中分离出来，但他们却用不同的方式描述这种分离，并用不同的方式描述媒介民主运动在宏观的社会运动领域中所扮演角色的特征。

有的媒介运动参与者将自己的运动描述成对其他社会运动的一种辅助，后者为媒介民主运动从事文化工作提供了实质性的政治基础。《哥伦比亚新闻》的创始人吉姆·利普科维斯（Jim Lipkovits）评论说：

> 像我一样的人和我们的杂志被卷入社会运动之中。如同反对世界贸易组织的人们那样，它不是单打独斗或团结一体的运动，但其趋势似乎是朝着这个方向发展。至少它们的趋势以及参与者的努力都朝着那个方向发展。我认为《哥伦比亚新闻》也在朝这个趋势前进。

对于如利普科维斯这样的独立媒介创建者而言，传播民主化需要建立一种与基层民主运动浪潮一致的左翼文化。或者如温哥华社区网的一名媒介运动组织成员所提出的那样，“社区媒介是争取自身权利的运动，不会引致大的社会运动；它追随社会运动，只是社会运动的一个组成部分，一个要素”。同样地，“媒介游击队”的一名成员指出，该组织的方法不是目的本身（我们不会为了文化干扰而做文化干扰的事情，因为我们认为文化干扰太“酷”），而是一种能够对了解宏观政治愿景有益的工具，了解了政治愿景就会认识到各种进步运动有进行大联盟的必要性：

> 我能联合众多的社会运动和组织，但是……我觉得自己不会属于其中任何一个组

织。这就是“媒介游击队”工作的本质：……只在特定的项目中与不同的组织联盟……这是摆脱“仅仅倾向加拿大新民主党（NDP）”、“纯左派”、“纯工会”、“纯环境问题”等粗略分类的一种方式。这些问题都在我们解决的范围内，能结盟时我们就结盟。

关于联盟和联合的构想提出第二种方式让媒介运动组织成员在一个更为宏观的领域思考他们的角色：他们认为自己是通过追求集体利益来整合各种运动的枢纽，即民主化的传播是所有关键性运动实现其目标不可或缺的部分。正如合作社广播电台的一名节目制作人所提出的，独立媒介的运作不是内部运作，而是贯穿于社会运动之中，因而能够整合与激活另类政治文化的各个流派。《广告克星》杂志编辑詹姆士·麦金农（James MacKinnon）也明确地将媒介民主运动的概念定义为“枢纽”：

媒介公共运动在一定程度上填充了不同社会运动之间的空隙。我估计这与媒介运动的某些特征有关，它是各类运动中最缺少连贯性的一种……其存在本质性，却完全没有可识别的组织结构或连贯性，但是常常填补了其他社会运动的空隙……

独立媒介运动的一位参与者提出了一个深刻的观点，认为媒介公共运动有潜力成为“元运动（Meta-Movement），即所有运动之王”，准确地说这是由于当代社会经由媒介的传播已成为战略中心所致。“我认为，媒介必须心骛八极，而不仅仅是专注生物工艺学、转基因食品、环境、社会正义等所有的事情……我想这些事务的信息都被媒介集于一身。在这个制高点上，媒介公共运动所面临的挑战就是要建立一种超越性的运动，能够持续关注批判性运动中有关主流媒介民主赤字的问题以及如何推动传播民主化的方式。”

加拿大媒介、政策与市民社会研究所的一位成员拒绝将她的组织活动界定在任何“运动”之内，不大考虑其战略意义，而是从本体论出发，将媒介公共运动的观点作为一种思想系统整体。这些特征非常明确：

我绝不会将它归入某种运动……我真希望把自己分成40个不同的人，去从事我感兴趣的每一件事情，但这是不可能实现的。所以目前我担当的是执行能力建设的角色，工作是为非营利性机构做协调培训工作，提高人们的传媒业务技能。这个工作我最喜欢的部分是我能够帮助（如果不是成千的）至少数百个不同的个人和组织改善他们的工作，通过这种方式可以接触各类事件，这非常重要……有机会接触不同的问题增加了我的存在感……如果仅仅过多深入某一个社会运动，我就会感觉与世隔绝，因为不知道世界上其他地方发生了什么事情。某种程度上，我陷入一个狭窄的具体事件，它仅仅只能发挥自我的一个部分。因此对我而言，每当我参与到各种不同的事物和问题之中时，我产生更多的联结感，我也能做些协助工作。我坚信，世间万物都是相互联系的。

该受访者的执行能力建设角色使之从事的媒介公共运动与其他社会运动呈现互助性的关系，而她与这些运动之间则维持了链接感。各类媒介运动组织成员与主流媒介有效地互动，使她不仅可以在民主化传播中发挥作用，也可在具体的活动中显示她的多重身份。这种描述与我们在温哥华媒介运动组织成员中所发现的世界性和对外发展的思维方式正好趋同，这种趋势加强了这些运动所展示的建构“媒介运动”集体认同感的难度。媒介民主运动缺少一个“集散”中心，部分原因在于它纵横于政治领域中的范围，在各类运动的空隙间能够兴盛，利用传播活动联系起各类运动，从而增强了它反霸权的能力。

二、社会政治愿景

我们发现一个突出的倾向，即许多被访者无论是做辅助性工作还是充当枢纽，他们与其他批判性社会运动的同行拥有共同的社会政治愿景。当被问及是否有“一个全面的发展愿景指导与启发你从事的运动”时，各类运动的参与者们都憧憬着一个与现在有着本质区别的世界，这个愿景集合了本属于另类民主左派的特征。一般来讲，媒介运动组织成员们的政治憧憬都远远超越了民主传播的理想愿景。在被访者当中，只有 6 人限于媒介民主化的项目，而 8 人设想了左翼激进的政治愿景，另外 10 人则展开想象力，构想了与“民主左派”产生共鸣的设想。[③]有趣的是，其他 24 位媒介运动组织成员对此种构想也一样着迷，其中 10 人提出了左翼激进的发展前景，另外 7 人的想象同样与“民主左派”想法相同。[④]平等主义、参与式民主的理念在我们的受访者中占据支配地位。这表明如果媒介活动家的行动能逾越传播等方面的鸿沟或巧妙地解决各种问题，在公共运动领域内部形成有效的同盟，他们致力于激活包括底层反文化公共领域的行动就将获得成功。

温哥华媒介运动的成员中确实不乏通过运动构建一种或另一种运动组织同盟的热情。在回答“为了达到你期望的那种改革，建立一个大型的运动同盟有多大程度的必要性；或者说，追求大型而持久的同盟的愿望是否已经过时或者就是问题的一部分”的问题时，受访者大多倾向于结成同盟，这是超越“一事一题”式的运动，是打造反霸权政治集团的关键战略（Sanbonmatsu，2004）。半数的受访者对此表示完全支持，剩下的多数虽然支持却给予各种告诫，仅有 1 人反对结成同盟的战略。在非媒介运动组织成员中，这个问题的答案千差万别（9 人完全赞同联盟，5 人表示怀疑，其他人则褒贬不一），这表明在广阔的社会运动阵线，媒介活动家可能是促使同盟形成的一种关键因素。对联盟持怀疑态度的运动参与者发现了问题的所在——同盟的组织形式过于集权和制度化［最典型的事例莫过于 1983 年大罢工中的团结工会在劳工运动的掌控下，排斥同盟中其他盟友的要求，最终却与省政府达成协议（Palmer，1987；Carroll & Ratner，1989）]。这些受访者将灵活的组织网络和联盟却又僵化的同盟区别开来，他们更欣赏前者。正如一位加拿大媒介政策与市民社会研究所的成员所表述的那样，“我认为建立联盟始终是重要的。一想到同盟，脑海中就浮现某个信笺抬头上出现的各种组织不同的徽章，和他们在一起开会的情景”。换句话说，受访者在同盟的持续时间和视情况而进行联合与有无明确的联合基础的问题上分歧很大。也有人认为同盟建立在上中提过的某种共同愿景之上，这种愿景只能在对话层面上达成共识。有人则摇摆不定。试比较：

各种组织和运动想要寻找共同的立场，就应经常进行开诚布公的对话，尽可能使人们达成基本协调的步伐。应该持续与扩大此种对话，让所有愿意倾听的人听到。

——合作社广播电台节目制作者

我认为，对于所有这些组织而言，关键是要聚在一起。我们现在太分散了。当前至关重要的是找到共同行动的办法。

——加拿大议政厅成员

将各种运动整合为一个共同的运动是令人向往的事，但只有在斗争的过程中才会发生，不是可以机械促成的……不是在组织上或形式上就能实现的事情。它是在行动中形成的。

——反战争与反种族主义运动参与者

……人们意识到当明显需要联合的时候，我们就会走到一起，促成一场大的行动。之后便自然地分开，虽然做各自的事情，但在追求共同的目标。

——独立媒体

公共运动的参与者除了区分活动的即时性与正在进行的组织活动之间的差异外，他们还提到了一系列阻碍运动同盟形成的障碍，主要包括：①运动组织内部的派系主义趋势，限制了彼此间的对话；②资源的匮乏，包括人力（时间）和物力（资金）两方面。“媒介游击队”的一位成员很简洁地阐释了这个问题，据他观察，许多运动参与者：

没有做好妥协的准备，只去实现其部分的目标，而不是原来计划的所有目标。有的公共运动比较挑剔，切断了合作的通道，很可惜。因为如果我们不团结，右派就会获胜。他们拥有更多的权力和资金，有钱能使鬼推磨，其中也包括组织被收买，我们则只能通过建立关系才能组织起来。

发现派别分歧问题的受访者特别将其归结为运动部门彼此间的不信任、竞争心理、内讧、自大、控制欲、自以为是，有些成员不愿将自己的事业掺和在其他组织中，而且不习惯集体决策。有的分歧是由政治计划与组织模式间的差异所致的，正如劳工运动与环保运动间的紧张关系一样，“劳工运动整体上倾向于为工人争取更好的条件，并使自身得到成长，这有时可能处于环保运动的对立面”（独立媒体），正如《广告克星》编辑告诉我们的那样，独立媒体充当发展同盟的纽带所面临的障碍在于已确立的运动组织中有一种向企业性质媒介倾斜的趋势，“在维护主流媒介过程中，运动组织也获得了持续的既得利益”。这种现象使我们认识到媒介公共运动与实用主义媒介策略两者之间的分歧，即以现实世界为中心的媒介公共运动为培育另类媒介和受众的批判态度而努力，而实用主义的媒介策略是为了赢得有利于自己某个特定组织目标的有利地位，而屈从于主流媒介的逻辑。

有关社会运动联盟的研究资料表明，它对获得群众性活动的资源产生两方面的影响（Bleyer，1997）。一方面，联盟在创造资源方面非常有效，部分地通过分工使各个组织的活动不会重叠，反而相互补充。另一方面，联盟消耗价值不菲的资源，而所需要的时间和精力在社会运动组织内部可能得到更高效且更成功的利用。我们的调查对象在提出这两种看法的同时也注意到掌握最多资源的组织（如劳工组织）可能会主控联盟，从而颠覆其民主性。但在他们的观念里，联结成同盟的障碍不在于资源的分配，而在于资源的多寡。许多受访者指出，他们为完成基本任务就已经达到极限，因此任何附加的政治行动都很难再达成。⑤考虑到资源匮乏带来的严重问题，有联盟潜力的组织必须高效地创造和管理资源。它对媒介民主运动也形成特殊的挑战。我们发现，在被采访的非媒介运动组织成员中，没有人将媒介运动组织视为批判运动中潜在同盟的重要构成部分。如果媒介公共运动是枢纽而非简单的运动团体，在定位更明确的运动团体间，能轻易地使同盟自身产生惰性，其模棱两可的政治形态就会限制其对反霸权同盟的贡献。长期的资源能轻易地使同盟自身产生惰性，因为既有的运动违背他们所采取的传统的媒介策略，而将主要精力放在传播民主化的政治斗争之中。在当前形势下，媒介运动成员可能应该策划一些无须消耗其他斗争资源的行动方针，而不是降低批判性运动组织进行群众运动的成本。从广阔的角度来看，地方性的资源缺乏带来的挑战在于很难向批判性运动组织说明传播民主化是一项公益事业，值得举行群众性的活动，对各个阵线来说媒介民主化都是反霸权政治中不可缺少的组成部分。

三、具有战略意义的优先目标

我们可以用媒介公共运动类型学的简写文本将各种联合运动概念化。笔者实际上向受访者提出了四种基本类型，请他们评估这些类型作为理解媒介改革和转型策略的框架是否合适。⑥他们的答案对我们的基本归类提供了某种表面效度。除 5 位持不同意见外，其余受访者都同意这些分类，建构独立的媒介、培养富有批判精神的受众、影响主流媒介的内容和业务及倡导国家改革媒介，这些都表达了媒介公共运动战略和活动的多元化。所有运动参与者都被问及每种策略对实现他们政治目标的重要性，“判断它们对运动组织的重要性”并排序（可以并列）。有16位受访者认为每种策略都很重要，大部分人都区分了优先目标的次序，但也有人完全反对某些策略。

表10-1　媒介运动实现其政治目标的战略重要性

	建立独立媒介		提高受众批评精神		影响主流媒介内容		政府改革、管制等	
	媒介活动家	其他运动活动家	媒介活动家	其他运动活动家	媒介活动家	其他运动活动家	媒介活动家	其他运动活动家
重要	88	70	83	57	31	75	40	33
中等	12	25	17	24	21	12	20	22
不重要	0	5	0	19	48	12	40	44
总数（%）	100	100	100	100	100	100	100	100
（n）	（24）	（20）	（23）	（21）	（29）	（16）	（25）	（18）

如表10-1所示，对各种战略的评价打分表明，建构独立媒介是温哥华媒介运动中最重要的战略。44位受访者中多数（9/10的媒介活动家和7/10的其他运动参与者）都将其视为改变媒介的重要方法，只有1位受访者认为它不重要。此外，在为这四种策略排序时，16位媒介运动组织成员将构建独立媒介作为最优先考虑的任务。他们当中的大多数都积极地参与独立媒介工作。这种辅助活动为媒介公共运动的一种方式，建构独立媒介常被认为是间接地辅助其他形式的媒介公共活动，通过为社会运动提供传播基础设施、协助培养批判性受众、迫使主流媒介承担更多社会责任来间接地影响主流媒介的报道内容和活动。简而言之，将独立媒介视为民主化的关键已成为一种趋势。

许多受访者表达了所谓的文化产品与消费的辩证关系，让独立媒介培养有文化素养的受众，他们的批判思维将进一步促进民主媒介的发展。的确，受访者们倾向于将独立媒介的构建视为基层组织的形式。一位长期以来在合作社广播电台工作的活动家建议说：

> 我认为另类媒介扮演着一种挑战主流媒介，挑战整体制度，挑战那些拥有这个世界以及管理这个国家的人的角色。通过这种持续的挑战，你希望对他们的所作所为施加影响，最终产生一些变化，但愿最终影响他们的活动的内容和实践。

另一种观点补充了将独立媒介作为挑战既定权利的概念，即认为构建独立媒介是一种授权的选择，它具有政治参与和教育价值。

我认为这点非常重要。事实上，它是以上四种策略中最有效的，因为它具有最大的授权效果。无论你是参与者还是接受者，都可以真正看到自己创造的媒介，并在那里发布自己的信息，这不正是民主媒介的思想吗？

——反全球化运动活动家

虽然只有 1 位受访者表示完全反对建立独立媒介的策略，但也有人对此持保留态度。几位非媒介运动的参与者指出，独立媒介的受众通常较少，这就会产生一个问题：这种媒介是否只是向一小部分人宣传，而不能普及到一般公众？

第二种经常被提及的策略是通过文化干扰或媒介教育培养更多的批判性受众。31 位受访者中，83% 的媒介运动成员和 57% 的其他运动成员都认为这点很重要，并有 14 位媒介运动组织成员将它置于首位优先考虑。虽然大家认为这种策略很重要，但在我们所提出的“媒介教育”和“文化干扰”两种培养批判性受众的途径中却暗含着两个极端。受访者一致认为前者是根本。与建立独立媒介一样，教育是为了改革汇集拥护者的必需品，它同样能够推动主流媒介民主化的主力。而文化干扰很少被受访者提及，这点暗示了许多社会运动参与者都赞同希斯和波特（Heath & Potter，2004）的观点，他们质疑这种干扰是否有变革潜力。甚至来自“广告克星”和“媒介游击队”的受访者也认为文化干扰只扮演了一个不太重要的角色，认为它只是“一种表达的工具”、“箭囊中的一支箭”。同时，还有人认为文化干扰“只为博得一笑”，它是批判意识的切入点。似乎没有谁认为文化干扰是核心策略。有位提倡结束军备竞赛的社会活动家认为：

我认为媒介教育最为重要，特别是学校教育体系。我认为教师联盟在确保媒介教育的存在中发挥重要作用。文化干扰？我认为那是一种风尚，老实说，并不重要。

有的受访者对培养更多批判性受众持保留意见。有趣的是，认为这项策略不重要的 4 位受访者都不是媒介运动组织成员。其中 3 位是劳工或社会民主左派人士，第四位是环保运动领导者。这些人质疑的是普通公众在多大程度上被主流意识形态所掌控。他们争论说，只要公众能有机会接近信息，就能自己作出决定。正如不列颠哥伦比亚省劳工联盟的传播主任乔夫·麦格（Geoff Meggs）所说：

我不知道这是否是我进入的圈子，但都认为人们并非像我们所想象的那样被主流媒介所催眠。我想，如果为他们提供一个可信赖的另类媒介，他们立即就会改变。我认为，这才是我们应该做的。

假如大多数温哥华媒介运动成员都接受以现实世界为中心的战略，那么趋向赞同以体制为中心的战略对传播民主化斗争极其重要的人就会减少。媒介运动活动家中很少有人认为影响主流媒介的报道内容和活动是一种可行的政治策略。事实上，一半的人完全拒绝接受这种策略，不到1/3的人认为它是重要的。相比而言，渴望他们的运动能在主流媒介中占有一席之地的社会运动成员占3/4，他们认为影响主流媒介是重要的。在这个问题上，辅助性样本里的媒介活动家和其他运动的参与者存在着明显的分歧。媒介活动家，尤其是那些参与独立媒介的人，倾向于将主流媒介或媒介企业视为斗争的敌人。如“广告克星”，其工作重心不是重塑主流媒介，而是针对媒介集团公司的势力，使他们：

加强在一定程度上不参与主流媒介的意识……主流媒介处于战争的前线，是我们抗击的敌军。我们认定这是最低成效的媒介公共运动的方式。

对许多媒介运动组织成员来说，建立反霸权的、民主的媒介应该领先于改革主流媒介的可能性。4位将这种策略置于首位的媒介运动成员强调一些方法的战术价值，如媒介监督、给编辑写批评信、教育和鼓励主流媒介组织中的个别记者等，但他们对重大的制度性变革并不抱有幻想。

但是，对非媒介运动组织成员来说，主流媒介构成重要的政治传播渠道，如果他们想接触更广泛的公众，就必须介入这个渠道。可以理解的是，他们更倾向于将争取公正、准确的报道的努力视为整个阵地战的先头部队。非媒介运动组织成员将新闻发布、写信以及电台电视节目的露面视为吸引一般公众注意的日常工作部分，因为公众很少依赖独立媒介。的确，正如非媒介运动成员时常怀疑独立媒介的功效一样，这些受访者有时也认同这种实用的和传统的媒介策略。有篇文章提出，前沿性的环保运动领袖和一位劳工运动的关键人物出席温哥华最受欢迎的电台谈话节目具有很大的价值的分析：

如果我能上CKNW（温哥华广播电台的谈话节目），就不会将资金、时间和精力投入到合作社广播电台中。我宁愿去CKNW，宁愿上瑞芙·麦尔（Rafe Mair）的节目，这是常识。

对，那正是我们广大受众所在的地方。没错，如果我们能上瑞芙·麦尔的这个节目，我们在半小时内将会有30万的观众……是的，我们能从主流媒介中获得任何东西，因为它无需花费什么，只是员工的时间。

当然，实用主义并不意味着迎合。加拿大另类政策中心一位严重依赖主流媒介的左派智囊团人士说，通过主流媒介将批判性的话语融入公共领域是一种复杂的战略：

我认为对改良主义者来说，忽略主流媒介是一个失误……需要保持它们对我们的支持，我们需要尽量多地让它们报道我们的事件。在那样做之前，我们应该对主流媒介保持策略性、谨慎性和怀疑的态度。否则你就会被利用…… 加拿大另类政策中心允许被主流媒介利用。主流媒介要求一种平衡的假象，但那只是部分的交易而已。我们会说没问题，但通过此种方式我们至少在有限的范围内将信息传递出去了。

或者正如有位环境保护组织“大卫五十铃基金会”（David Suzuki Foundation）的成员所说：

这是一种人为的平衡，是表面上的平衡，但我们需要他们。所以如果你还要批评他们，说“喂，打开你的新闻窗，你们得刊登更多这样的新闻”，他们肯定会说“走开”。

至于第四项战略主张的政策改革和政府对媒介实行规范化管制，媒介公共运动的成员对此并不热情，非媒介运动成员则反对这种改革方法，或者众说纷纭（见表10－1）。这种怀疑主义起源于实用主义，具体地说是起源于政府在新的自由主义秩序中进行改革的悲观主义情绪。虽然许多受访者们认为政府管制有其必要性，但他们也注意到，新自由主义的崛起已经缩小了政府对媒介企业公司管制的范围。以下三则反馈足以说明悲观主义无处不在：

我认为目前完全没有必要那样做。政府已经被企业牢牢地控制，管理机构正疯狂地解除管制……我才不会放弃，但这个时候没有必要实行这个战略。

——加拿大媒介观察组织唐纳德·古斯丁（Donald Gutstein）

我对提倡改革政府政策和实行媒介管制不抱什么希望。因为在我们所生活的时代，除非国家处于紧急状态，政府干预是不能被接受的。

——不列颠哥伦比亚省教师联合会拉里·库亨（Larry Kuehn）

我认为那是一个无底洞，老实说……我们知道严厉的管理委员会将产生什么结果——不错，难道企业的控制比以前还少吗？我认为这样会走进死胡同。

——“标准性能评估”组织伊万·布利克（Ivan Bulic）

对以国家为中心的改革战略持反对态度的人主要是出于悲观主义，而不是因为他们已经放弃通过公共手段来达到反对私营媒介权力的目标。正如加拿大议政厅成员所说：“就目前我们现有的政府和我们本身的处境来说，我认为很困难，但并非做不到。我认为现在没有必要将巨大的精力消耗在这方面。”有一类受访者将国家为中心的改革放在首位，与加拿大新民主党有联系的运动组织成员认为这种改革是社会民主的潮流。他们中的四个人都选择了此战略，其中包括加拿大新民主党媒介小组主席和创始人赫斯彻·哈定（Herschel Hardin）。我们的受访者结合所有的战略选择，对该领域的民主化对其他行业的有益影响进行了敏锐的观察。加拿大另类政策中心的传播部主任指出，"如果不对管理环境实行改革，你就不可能在没有支撑性的社会结构中高效率地创造出另类媒介"。结束军备竞争组织的常务理事彼得·库姆比斯（Peter Coombes）表达了同样的观点，"政府应当协助市民社会组织创造独立的媒介，同时应该对商业媒介加以一定的约束"。

另外一个来自"媒介游击队"的受访者对我们的四项战略分类提出质疑，由此对第四项战略的适切性提出挑战。他认为通过规范管理来改革的思想无法解决"媒介私有权的核心问题"。同样，妇女权益国家行动委员会（National Action Committee on the Status of Women）的前任领导人苏尼拉·托巴尼（Sunera Thobani）认为，四项改革战略对于促进公共传播民主化所需的社会和政治关系的激进变革于事无补：

> 我认为所有这些类型的改革都是无法实现根本性变革的小型改革。我没有其他更好的表达方式，它们不是把自己置于社会转型和社会权力变革之中的媒介改革。

质疑我们四项战略分类的其他受访者说，我们的专业术语，如受众、媒介内容、政府政策等术语都没有抓住媒介公共运动中隐含的最重要的民主潜能。特别是在我们的四项战略中忽略了参与媒介活动和包容媒介的方法，即以持续的政治教育过程增强民权社会活力的宏大策略。有位媒介公共运动参与者也坚持认为，四项战略中没有提及如何推广"市民接近媒介的不同方式，市民对媒介作用的不同理解以及激发市民关注媒介理想的必要性"。

以上观点超越了媒介公共运动仅仅作为特定运动组织的观念，也超越了它作为传播枢纽的概念，它涉及传播、权力、民主和公民权。我们认同受访者的观点：最终民主媒介公共运动将自己封闭在媒介领域是不够的，即使我们将这个王国定义为一个宏观的场域。公共传播的民主化其实要在政治上创新"媒介"，它是宏观社会变革的一部分。在这方面，温哥华的受访者坚持媒介公共运动是社会运动枢纽的观点让我们悟出媒介民主化与社会民主化之间的关系以及反对霸权与公共领域之间密切的联系。

注 释

①"太平洋另类记者中心"的一位参与者描述自己所属组织是"一半反资本主义全球化、一半属于另类媒体的运动"，另外一位活跃在"广告克星"的成员说，"与其说是媒体民主，我倒觉得像是一种精神环境运动"，是"一场改变人们思想的运动"。温哥华社区网络的一个成员认为自己是"社区媒体活动家"，但是他又说除了"这个特殊的领域"外，"目前自己还是反贫穷、反战争的参与者"。

②吉特林（Gitlin，1980）对20世纪60年代学生运动的反思是研究大众媒介对社会运动进行集体性报道角

色的经典。正如先前所提到的，我们的受访者们提到了这样的问题：主流媒体将 1999 年西雅图的抗议示威活动和一系列相关的事件简单地报道成“反全球化”，这样的界定实际上隐含着狭隘的偏见。要促进运动的发展，就得在主流媒体上得到突出的报道（ Gamson & Wolfsfeld，1993）。

③这些想象包括商业在生活中不再占主宰地位（3 位受访者如是说，以下类推）、平等主义的社会（2 位）、一个建立在合作与共享之上的社会（2 位），一个公平、创意和参与的自主空间不断拓展的、民主和自决日益昌盛为特征的社会。

④包括以下社会理想，以尊严和普世的福祉、权力和财富共享、参与式民主，“三条底线”——即社会、环境和经济、可持续发展的社会、公平交易的世界经济，以及建立在社会福音传统中的“新耶路撒冷”。

⑤女权监测组织“媒介观察”的一位人士认为“我们缺少足够的人力和资金去从事我们每年为自己设定的目标”；新闻与广播自由运动组织的一位人士提到，“最大的障碍是每个人都超负荷工作，忙得焦头烂额”；“独立媒体”组织的一位人士宣称“我想也许每个社会运动的真正问题是缺少资源，我们一直都在想方设法去支付办公室的租金，以便能够有一个实实在在的生存空间，这个很重要，也的确很难”。

⑥这个问题涉及一个上面印有改革四项战略的卡片，这个卡片用非理论性的术语简化了各个类别。我们的问题是：按理说，公共运动参与者有四种改革并使媒介发生转型的四种方法。将这张卡片分发给受访者，上面写着：①影响主流媒体的内容和业务，如促进公平和准确的新闻报道；②建立独立媒体，如平面媒体、广播、电视和互联网媒体等；③发展更多具有批判精神的受众，如通过媒介教育或者文化干扰；④倡导政府在媒介政策与规范方面的改革；⑤我们问受访者“你同意吗?”他们可以对以上内容进行修改或补充。

第十一章

结　论：媒介公共运动能成为社会运动的枢纽吗？

Remaking Media

在本书的前言部分已提出，英美腹地的大众媒介长期以来受到民主赤字的困扰，媒介公共运动可以理解为对它的批判性回应。民主赤字是多方面的，其根不仅源在于媒介在构建民主公共领域、维持健康的社区和政治文化、激发公共传播多元化等方面的失败；同时也源自于媒介已成为固守社会不平等、弱化公众常识以及在文化产业的方针制定上排斥公众的共谋犯。本书各章节详细描述了一系列媒介活动家组织的运动项目，它们的活动正如构成民主赤字的因素一样种类繁多。媒介活动家在与媒介共同生存的广大领域内展开公共传播民主化的斗争；他们设定了政治活动规划的不同框架，同时也采用了多样化的策略和组织形式。结果产生了不甚完善但却内容丰富的传播政治，它针对企业资本主义制度、市民社会及日常生活的世界。

此类公共运动活动是否构成新兴的社会运动，是否取得了成功，其生存环境如何等问题都是本书讨论的重点。如果社会运动对新兴的公众是一个“大熔炉”的话（Angus，2001：83），那么媒介公共运动是否以它“自身”的运动方式在发展，与其他批判性运动共同发展？或者说，媒介公共运动并不仅仅是在各种运动内逐渐发酵的催化剂，它既有运动的某些特征，又是枢纽，是各类运动的交会点，为反霸权的形成改革广泛领域内的媒介公共运动，并使这些运动具有一致性。如果这种“运动交会点”的说法准确，那么从这个诊断中可以推断出什么样的战略意义？什么样的集体行动能够产生最大效果？从预示性和策略性的反思入手，让我们再次回顾本文的开篇论点。

一、媒介场域是否是斗争场所

人们认为媒介是国家规范管理和立法活动的一个特殊领域，也是与传播政策、现代大众媒介和国家干涉主义同期出现的改革主义的政治范畴。现代性的每一次激进运动都在政治与文化的斗争中导入了新的传播模式，偶尔也创新其传播活动，但直到20世纪，人们才将媒介传播视为政治竞争与社会转型的一个场所。第一次“媒介改革”运动于20世纪30年代发生于美国和加拿大，围绕着公共广播而进行。在第五章中论述的近期公共运动浪潮，从20世纪60年代的政治、文化剧变，直至七八十年代的世界信息与传播新秩序斗争以及1989年后发起的后共产主义媒介改革，这些都表明媒介民主化作为一个群众性事业时代的来临。目前的浪潮具有相当大的差异性，因为它与根植于先进资本主义政治经济中的复杂传播技术进行抗争，也在与近几十年中出现的这些民主赤字抗争，而民主赤字因新自由主义政策、资本的集中和全球化扩张以及现实世界中持续的企业殖民化而加剧。

媒介领域之结构如何为媒介民主运动的任务和战略创造机会和条件？首先，英美人的不同历史以特定的形式塑造了该领域。在英国和加拿大程度低些，工党左翼组织形成了公共服务广播的传统，对社会的民主政治文化作出了巨大贡献。在此类国家，媒介活动家努力维持并加强了公共服务的传统，而美国却从未很牢固地确立过这种传统。美国的工党左翼在政治上一向默默无闻，并且其物质主义文化及其强烈的个人主义限制了公众服务思潮的发展前景。如果说工人阶层的无组织状态把媒介领域的大部分割让给了私营企业利益组织，那么最近新左派政治向表现主义的身份认同问题偏转更进一步地分化了反对派（Sanbonmatsu，2004）。但政治上的无能却有其煽动性。在美国，弥补分裂身份认同的政治迫切性和后现代主义的地方观念、进步性组织缺少将之凝聚在一起的共同计划，以及人们对新闻媒介由看门狗变种成了哈巴狗所产生的巨大民主赤字所表现出来的愤慨等推进了媒介民主化进程。

以上三个国家里的媒介领域是“软弱”的，因为它们难以抵御来自政治和经济领域的影响（即被权力所操纵），但也显示了它们涉足其他领域的高超能力（即媒介的力量）。在这个边界容易被渗透的领域里，媒介民主赤字与其他政治经济问题脱不了干系。媒介公共运动无法轻易地与其他社会运动分隔开来，媒介可渗透性边界和侵入其他领域的能力这两个特征使民主公共运动随着政治浪潮而起落，同时赋予了媒介改革家认识媒介领域作为斗争阵地的作用，从而提高了识别与建构联合性运动的议程及战略的能力。与其他运动相比，媒介的渗透性也促成了媒介公共运动的从属性特征。许多活动家首先将媒介公共运动等同于生态学、反资本主义或其他运动，其次才将自己视为媒介活动家。而媒介涉足其他领域的高超能力说明了为什么其他社会运动将媒介视为必需的战场。民主公共运动的交会点作用被铭刻在媒介领域里。

本书第二章提出，新闻在该领域的地位对媒介公共运动产生了明显的影响。政府和资本赋予新闻界有限的自主权严重地限制了从其内部进行改革的战略，对外又缺乏强有力的同盟，这些情况见证了媒介联盟从内部参与者变为局外批评家的发展轨迹以及美国公共新闻运动近期的衰微。考虑到给予媒介战略合法地位的重要性及政府和企业宣传和营销的需要，有效的媒介改革活动可能会使资本与国家处于冲突甚至敌对的状态。其实相反的是，在非媒介阵线进行的反对资本和政府权力的抗争一样可能与“竞争媒介权利的斗争”相交（Couldry，2003：39）；为此，媒介民主运动在其他社会运动间必有潜在的盟友。考虑到以上因素，人们期待媒介改革能够面对以媒介企业为中心的强大的矛盾系统，事实上也是如此。也有人认为该运动的联盟越多，获益越多，但同盟太过薄弱会使得媒介民主运动与处于媒介领域中心的记者之间的联盟陷入困境。

媒介领域的特性暗示了急需开发适合于动员组织成员的能力及战略，其方法是使媒介接受挑战。媒介领域为媒介民主运动召集了过多的参与者，但只有其中某些组织参与了传播民主化的斗争。与运动组织成员的访谈让我们得出的结论是媒介民主运动扩散的能量不是来自领域的中心，而是源自其周边部分，即拥有可支配资源（教育、技能、网络、政治分析）的社会团体和个人，他们需要公共表达渠道的使用权，却受到严格限制。挑战体制的推动力，如与许多其他社会运动一样，既不是来自正中心，也不是来自最边沿，而是来自边缘社会的权势阶层。

如此以来，我们不应该忽视记者作为盟友的潜力，但他们的物质和文化条件妨碍了公共运动。比如，他们对“专业”地位、“客观性原则”和个人主义认识论的追求限制了他们支持对新闻业民主的局限性作媒介民主化的结构性改革（Baker，2002：282～283）。但是，记者在某些情况下还是能够动员起来的，如当他们与社会运动发生联系时（在意识形态上或个人的）、当媒介所有者裁员和临时解雇威胁到他们的物质生活条件、当他们的职业地位或理想被彻底破坏之时。

新闻记者模糊的立场暴露了媒介民主运动潜藏着的分水岭，将系统中心地带的权势阶层和拥有丰富资源的媒介专业人士与被媒介排斥在外的边缘化的人群或者是媒介的受害者分隔开来。由此，激进的工会主义媒介工作者其象征性的重要意义就在于聚合各类关系和身份认同。同时，被边缘化人群的文化需求是无法商品化的，因此受到体制的藐视。来自于媒介专业人士、另类媒介、“公开社会资源”运动以及激进倡导性传播组织等分水岭的另一面，弥补了因依赖志愿者和基金会资金所产生的不稳定的生存基础。

公共媒介民主运动还未成熟的部分原因在于媒介领域和媒介民主化工程都存在特有的障碍，也在于它与别的社会运动之间的差异性。第七章曾经详细地分析过媒介民主运动的障碍，此处再补充一些总结性的思考。媒介民主运动除了对痴迷于该项事业的新闻与广播自由运动及媒介联盟类似的组织产生直接的影响外，还缺乏清晰的集体身份认同感。乍一看，它的扩散理论违反常理。如果传播不仅仅是上层建筑而是由当代资本主义建构的（通过信息与传播技术系统、数字网络、文化产业的巨额投资、广告的渗透等），那为什么那些跟资本主义不公平现象作斗争的人们却无法认识到媒介才是他们独特的竞技场，并以此为目标推动这项运动呢？部分的原因在于“老左派”遗留的对资本主义长期以来采取批判的政治惯性，它使媒介民主运动（至少在美国）降级为自由主义者进行着的一场脱离宏观社会秩序的建瓴的媒介改革，同时也无法鼓动群众支持媒介改革。新型社会运动（见第三章）的趋势是部署媒介策略，努力赢得媒介的同情报道和支持或创办由运动组织成员出版的另类媒介，但这种工具式的策略都无法取代媒介改革中集体的力量。

媒介民主运动不成熟的另一个症状是它所针对的问题没有显著性。媒介民主赤字是一个“程序问题”，它无法对物质利益产生强大或直接的威胁，不足以鼓动劳工运动似的大型“旧式”运动，也无法建构区别于其他新社会运动的身份识别系统。现实世界中的另类媒介才是媒介活动家可以聚集并能够表明新运动身份认同的地方，包括“独立媒介”中心。媒介民主运动缺少显著性不一定是战略弱点，它给予该运动一个外向型的动力，这本身就是它自身的力量。

作为程序性问题公共传播民主化运动的焦点是转变传播关系本身的问题。在这个方面上，媒介改革遇到了特别明显的“免费搭车”现象。积极参与运动的活动家承担了不成比例的动员成本，而利益却由其他进步运动组织分享，无论这个组织对媒介民主事业是否有贡献。这种方法对地方性组织利用传统媒介战略集中精力发起直接号召比较有效，但如果所有组织都加入这种“地方性分配”，那么即使媒介民主运动的战略方向是向心的，也必定会被到边缘化。

不过，媒介改革的目标也有一个明确的障碍：一个专门营造自我意识的系统。当环境污染十分明显的时候，媒介企业就会亲自出马混淆民主赤字的含义。社会运动通常都是在群情激昂时推动产生的。但媒介消费者如果不知道自己一直以来都无法得到某一类信息，那么他们就不会产生怨言。其障碍不是简单的认知问题，简略地说，环境污染伤害身体，同时也引发社会矛盾，文化“污染”则毒害人们的心灵，导致人们产生驯服感，甚至是认同感。很多消费者就是认同了品牌形象、产品、节目和名人所组成的企业媒介文化（Hackett，2000）。

有的群众性组织源自新的信息与传播技术，这种传播式的授权感增强了这种诱惑，有人感觉潜在的群众性组织源自于新信息和传播技术。A. 迪奇特担心，如果人们太热衷于新技术并仅仅为满足自己的需要而采用，鼓动新政策的出台、挑战所有权、批判媒介企业等方式就会被废弃。然而，正如在第八章中所强调的那样，某些特定的挑战方式其实是媒介运动新的出发点，信息技术就是其中一个较有说服力的例子。温哥华、圣弗朗西斯科和其他城市的媒介活动家广泛利用因特网和相关传播技术，表明资本主义本身的“信息革命”产生了信息和传播技术、职业组织和常态，并由此产生了新技能与针对媒介民主赤字的群众基础。信息和传播技术的政治含义是多方面的，“今天，电子空间成了电子资本与公共运动家、研究人员、游戏玩家、艺术家、爱好者以及黑客等像分子般扩散的群体交织在一起”（Dyer-Witherford，2001：179）。

对媒介领域作为竞技场的最后一个反思应该考虑哈贝马斯（Habermas，1987）非常著名的论断，即新社会运动往往在体制和现实世界的接壤处出现。令人惊奇的是媒介领域在这个空间中将如何生存下去。媒介领域既属于体制又是现实世界的一部分，在发达的资本主义阵营中其他领域都没有如此明显的特征。它以企业媒介制造与控制公共传播的国家机构的形式，并按照利益最大化及等级权力的系统标准建构组织。它还包括由大众作为媒质的公共领域（将之殖民，而不是用系统的突发事件除掉它）、社会底层的反公众运动（counterpublics）、另类媒介、媒介教育活动等。如果以上这些运动能够增添媒介公共运动作为新型社会运动的初步可信度（至少从哈贝马斯的视角来看），那么它也突出了媒介领域作为宏观政治、文化斗争的关键场所所具有的独特重要性。

第三章中关于媒介民主运动的类型学，试图捕捉媒介公共运动的不同特征，但本次研究只触及表面。未来研究媒介领域内外不同区域的政治向量（vector）和以媒介领域不同场所为目标对象的政治向量可能会更有成果。目前，我们还可以区分来自国家改革派和针对国家管理政策的国家改革主义的向量，比如皇家委员会一直在研究加拿大和英国的媒介合并及相关问题。然而，新自由主义的优势削弱了这类向量，即国家内部偏向于企业所带来的压力使此类研究报告蒙尘。另一股向量来自主流媒介体系，如倍感困惑的新闻记者对管理层破坏他们工作环境、攻击其职业理想的行为进行抵制，从而引致内部改革运动、工会强硬措施的出台，甚至（并不常见）使以现实世界为运动中心的几个组织结成联盟。第七章分析了它的原因，即除了工会将重点放在生计问题上，不考虑新闻报道的宏观问题外，还存在一些相对薄弱的向量。最后，社会运动的传播需求及其与主流媒介之间的纠葛（或是对其的依赖）都刺激现实世界产生了一系列的向量。这些向量包括①努力通过创建另类媒介来降低自己（对主流媒介）的依赖性；②努力利用公共关系战术影响主流媒介，降低媒介与运动之间的不对称；③参加主张对媒介实行结构性改革的运动。目前，前两类向量具有较大的能量，但它们对媒介民主赤字的挑战也是最有限的。所以，这类政治向量值得我们在未来投入更多的实证性工作，此外媒介民主运动的分类学还需要辨识媒介领域的结构中所存在的战略困境，即要在现实世界和体制之间选择孰轻孰重的战略问题。

二、媒介民主公共运动与抵制霸权

德国社会学理论家约阿欣·海西（Joachim Hirsch）认为，新型的社会运动在意识形态和政治上都具有差异性。它们组成了一个“充满着冲突的争夺新霸权的战场”（1988：51）。媒介民主运动在这个战场中该如何定夺？这个问题蕴涵着此类斗争的含义。按照凯偌尔和瑞勒（Carroll & Ratner，1994）及三本松进（Sanbonmatsu，2004）的想法，如今的左派知识分子和公共运动家之中存在着两个概念，我们分别称之为抵制霸权（counter-hegemony）和反霸权（anti-hegemony）。抵制霸权的政治运动致力于为解放型事业营造舆论——超越零碎的亚文化抵制运动，在文化差异中形成政治统一体（Sanbonmatsu，2004：130），这种求同存异的组织都憧憬着一个另类的社会愿景。反霸权运动遵循一套不同的政治运作逻辑，它的理论基础是后现代社会学原理和身份认同政治的实际经验（Sanbonmatsu，2004）。反霸权运动怀疑所有企图建立共同利益和共同体的行为；相反，它鼓吹多元化政治和分散的单边主义，否认达成一致意见和协调政治行动的需要（Caroll & Rather，1994：13）。对反霸权者来说，建立新秩序只是简单地仿效西方现代化的加合式运动，而这最终会导致像法西斯主义和斯大林主义一样的悲剧。要想拥有不同的前景，关键不在于积聚反权势力量，而在于消除那些让人们做驯服臣民的地方性分散权力。抵制霸权运动的“双重战略”认识到，权力，包括媒介的权力，都集中于国家和资本的主导性机构内，它在民权社会的疆域里扩散，以确保人们在日常生活中对主控式秩序的顺从，所以才需要推进体制与现实世界的多元化阵线。它接受体制和现实世界里存在的恒久的差异性[①]，但也认为建立多元的、包容的公共领域能使该体制处于民主控制之下，该体制本身也是可以实行民主化管理的，它不需要授予私人资本和官僚阶级以特权。此观点主张协调抵制霸权行动来对抗主控组织及其官员为维护霸权而进行的努力。

当我们站在致力于消除媒介民主化赤字的组织及其参与者的角度来看待媒介公共运动时，就会发现抵制霸权主义的基本原理还处在萌芽状态。运动参与者在活动的同时关注现实世界和体制的建设。不少人意识到实现民主传播的运动根本不是就某一问题而进行的运动，而需要在多个阵线上同时进行。媒介运动活动家们以不同的方式对自己的政治进行"框架导向"（frame），但是多数人采用与传统政治思想有异曲同工之妙的媒介民主化观点，而这样会把他们推向更极端的方向，即要求实现根本性的社会公正和传播权。以媒介民主多纬度计划为中心的行动纲领的多重性有助于建立广泛的社会基础，如自由主义者、关注人文环境的中产阶级消费者、媒介的业内人士和外行、寻求社会公正的亚文化人群和社会主义者等。

对温哥华媒介公共运动进行案例研究使我们得以探究就地新发生的政治事件，作为与其他社会批判性运动密切联系的阵地，媒介公共运动的参与者扮演了跨运动网络工作者的外向型作用。至少在温哥华，媒介公共运动在很大程度上已成为交会点，用抵制霸权的潜力将不同派别的公共运动纳入传播民主化的共同事业之中。毫不奇怪的是，媒介活动家倾向于把自己的事业植根于或者附属于宏观事业之中，而不是自成一体。他们大都支持组成跨运动组织同盟（虽然他们对将导致等级结构产生的同盟模式持有怀疑态度），温哥华社会背景中的运动成员一样如此。虽然人们都知道以现实世界为中心建立独立的媒介和培养持批判态度的受众是民主运动的支柱，但许多人还是觉得以国家为中心的媒介改革更具重要性，尽管新自由主义的霸权统治使人们对近期效果产生了广泛的悲观主义情绪。

与新型社会运动理论中一些极端的主张不同，当代社会运动感兴趣的不仅是重构现实世界的日常文化。它们的"4R 民主"——"权利"（rights）、"认知"（recognition）、"代表权"（representations）、"资源再分配"（redistribition of resources）表明了它们对国家、企业和超国家机构的管理体制（如 WTO）等的要求。我们深入研究的社会运动组织有两个案例：新闻与广播自由运动牢牢地抓住以国家为中心的民主议程，同时随时间的推移将其范围扩至广电和因特网；媒介联盟也在扩大它的议程设置，在最近几年里，它转向媒介改革，意在推动独立媒介的发展及为媒介公正而进行的政治斗争。

简而言之，我们的调查结论是媒介民主公共运动已成为抵制霸权政治运动不可或缺的一部分。媒介民主构成了社会愿景，这是左派所缺乏的，却是其极度需要的伦理。它指向传播新范式，超越了尤其是美国的批判性社会运动没有经过深思就极力推崇的自由主义，即个人的表达自由和企业自由。新的范式认识到，传播权不是抽象的个人拥有权，而是固有的集体的权利，只有通过社会关系才能转让。传播民主要求对传播拥有平等的使用权，这意味着得有一个多元化的媒介体制，使资本和国家权力得到监督，公民和社区的声音能够进入充满活力的多元化的公共领域。这种新的范式由于“第三者”的推动，聆听的职责，即承认传播民主不是简单地练习一下发出声音，而是维护多元化，与自由主义的个人主义发生了彻底的决裂（White，1995；Husband，1996）。为了在各个行业包括国家、媒介公司和现实世界中与其他关键性的社会运动一起实现这个社会愿景，媒介民主支持者打造了一个位于各种社会运动间的枢纽，这可使各种战略通过跨区域和跨运动间的对话进行融合，以使媒介公共运动成为其他正义斗争的力量源泉。

本书并不完全同意由兰斯·贝纳特（2003）强化的一个观点，即当代媒介公共运动预兆着我们前文中定义为反霸权主义的政治。第三章里简要地讨论过贝纳特的观点，值得我们再回顾一下。在他看来，信息传播技术和社会经济关系的全球化能够形成新的运动网络、身份认同和战略——这是一种生活的政治，是能取代意识形态、党派忠诚和选举的议题式网络，它呈现的是更加个人化的、通常是社会活动家们对有关问题的解决方案（2003：27）。这种新式的政治吸收了因特网的“新媒介力量”和“集体的个人主义”，它没有那么多的意识形态术语，而是从诸如威胁、伤害、正义等大的分类来建构话语主题的（2003：31）。这种“摆脱了意识形态的自由”在电子传输的“魅母”里表露无遗——跨社会网络的人们总是急于模仿与自己分享共同体验的象征物，就如同文化干扰运动使用夺人眼球的搞笑版报纸一样。

相比理性的分析、对话、政治教育和舆论营造之举措，魅母无助于提高政治素养或促进抵制霸权主义愿景的实现，但它能激发认知、情感及行为方面的联动。正如分散的网络组织缺少凝聚力一样，魅母在组织之间循环虽不能增加其内聚力，却为反霸权主义输入了“反文化”精神。但是在文化干扰大师凯乐·拉森（1999）看来，这种无政府的骚乱已足以赢得人们的颂扬。别的评论家则认为，在日常生活中抵制主流文化的政治行为正中企业营销策略之下怀。2003 年 9 月《广告克星》杂志将“黑点运动鞋”当成“颠覆性的”鞋类品牌标志就是个经典的例子。约瑟夫·希斯（Joseph Heath）和安德鲁·波特（Andrew Potte）宣称，“之后，由‘广告克星’代表的文化颠覆对每个人来说都明显不再是对体制的挑战，而已成为体制本身（2004：1）”。这种文化颠覆和叛逆利用这种家喻户晓的品牌所具有的热效应，更多地是为了竞争，从而追求文化差异，所以不仅没有颠覆，实际上是在推动资本主义的消费文化，挑战霸权倒在其次了。

> 总的来说，所提出的解决方案——个人主义的、讽刺的、时尚的叛逆只是火上浇油，因为它的途径是开发对味的商品去竞争那些“反叛的顾客”。对社会地位的争夺被“酷”的需求所取代，但竞争的基本结构还是没有变。（Heath & Potte，2004：322）

别以为以现实世界为中心的运动能够干扰主流文化，或者认为创造了微型的、身份认同一致的“自由空间”就能保护运动不受政府决策的影响［Atton（2003a）在自治媒介中心的研究提出此论点］，实质上它们对传播民主化贡献不大，我们的受访者也将文化干扰运动仅仅看成是特殊的工具。问题是学术文献对文化干扰真实但微弱的贡献夸大并浪漫化了，与此同时却又忽略“老左派”（社会民主主义者、国家改革者、工会）和建立抵制霸权主义联盟的建议。尽管反主流运动有激进的伪装，但把它当作目的本身就是可悲的，甚至是保守的。强调它在日常生活中的政治性及其另类的反霸权主义途径，弃权并拒绝参与体制改革几乎等于是向高唱着“没有取代体制的第三条路”的自由市场主义投降了。

我们认为，致力于改变现实世界的各类媒介公共运动应该与改革体制的运动联合起来。要实现传播民主化就必须进行形式多样的斗争，关键问题是如何协调集中运动与分头行动的关系，从而达到良好的合作效果。提出这个问题，能够使我们坚持政治计划和意识形态观的连贯性，并认识到运动组织与松散的网络系统不同的战略重要性，从而把政治运动重点集中到整个媒介领域，而不仅仅是因特网，同时恢复对政府改革的重视，不再将其视为政治的大本营，而是社会权力的重要聚合地。

三、再现政府中心论

让所有的政策都围绕着政府转是一个错误，但如果认为政治运动可以“躲开”或者忽略政府一样也是错误的。当今世界的政府确实不是葛兰西所认为的那样不可或缺（它以细致的触觉深入市民社会，如通过媒介管理政策、教育活动、公共服务性广播），而是部分通过跨国实体的途径，如国际货币基金组织和世界贸易组织等（Gill，1995：85～86）逐步实现“全球化”。尽管可以理解为什么许多媒介民主人士被以现实世界为中心的政治运动所吸引，但我们以上谈到的几个组织和运动参与者已重新定位其重心，重新将政府作为其政治运动的中心——其构思非常宏观。媒介联盟最近与基层的媒介改革政治运动相结合就是最明显的例子，“媒介游击队”运动的参与者在2000年初参与地方选举活动时，进行小范围的文化干扰也是值得深思的。同样，我们也见证了世界基督教传播协会和信息社会传播权运动等跨国媒介公共运动日益增强的重要性，这些组织将矛头直指全球化的政府活动，即国际管理规则、职业准则等。

在我们看来，再度以政府为中心，并不是从反主流文化运动的自我限制政治中返回到自由改革主义和选票至上主义的自我限制政策之上，而是将抵制霸权主义运动认定为“地位之战”，这是一场为民权社会与现实世界相关领域、为政府内部机构或反政府机构争取民主运动空间的斗争。一项全面的媒介民主运动在本书第三章中提到的民主公共运动四个类型的区域中开展，并对媒介企业包括政府的政策环境进行转型与改革，同时通过独立媒介和媒介教育等转变现实社会。这将不仅在日常的文化生活中，而且将在持久的制度中对霸权主义提出挑战（剥夺媒介企业的合法性、建立另类民主等）。如此多元复杂的政治运动很难运作。在撒切尔执政的年代里，新闻与广播自由运动为协调公共广播对独立媒介的支持所面临的困境（见第六章）证实了媒介民主者在进行适时的政治运动时不得不面对组织运动的沉浮。即使这样，近期众多的人，尤其在美国，都努力在媒介公共运动之间架设桥梁，如新闻自由和民主传播大会、媒介联盟与其他组织的联合工作组，其目的都在于开展广泛而蓬勃的斗争。

即使这样，媒介公共运动固守在媒介这个领域是不够的（见第十章）。公共传播民主化意味着更广泛的社会变革。不仅要在媒介内部，还要超越媒介搭线架桥。D. 基德认为，如果进行一场“深刻的媒介民主运动”，独立媒介和媒介运动者就得紧随社会运动的领导，而不是相反。阿里扎·迪奇特提出，关键是要通过倾听其他社会运动的需求来培育媒介改革的支持层（即“聆听计划”的工作原则），并且分析“媒介部分”如何才能更好地配合其他运动的进程。新兴的媒介枢纽必须灵活应变，以便应对民主运动外围所涉及的种种需求和困扰。

在未来的岁月里，媒介运动本身的等级制和包容性将对媒介民主的反霸权主义潜能发起挑战。如同其他新型社会运动一样，媒介民主运动已经在新生的中产阶级中找到了自己的社会根基。这可能会在中产阶级的媒介民主化与底层文化抵抗运动之间制造潜在的紧张局势，这种情况在美国更为突出。保罗·贝恩斯（Paul Baines）是多伦多本地的媒介活动家，他以创办媒介素养培训的方式来组织成员，并已着手考虑以上问题。贝恩斯在 2001 年协助发起“媒介民主日”，该由谁代表谁的利益，该重点考虑哪些问题、忽略哪些问题，种种问题使他不再满足于目前的形势。其经验与深思使他最终想到了在“民主与正义之间互动”（2004：93），并且在建构公共运动的方向时优先考虑后者：

> 我支持媒介改革……只要它将实现社会公正作为其出发点，不脱离背景、转移话题，如解制、商业化、外资化、公共使用权、另类媒介和内容多样化。这些术语如果能一直精确地用于解决公正和反压迫问题，而不是用于描述西方大多数人都不知所谓的西方民主的空洞理想，才能发挥作用。（2004：92）

2005 年 5 月在新闻自由协会举行的全国媒介改革大会上，奥克兰青年媒介联盟的成员迈尔吉亚·思瑞尔发言时提到了媒介公平秩序的战略意义。M. 思瑞尔认为，媒介系统在制造和维护压迫性结构方面起到了同谋的作用，“如果想推动真正意义上的改革，媒介改革运动就必须采纳运动构成分析法，改变围绕着种族、经济和性别公平为中心的模式和愿景”（Cyril，2005）。

从媒介民主化变成抵制霸权主义需要拓宽社会基础，将社会底层和图 5－1 标出的外圈之外的其他因素也容纳进来。这也意味着其战略框架也要转向社会公正和激进式民主。如果媒介改革不能从已经被调动起来反种族歧视、反阶级和性别等级制度的底层组织吸纳能量，如果它无法预测实现社会、经济和环境公正所需要的激进式民主化前景，那么它的政治影响将会局限在合作型的改革上，只是围着体制的边缘打擦边球。在这种情况下，媒介民主改革将会加入温和型的社会运动或者企业工会等类似的运动之中，就如同特权阶层的业余爱好就是加深社会的不平等（如受过良好教育的或有文化的凌驾于不太“发言”的人之上）那样，甚至还会创造新的不平等。

然而，公共传播民主化的斗争也包括推动媒介包容性、互动性及公正等伦理道德。在宏观的运动中，多元化和以种族、年代和其他社会性差异作为运动媒质等辩证关系，对达成战略和运动重点方面的共识来说是个挑战，甚至会成为运动的障碍。但是（正如有个学生说的那样）挑战也将是一种资源，挑战将迫使媒介民主运动者采取对话式的、民主化的舆论建构态度，这正是人们希望宏观的媒介系统中可以制度化的形式。我们感觉，这种方式将在任何争取社会公正的广泛运动中起到关键性的作用，而社会公正将在不远的未来实现。

注　释

①从哈贝马斯的视角出发，卡霍恩（Calhoun，1992：31）指出，没有系统的整合不可能存在大规模的现代社会，“梦想避开这种大规模的社会整合不仅不切实际，而且是很危险的，因为规模太小只能造成灾难性的后果……”。反霸权主义的战略基本上忽略了这个限制，这也是他们预期的运动目标往往遭到失败的原因之一。例如，无政府主义者的信息卖场（Atton，2003a）依靠自力更生式的劳动和捐赠的剩余物简直难以生存下去，它预示着除了拒绝现代性和复杂的社会之外，还有更诱人的事情可做。还有一个选择，例如瑞士的新闻补贴、英国的第四频道、法国的辩驳权与荷兰分众式广播系统等以改革体制为目标的运动都为我们诠释了如何在现有的社会里使传播走向民主化的道路。

附　录

ABC	美国广播公司
ACLU	美国公民自由联盟
ACME	媒介教育行动联盟
AMARC	社区无线电广播世界协会
AOL	美国在线
APC	进步传播协会
APEC	亚太经济合作组织
BBC	英国广播公司
BCE	贝尔加拿大投资公司
BECTU	广电、娱乐、电影技术与戏剧联盟（英国）
CBC	加拿大广播公司
C-CAVE	加拿大娱乐暴力干预组织
CCPA	加拿大另类政策中心
CDC	（全国律师行业）加拿大民主传播委员会
CEM	文化环境运动
CEP	加拿大传播、能源与造纸工人联盟
CIA	中央情报局
CIDA	加拿大国际发展署
CPBF	新闻与广播自由运动
CPF	新闻自由运动
CRIS	信息社会传播权运动
CRTC	加拿大广播电视与电信委员会
CUPE	加拿大公共雇员联盟
DMA	媒介民主公共运动
EZLN	萨帕特国家解放军
ECHR	欧洲人权委员会
FAIR	公正与准确报道组织
FBI	联邦调查局

FCC	联邦通信委员会
FOI	信息自由
GATS	贸易服务总协定
GCIU	图片传播国际联盟
GLC	大伦敦市议会
GM	媒介游击队
ICT	信息与传播科技
ICTV	社区独立电视（温哥华）
IMC	独立媒介中心
IMF	国际货币基金组织
IMPACS	媒介、政策与市民社会研究所
IPA	独立新闻协会
IRA	爱尔兰共和军
ISP	因特网服务供应商
ITN	独立电视新闻（英国）
ITV	独立电视（英国）
MA	媒介联盟（圣弗朗西斯科）
MAI	多边投资协定
MAMA	媒介联盟巨大成就奖
NAFTA	北美自由贸易协定
NDP	（加拿大）新民主党
NGO	非政府组织
NPR	国家公共广播
NSM	新社会运动
NUJ	全国记者联盟
NWICO	世界信息与传播新秩序
OECD	经济合作与发展组织
Ofcom	传播处（英国）
PBS	公共广播服务
PCAJ	太平洋另类记者中心（温哥华）
PCC	新闻投诉委员会（英国）
PNS	太平洋新闻社
PSB	公共服务性广播
PTA	家长—教师协会
SMO	社会运动组织

SMT	社会运动理论
SOGAT	图片与贸易同盟协会
SPIN	战略进步信息网
TUC	工会代表大会
UDHR	世界人权宣言
UNESCO	联合国教科文组织
WACC	世界基督教传播协会
WSIS	信息社会世界峰会
WTO	世界贸易组织

参考文献

1. Abbs, M. (2000) Charting the path to sustainability for the Pacific Centre for A1ternative Jounalists, an Alternative Media Collective. Online at www. geocities. com/collectivebook/abbs. html (accessed 18 April 2005).

2. Adamson, N. L., Briskin, L. & McPhail, M. (1988) *Feminist Organizing for Change*. Toronto: University of Toronto Press.

3. Allan, S. (2004) *News Culture* (2nd edn). Buckingham and Philadelphia, Maidenhead: Open Universitv Press.

4. Alterman, E. (2003) *What Liberal Media? The Truth about Bias and the News*. New York: Basic Books.

5. Althusser, L. & Balibar, E. (1970) *Reading Capital*. Brewster, B. (trans). London: NLB [Paris: Francois Maspero. 1968].

6. Angus, I. (2001) *Emergent Publics: An Essay on Social Movements and Democracy*. Winnipeg: Arbeiter Ring.

7. Ash Gamer, R. & Zald, M. N. (1987) The political economy of social movement sectors. In M. N. Zald & J. D. McCarthy (eds). *Social Movements in an Organizational Society*. New Brunswick, NT: Transaction Books.

8. Atton, C. (2002) *Alternative Media*. London, Thousand Oaks, New Delhi: Sage.

9. Ash Gamer, R. & Zald, M. N. (2003a) Infoshops in the shadow of the state. In N. Couldry & J. Curran (eds). *Contesting Media Power: Alternative Media in a Networked World*. Lanham: Rowman & Littlefield.

10. Ash Gamer, R. & Zald, M. N. (2003b) Reshaping social movement media for a new millennium. *Social Movement Studies*, 2 (1): 3 – 15.

11. Aubin, B. (2005) Les X Revolt. *Maclean's*. (10 January): 8 – 30.

12. Aufderheide, P. (1999) *Communication Policy and the Public Interest: The Telecommunications Act of* 1996. New York: Guilford Press.

13. Bagdlkian, B. H. (1997) *The Media Monopoly* (5th edn). Boston: Beacon Press.

14. Baines, P. (2004) Media Democracy Day. *Democratic Communique*, 19.

15. Baker, E. C. (1994) *Advertising and a Democratic Press*. Princeton, NJ:

Princeton University Press.

16. Baker, E. C. (2002) *Media, Markets and Democracy*. Cambridge: Cambridge University Press.

17. Barker-Plummer, B. (1995) News as a political resource: media strategies and political identity. In the US women's movement 1966 – 1975. *Critical Studies in Mass Communication*, 12.

18. Bennett, L. W. (2003) New media power: the Internet and global activism. In N. Couldry & J. Curran (eds). *Contesting Media Power: Alternative Median in a Networked World*. Lanham: Rowman & Littlefield.

19. Benson, R. (2003) Commercialism and critique: California's alternative weeklies. In N. Couldry & J. Curran (eds). *Contesting Media Power: Alternative Median a Networked World*. Lanham: Rowman & Littlefield.

20. Bleyer, P. (1997) Coalitions of social movements as agencies for social change: the Action Canada network. In W. K. Carroll (ed). *Organizing Dissent: Contemporary Social Movements in Theory and Practice*. Toronto: Garamond Press.

21. Blumler, J. G. & Gurevitch, M. (1995) *The Crisis of Public Communication*. London: Routledge.

22. Boggs, C. (1976) *Gramsci's Marxism*. London: Pluto Press.

23. Boggs, C. (1995) Rethinking the sixties legacy: from new left to new social movements. In S. M. Lyman (ed). *Social Movements: Critiques, Concepts, Case-Studies*. London: Macmillan.

24. Bohman, J. (2004) Expanding dialogue: the Internet, the pubic sphere and prospects for transnational democracy. In N. Crossley & J. M. Roberts (eds). *After Habermas*. Oxford: Blackwell.

25. Bourdieu, P. (1993) *The Field of Cultural Production: Essays on Art and Literature*. (ed. and intro. by R. Johnson). Cambridge: Polity Press.

26. Boyte, H. C. (1992) The pragmatic ends of popular politics. In C. Calhoun (ed). *Habermas and the Public Sphere*. Cambridge, MA and London: MIT Press.

27. Brecher, J., Costello, T. & Smith, B. (2000) *Globalization from Below: The Power of Solidarity*. Cambridge, MA: South End Press.

28. Buechler, S. M. (2000) *Social Movements in Advanced Capitalism*. New York: Oxford University Press.

29. Calhoun, C. (ed). (1992) *Habermas and the Public Sphere*. Cambridge, MA: MIT Press.

30. Carroll, W. K. & Ramer, R. S. (1989) Social democracy, neo-conservatism and hegemonic crisis in British Columbia. *Critical Sociology*, 6 (1).

31. Carroll, W. K. & Ramer, R. S. (1994) Between Leninism and radical pluralism: Gramscian reflections on counter-hegemony and the new social movements. *Critical Sociology*, 20 (2).

32. Carroll, W. K. & Ramer, R. S. (1995) Old unions and new social movements. *Labour/Le Travail*, 35.

33. Carroll, W. K. & Ramer, R. S. (1996) Master framing and cross-movement networking in contemporary social movements. *Sociological Quarterly*, 37.

34. Carroll, W. K. & Ramer, R. S. (1999) Media strategies and poetical projects: a comparative study of social movements. *Canadian Journal of Sociology*, 24 (1).

35. Carroll, W. K. & Ramer, R. S. (2001) Sustaining oppositional culture in "post-socialist" times: a comparative study of three social movement organizations. *Sociology*, (35).

36. Carty, V. (2002) Technology and counter-hegemonic movements: the case of Nike Corporation. *Social movement studies*, 1 (2).

37. Castells, M. (1997) *The Information Age: Economy, Society, Culture, vol. 2: The Power of Identity*. Malden, MA: Blackwell.

38. Center for International Media Action. (2003) *The Media Policy Action Directory*. New York: CIMA.

39. Chester, J. & Larson, G. O. (2002) Something old, something new. *The Nation* (7/14 January). Also online at www. thenation. com/docprint mhtml? i = 20020107&s = chester (accessed 29 March 2005).

40. Christians, C. (1995) Communication ethics as the basis of genuine democracy. In P. Lee (ed). *The Democralization of Communication*. Cardiff: University of Wales Press.

41. Clement, W. (1975) *The Canadian Corporate Elite*. Toronto: McClelland & Stewart.

42. Cohen, J. & Arato, A. (1992) *Civil Society and Political Theory*. Cambridge, MA: MIT Press.

43. Cormier, J. (2004) *The Canadianization Movement: Emergence, Survival, and Success*. Toronto: University of Toronto Press.

44. Couldry, N. (2003) Beyond the hall of mirrors? Some theoretical reflections on the global contestation of media power. In N. Couldry & J. Curran (eds). *Contesting Media Power: Alternative Media in a Networked World*. Lanham: Rowman &Littlefield.

45. Couldry, N. & Cuban, J. (eds). (2003a) *Contesting Media Power: Alternative Media in a Networked World*. Lanham: Rowman & Littlefield.

46. Couldry, N. & Cuban, J. (2003b) The paradox of media power. In N. Couldry & J. Cuban (eds). *Contesting Media Power: Alternative Media in a Networked*

World. Lanham: Rowman & Littlefield.

47. CRIS (2002) Why should intellectual property rights matter to civil society? CRIS Campaign Issue Paper No. 2. *Media Development* , 4.

48. Crossley, N. (2003) From reproduction to transformation: social movement fields and the radical habitus. *Theory*, *Culture & Society*, 20 (6).

49. Croteau, D. (1998) Challenging the "liberal media" claim. *Extra*!, 11 (4).

50. Curran, J. (2000) Press reformism 1918 – 98: a study of failure. In H. Tumber (ed). *Media Power*, *Professionals and Policies*. London: Routledge.

51. Curran, J. (2002) *Media and Power*. London: Routledge.

52. Curran, J. (2003) Global journalism: a case study of the internet. In N. Couldry & T. Curran (ed). *Contesting Media Power*: *Alternative Media in a Networked World*. Lanham: Rowman & Littlefield.

53. Curran, J., with Ecclestone, J., Oakley, J. & Richardson, A. (ed). (1986) *Bending Reality*: *The Sate of the Media*. London: Pluto Press.

54. Dahlgren, P. (1995) *Television and the Public Sphere*: *Citizenship*, *Democracy and the Media*. London: Sage.

55. Dale, S. (1996) *McLuhan's Children*: *The Greenpeace Message and the Media*. Toronto: Between the Lines.

56. Davis, M. (1986) *Prisoners of the American Dream*. London: Verso.

57. DeLuca, K. M. & Peeple, J. (2002) From public sphere to public screen: democracy, activism and the "violence" of Seattle. *Critical Studies in Mass Communication*, 19.

58. Dichter, A. (2005) Together, we know more: networks and coalitions to advance media democracy, communication rights and the public sphere 1990 – 2005. Unpublished paper presented to Social Science Research Council "Necessary Knowledge Workshop". New York (April). Contact: cima@ mediaactioncenter. org.

59. Downing, J. D. H. (1996) *Internationalizing Media Theory*: *Transition*, *Power*, *Culture*. London, Thousand Oaks, New Delhi: Sage.

60. Downing, J. D. H. (2003) The Independent Media Center movement and the anarchist socialist tradition. In N. Couldry & J. Curran (eds). *Contesting Media Power*: *Alternative Media in a Networked World*. Lanham: Rowman & Littlefield.

61. Downing, J. D. H., with Ford, T. V., Gil, G. & Stein, L. (2001) *Radical Media*: *Rebellions Communication and Social Movements*. Thousand Oaks: Sage.

62. Dreier, P. (1982) Capitalists vs. the media: an analysis of an ideological mobilization among business leaders. *Media*, *Culture and Society*, 4.

63. Duncan, K. (ed). (1999) *Liberating Alternatives*: *The Founding Convention of the Cultural Environment Movement*. Cresskill, NT: Hampton Press.

64. Dyer-Witheford, N. (2001) The new combinations: revolt of the global value – subjects. *New Centennial Review* , 1 (3).

65. Edmondson, R. (2000) *Rising Up: Class Warfare in America from the Streets to Airwaves*. San Francisco: Librad Press.

66. Edwards, G. (2004) Habermas and social movements: what's "new"? In N. Crossley & J. M. Roberts (eds). *After Habermas*. Oxford: Blackwell.

67. Egan, D. (2001) The limits of internationalization: a neo-Gramscian analysis of the multilateral agreement on investment. *Critical Sociology*, 27, 3.

68. Emirbayer, M. & Sheller, M. (1999) Publicsin history. *Theory and Society*, 28.

69. Eschle, C. (2001) *Global Democracy, Social Movements, and Feminism*. Boulder, CO: Westview.

70. Eyerman, R. & Jamison, A. (1991) *Social Movements: A Cognitive Approach*. University Park: Pennsylvania State University Press.

71. Fallows, J. (1996) *Breaking the News: How the Media Undermine American Democracy*. New York: Pantheon.

72. Fiske, T. (1987) *Television Culture*. London and New York: Methuen.

73. Ford, T. V. & Gil, G. (2001) Radical internet use. In. J. D. H. Downing with T. V. Ford, G. Gil & L. Stein. *Radical Media: Rebellious Communication and Social Movements*. Thousand Oaks, London, New Delhi: Sage.

74. Forsyth, S. (2004) Hollywood reloaded: the film as imperial commodity. *Socialist Register 2005* . London: The Merlin Press.

75. Foucault, M. (1984) Truth/power. In P. Rabinow (ed). *The Foucault Reader*. New York: Pantheon Books.

76. Franken, A. (2003) *Lies and the lying liars Who Tell Them : A Fair and Balanced Look at the Right*. New York: Plume.

77. Fraser, N. (1997) *Justice Interrupts*. New York: Routledge.

78. Gallagher, M. (2001) *Gender Setting: New Agendas for Media Monitoring and Advocacy*. London and New York: Zed Bookswith WACC.

79. Gamble, A. (1988) *The Free Economy and the Strong State: The Politics of Thatche rism. London*: Macmillan.

80. Gamson, W. (1987) Introduction. In M. Zald & J. D. McCarthy (eds). *Social Movements in an Organizational Society*. New Brunswick, NJ: Transaction Books.

81. Gamson, W A. & Wolfsfeld, G. (1993) Movements and media as interacting systems. *Annals of the American Academy of Political and Social Science*, 528.

82. Gandy, O. H., Jr. (1982) *Beyond Agenda Setting: Information Subsides and*

Information Policy. Norwood, NJ: Ablex.

83. Gaventa, J. (1980) *Power and Powerlessness: Quiescence and Rebellion in an Appalachian Valley*. Oxford: Clarendon Press.

84. Gerbner, G. (1969) Toward "cultural indicators": the analysis of mass mediated public message systems'. In G. Gerbner, O. R. Holsti, K. Krippendorff, W. J. Paisley & P. J. Stone (eds). *The Analysis of Communication Content*. New York: John Wiley.

85. Gerbner, G. (1999) Introduction. In K. Duncan (ed). *Liberating Alternatives: The Founding Convention of the Cultural Environment Movement*. Cresskill, NJ: Hampton.

86. Gerbner, G. (2002) *Against the Mainstream: The Selected Works of George Gerbner*. Michael Morgan (ed). New York: Peter Lang.

87. Giddens, A. (1991) *Modenity and Self-Identity*. Cambridge: Polity Press.

88. Gill, S. (1995) Theorizing the interregnum: the double movement of global politics in the 1990s'. In B. Hettne(ed). *International Political Economy: Understanding Global Disorder*. Halifax: Fernwood Books.

89. Gitlin, T. (1980) *The Whole World Watching: Mass Media and the Unmaking of the New Left*. Berkeley: University of California Press.

90. Gitlin, T. (1995) *The Twilight of Common Dreams: Why America is Wracked by Culture Wars*. New York: Metropolitan Books.

91. Glasgow University Media Group. (1976) *Bad News*. London: Routledge & Kegan Paul.

92. Gramsci, A. (1971) *Selections from the Prison Notebooks*. Q. Hoare & G. Nowell-Smith (ed. and trans.). New York: International Publishers.

93. Guidry, J. A., Kennedy, M. D. & Zald, M. N. (2000) Globalization and social movements. In J. A. Guidry, M. D. Kennedy & M. N. Zald (eds). *Globalization and Social Movements*. Ann Arbor: University of Michigan Press.

94. Habermas, J. (1987) *The Theory of Communicative Action*. Boston, MA: Beacon Press.

95. Habermas, J. (1989) [1962] *The Structural Transformation of the Public Sphere*. Cambridge, MA: MIT Press.

96. Habermas, J. (1992) Further reflections on the public sphere. In C. Calhoun (ed). *Habermas and the Public Sphere. Cambridge*, MA, and London: MIT Press.

97. Hackett, R. A. (1991) *News and Dissent: The Press and the Politics of Peace in Canada*. Norwood, NJ: Ablex.

98. Hackett, R. A. (2000) Taking back the media: notes on the potential for a communicative democracy movement. *Studies in Political Economy*, 63.

114. Held, D. (1987) *Models of Democracy*. Stanford, CA: Stanford University Press.

115. Henaut, D. (1991) The "Challenge for Change/Sociétè nouvelle" experience. In N. Thede & A. Ambrosi (eds). *Video the Changing World*. Montreal and New York: Black Rose.

116. Henry, F. & Tator, C. (2002) *Discourses of Domination: Racial Bias in the Canadian English-language press*. Toronto: University of Toronto Press.

117. Herman, E. S. & Chomsky, N. (1988) *Manufacturing Consent: The Political Economy of the Mass Media*. New York: Pantheon.

118. Herman, E. S. & McChesney, R. W. (1997) *The Global Media: The New Missionaries of Global Capitalism*. London: Cassell.

119. Hertsgaard, M. (1989) [1988] *On Bended Knee: The Press and the Reagan Presidency*. New York: Schocken Books.

120. Hewitt, M. (1993) Social movements and social need: problems with postmodern political theory. *Critical Social Policy*, 13 (1).

121. Hirsch, J. (1988) The crisis of Fordism, transformations of the "Keynesian" security state, and new social movements'. *Research in Social Movements, Conflicts and Change*, 10.

122. Holub, R (1992) *Antonio Gramsci: Beyond Marxism and Postmodernism*. New York: Routledge.

123. Hourigan, N. (2001) New social movement theory and minority language television campaigns'. *European Journal of Communication*, 16 (1).

124. Husband, C. (1996) The right to be understood: conceiving the multi – ethnic public sphere. *Innovation: The European Journal of Special Sciences*, 9 (2).

125. Hyman, R. (1999) European industrial relations observatory on-line. Online at www. eiro. eurofound. eu. int/1999/07/feature/uk9907215f. html (accessed 18 Jan. 2006)

126. Innis, H. A. (1951) *The Bias of Communication*. Toronto: University of Toronto Press.

127. International Commission for the Study of Communication Problems (MacBride Report) (1988) [1980] *Many Voices, One World: Communication Today and Tomorrow; Towards a New More Just and More Efficent World Information and Communication Order*. London, New York, Paris: Kogan Page, Unipub, Unesco, Worid Association for Christian Communication.

128. Jakubowicz, K. (1993) Stuck in a groove: why the 1960s approach to communication democratization will no longer do'. In S. Splichal & J. Wasko (eds). *Communication and Democracy*. Norwood: Ablex.

Global Media: One World, Many Struggles. Lanham: Rowman & Littlefield.

146. Lynch, J. & McGoldrick, A. (2005b) *Peace Journalism*. Stroud, UK: Hawthorn Press.

147. McChesney, R. W (1997) *Corporate Media and the Threat to Democracy*. New York: Seven Stories.

148. McChesney, R. W (1999) *Rich Media, Poor Democracy: Communication Politics in Dubious Times*. Urbana and Chicago: Universiw of Illinois Press.

149. McChesney, R. W (2002) September 11 and the structural limitations of US journalism. In B. Zelizer & S. Alan (eds). *Journalism after September11* . London and New York: Roudedge.

150. McChesney, R. W (2004) *The Problem of the Media: US Communication Politics in the Twenty-First Century*. New York: Monthly Review Press.

151. McChesney, R. W. & Hackett, R. A. (2005) Beyond wiggle room: the democratic deficit of US corporate media, its global implications, and prospects for reform. In R. A. Hackett & Y. Zhao (eds). *Democratizing Global Media: One World, Many Struggles*. Lanham: Rowman & Littlefield.

152. McChesney, R. W. & Nichols, J. (2002a) *Our Media, Not Theirs: The Democratic Struggle against Corporate Media*. New York: Seven Stories.

153. McChesney, R. W. & Nichols, J. (2002b) The making of a movement: getting serious about media reform. *The Nation*, 7/14 January.

154. Macey, D. (2000) *The Penguin Dictionary of Critical Theory*. London: Penguin Books.

155. McGuigan, J. (1992) *Cultural Populism*. London and New York: Routledge.

156. McKibben, B. (1999) Living second hand: an environmental view of the mass media. In K. Duncan (ed). *Liberating Alternatives: The Founding Convention of the Cultural Environment Movement.* Cresskin, NJ: Hampton.

157. McKibben, B. (2003) Small world: why one town stays unplugged. *Harper's* (December).

158. McNair, B. (2000) Jounalism and democracy: a millennial audit. *Journalism Studies*, 1 (2).

159. Macpherson, C. B. (1977) *The life and Times of Liberal Democracy*. Oxford: Oxford University Press.

160. McQuail, D. (1992) *Media Performance: Mass Communication and the Public Interest*. London, Newbury Park, New Delhi: Sage.

161. McQuail, D. (1994) *Mass Communication Theory: An Introduction* (3rd edn). London: Sage.

178. Nichols, J. & McChesney, R. W. (2000) *It's the Media, Stupid*. New York: Seven Stories Press.

179. Norris, P. (2000) *A Virtuous Circle: Political Communications in Postindustrial Societies*. Cambridge: Cambridge University Press.

180. Oakley, G. (1986) The aims of the campaign. In J. Curran, J. Ecclestone, G. Oaldey & A. Richardson (eds). *Bending Reality: The State of the Media*. London: Pluto Press.

181. Oberg, J. (2005) The Iraq conflict and the media: embedded with war rather than with peace and democracy. In R. Hackett & Y. Zhao (eds). *Democratizing Global Media: One World, Many Struggles*. Lanham: Rowman & Littlefield.

182. O'Malley, T. & Soley, C. (2000) *Regulating the Press*. London: Pluto Press.

183. Opel, A. (2004) *Micro Radio and the FCC: Media Activism and the Struggle over Broadcast Policy*. Westport, CN, and London: Praeger.

184. Ó Siochrú, S. (2005a) Global media governance as a potential site of civil society intervention. In R. A. Hackett & Y. Zhao (eds). *Democratizing Global Media: One World, Many Struggles*. Lanham: Rowman & Littlefield.

185. Ó Siochrú, S. (2005b) Finding a frame: towards a transnational advocacy campaign to democratize communication. In R A. Hackett & Y. Zhao (eds). *Democratizing Global Media: One World, Many Struggles*. Lanham: Rowman & Littlefield.

186. Ó Siochrú, S. & Girard, B. (2003) Introduction. In B. Girard & S. Ó Siochrú (ed). *Communicating, in the Information Society*. Geneva: United Nations Research Institute or Social Development.

187. O'Sullivan, T., Hardey, J., Saunders, D., Montgomery, M. & Fiske, J. (1994) *Key Concepts in Communication and Cultural Studies* (2nd edn). London and New York: Routledge.

188. Owens, L. & Palmer, L. K. (2003) Making the news: anarchist counter-public relations on the world-wide web. *Critical Studies in Mass Communication*, 20.

189. Palmer, B. D. (1987) *Solidarity: The Rise and Fall of an Opposition in British Columbia*. Vancouver: New Star Books.

190. Patelis, K. (2000) The political economy of the Internet. In J. Curran (ed.). *Media Organisations in Society*. London: Arnold.

191. Patton, M. Q. (1990) *Qualitative Evaluation and Research Methods*. Newbury Park, CA: Sage.

192. Phillips, P. (1999) Building a media democracy movement. In P. Phillips & Project Censored (eds). *Censored 1999* . New York: Seven Stories.

193. Phillips, P. & Project Censored. (2004) *Censored 2004* : *The Top* 25

Organizing. Boston: South End Press.

209. Sabato, L. (1991) *Feeding Frenzy: How Attack Journalism Has Transformed American Politics*. New York: Free Press.

210. Sampedro, V. (1997) The media politics of social protest. *Mobilization*, 2.

211. Sanbonmatsu, J. (2004) *The Postmodern Prince: Critical Theory, Left Strategy, and the Making of a New Potitical Subiect*. New York: Monthly Review Press.

212. Schudson, M. (1978) Discovering the News: A Social History of American Newspapers. New York: Basic Books.

213. Schulz, W. (1997) Changes ofmass media and the public sphere. *Javnost – The Public*, 4 (2).

214. Schumpeter, J. (1976) [1942] *Capitalism, Socialism, and Democracy*. New York: Harper & Row.

215. Shoemaker, P. & Reese, S. (1996) *Mediating the Message: Theories of Influences on Mass Media Content* (2nd edn). White Plains, NY: Longman.

216. Smelser, N. (1962) *The Theory of Collective Behavior*. New York: Free Press.

217. Smith, J. (2001) Globalizing resistance: the battle of Seattle and the future of social movements. *Mobilization*, 6.

218. Smythe, D. W. (1981) *Dependency Road: Communications, Capitalism, Consciousness and Canada*. Norwood, NJ: Ablex.

219. Snow, D. A. & Benford, R. D. (1988) Ideology, frame resonance, and pardcipant mobilization. *International Social Movement Research*, 1.

220. Snow, D. A., Rochford, Jr., E. B., Worden, S. K. & Benford, R. D. (1986) Frame alignment process, micromobilization, and movement participation. *American Sociological Review*, 51.

221. Sreberny, A. (2005) Globalization, communication, democratization: toward gender equality. In R. A. Hackett & Y. Zhao (eds). *Democratizing Global Media: One World, Many Struggles*. Lanham: Rowman & Littlefield.

222. Stanfield, D. W. & Lemert, J. B. (1987) Altemative newspapers and mobilizing information. *Jounalism Quarterly*, 64 (2/3).

223. Starr, J. M. (2000) *Air Wars: The Fight to Reclaim Public Broadcasting*. Boston: Beacon Press.

224. Stone, S. D. (1993) Getting the message out: feminists, the press and violence against women. *Canadian Review of Sociology and Anthropology*, 30.

225. Taras, D. (2001) *Power and Betrayal in the Canndian Media* (2nd edn). Peterborough: Broadview Press.

226. Tarrow, S. (1989) *Struggle, Politics, and Reform: Collective Action, Social*

Society, 18.

241. White, A (2004) Dissent and collective action in oppressive times. In W. Bruneau & J. L. Turk (ed). *Disciplining Dissent*. Toronto: James Lorimer.

242. White, R. A. (1988) NWICO has become a people's movement. *Media Development*, 35 (1).

243. White, R. A. (1995) Democratization of communication as a social movement process. In P. Lee (ed). *The Democratization of Communication*. Cardiff: University of Wales Press.

244. Williams, R. (1961) *The Long Revolution*. London: Chatto and Windus.

245. Winter, J. (1997) *Democracy's Oxygen*: How Corporations Control the News. Montreal: Black Rose.

246. Wisler, D. & Giugni, M. (1999) Under the spotlight: the impact of media attention on protest policing. *Mobilization*, 4.

247. Wolschon, E. (1996) History of Media Alliance. Online at www. media-alliance. org/history. html (accessed February 2003).

248. Young, R. J. C. (2003) *Postcolonialism: A Very Short Introduction*. Oxford: Oxford University Press.

249. Zhao, Y. (2005) Who wants democracy and does it deliver food? Communication and power in globally integrated China. In R. A. Hackett & Y. Zhao (eds). *Democratizing GlobalMedia: One World, Many Struggles*. Lanham, Boulder, New York, Toronto, Oxford: Rowman & Littlefield.

250. Zhao, Y. & Hackett, R. A. (2005) Media globalization, media democratization: challenges, issues, and paradoxes. In R. A. Hackett & Y. Zhao (eds). *Democratizing Global Media*. New York: Rowman & Littlefield.

王志娟（修改第一、五章的第二稿）；
曾文芳（修改第十、十一章的第二稿）；
程莉莉（翻译前言并校对第三、八章第一稿）；
李先全（校对兼修改第四、五、六章第二稿）；
刘邦高（校对第一章的第一稿）；
侯彗梅、叶芳（修改第二章的第一稿）；
于爽、雷振涛（修改第三章第一稿）；
牛巧红（修改第四章的第一稿）；
王婷（修改第五章的第一稿）；
陈艳梅（修改第七章的第一稿）；
邓琼（修改第九章的第一稿）；
陈飞（修改第十章的第一稿）；
孙姝（修改第八章的第二稿）。

最后，借此机会感谢原著的作者之一 Robert Hackett 先生，他在我们的翻译工作前后帮忙联系出版社并不厌其烦地回答我们在翻译中遇到的问题，为翻译的最后完成提供了有力的支持。同时也“感谢”我自己，利用三个假期与教学的空隙时间完成了全书十一章第三稿的修改和最后校对工作。整书的校对既需要看中文翻译文本，又得对照英文原文，其中必定存有纰漏，敬请读者和专家批评指正。

译　者
2010 年 1 月 18 日于广州五羊新城